**Crítica, Tendencia y Propaganda:
textos sobre arte y comunismo, 1917-1954**

Juan José Gómez (ed.)

CRÍTICA, TENDENCIA Y PROPAGANDA:
TEXTOS SOBRE ARTE Y COMUNISMO, 1917-1954

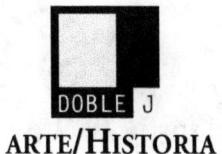

ARTE/HISTORIA

2ª edición
Depósito legal: SE-3883-04 Unión Europea
ISBN: 978-84-96875-26-5
Edita: Editorial Doble J, S.L.
C/ Montevideo 14
41013 Sevilla
editorialdoblej@editorialdoblej.com
Portada: George Grosz, Espartaco, 1919
Contraportada: Gustav Klutsis, *La electrificación de todo el país*, 1920

ÍNDICE

Introducción.
Juan José Gómez.. I

Anatoli V. Lunacharsky, *Tesis del informe
a la Primera Conferencia de Proletarskaya Kultura*.................. 1

George Grosz, *Sobre mis nuevas pinturas*........................... 5

AA.VV., *Declaración de la Asociación de Artistas
de la Rusia Revolucionaria (AkhRR)*................................ 8

David Alfaro Siqueiros, Diego Rivera y José Clemente Orozco,
Manifiesto del Sindicato de Obreros, Técnicos, Pintores y Escultores..... 9

Nikolai Aseev, Boris Arvatov, Osip Brik, Boris Kushner,
Vladimir Mayakovsky, Serguei Tretyakov
y Chuzhak (Nikolai Nasimovich), *Programa de LEF*................. 12

Grupo LEF, *¡Camaradas, organizadores de la vida!*.................. 23

George Grosz, Karl Witte, John Heartfield, *Manifiesto
del Grupo Rojo, Sindicato de Artistas Comunistas*.................. 25

Bureau de Recherches Surréalistes,
Declaración del 27 de enero de 1925.............................. 27

AA.VV., *Declaración de la Asociación de Artistas de la Revolución*..... 28

José Carlos Mariátegui, *Aniversario y balance*..................... 30

André Breton, extracto del *Segundo manifiesto del surrealismo*......... 33

Francisco Mateos, *¿Arte? ¿Política?*.............................. 36

Gustav Klutsis, *El fotomontaje como una nueva forma de agitación*..... 38

Partido Comunista de los Bolcheviques de la Unión Soviética,
*Disposición del Comité Central sobre la reconstrucción
de las organizaciones literarias y artísticas*........................ 40

Club John Reed, *El Congreso del Club John Reed*.................. 42

Diego Rivera, *El espíritu revolucionario en el arte moderno*........... 48

Georg Lukács, *Tendencia o parcialidad* 54

Comité Provisional de la Unión de Escritores
y Artistas Revolucionarios, *Llamamiento
de la Unión de Escritores y Artistas Revolucionarios* 65

David Alfaro Siqueiros, *Plástica dialéctico-subversiva*. 68

Luis Alonso Sender, *Por una literatura proletaria* 70

Andrei Zhdanov, *La literatura soviética es la más ideológica,
la más vanguardista del mundo* 72

Antonio Gramsci, *Observaciones sobre el folclore* 79

Fernand Léger, *El nuevo realismo continúa*. 83

AA.VV., *Ponencia colectiva ante el II Congreso
Internacional de Escritores* 87

Diego Rivera, André Breton, León Trotsky,
Manifiesto por un arte libre y revolucionario 97

Clement Greenberg, *La vanguardia y el* Kitsch. 101

Pablo Picasso, *Por qué me he adherido al Partido Comunista* 114

Renato Guttuso, *Crisis de renovación* 116

AA.VV., *Manifiesto de Forma 1* 120

Palmiro Togliatti, *La batalla de las ideas. Orientación del arte* 121

Massimo Mila, *La batalla de las ideas. Desorientación del arte* 124

Anónimo, *Fuerzas jóvenes de la pintura italiana* 127

Comité Central del Partido Socialista Unificado de Alemania,
*La lucha contra el formalismo en arte y literatura.
Por una cultura alemana de progreso* 129

Ernesto De Martino, *Gramsci y el folclore* 146

Bertolt Brecht, *Sobre el realismo socialista*. 149

Palmiro Togliatti, *Intervención ante la Comisión
Cultural del Comité Central del Partido Comunista Italiano* 150

Apéndice. Biografías
Teresa Muñoz 161

Ilustraciones i

Introducción

De la Revolución de Octubre a colapso del «socialismo real», la política cultural comunista produjo criterios de valoración y paradigmas de comprensión histórica del conjunto de la historia del arte del siglo XX que en muchos casos determinaron significativamente su desarrollo. Más de tres lustros después de la caída del Muro de Berlín, parece necesario examinar el arte relacionado con el movimiento comunista internacional desde una perspectiva histórica, describir su dinámica y agrupar los materiales más relevantes para su comprensión.

El proyecto «Crítica tendencia y propaganda» presenta el discurso comunista sobre las artes en forma de debate entre diferentes sensibilidades y programas culturales, teniendo presente el contexto de la historia general del arte del siglo XX. Se han planeado dos volúmenes, el primero de ellos publicado en 2004 y el segundo en preparación, que tratan los periodos de la Revolución de Octubre a la muerte de Stalin y de la desestalinización a 1989.

El volumen dedicado al periodo 1917-1954 comienza con ejemplos de la relación entre la vanguardia ruso-soviética y el Partido Comunista; continúa con las diferentes formulaciones de cultura socialista en el contexto de la estabilización del estado soviético y termina con un texto de Bertolt Brecht y otro de Palmiro Togliatti que ya indican importantes revisiones de la cultura socialista precedente. Los textos se han ordenado cronológicamente porque se encuentran en relación directa con los acontecimientos históricos en sentido más amplio. Incluyen directivas políticas, manifiestos, decretos, ensayos, entrevistas, discursos y artículos en los que resulta imposible trazar claramente la línea entre lo político y lo cultural. La procedencia variada de estos materiales proporciona una perspectiva general del arte de inspiración comunista, no sólo desde la estética o la teoría de la cultura, sino también atendiendo a las estructuras de difusión y patronazgo y a las condiciones de recepción de los productos artísticos según los sectores sociales o las comunidades nacionales a las que iban dirigidos. Además ha influido en nuestro criterio de selección la preocupación por ofrecer una panorámica multinacional, incluyendo materiales escritos originariamente en español, ruso, inglés, francés y alemán.[1]

La línea argumental discurre sobre las dialécticas en el seno de la cultura comunista entre masas y vanguardias, entre concepciones del arte «revolucionario» como elemento productor de valores sociales progresistas y el arte «revolucionario» como instancia de crítica social. De Octubre de 1917 a principios de los años treinta, la integración de ambas perspectivas parecía evidente, sobre la base de un común radicalismo antiburgués. El libro se abre con un texto de 1918, las nueve *Tesis del informe a la Primera Conferencia de Proletarskaya Kultura* (Proletkult), donde el responsable del Comisariado para la Ilustración Popular del la URSS (Narkompros), Anatoly Lunacharsky, resume someramente el modelo comunista de relación entre arte y política, ofreciendo, en sus tesis 4 y 5, los criterios generales de análisis histórico-crítico:

---

[1] Tal circunstancia ha implicado la intervención de varios traductores, entre los que queremos destacar las versiones del ruso que ha realizado Teresa Muñoz, autora también del apéndice final, en el que se aclaran las personas e instituciones más relevantes. Las traducciones del alemán han sido realizadas por Juan Pablo Larreta, Víctor Borrero, Miguel Albi y Alejandro Muñoz. Las del francés, por Teresa Muñoz y Encarnación Tabares. De las traducciones del inglés e italiano ha sido responsable el coordinador. También hemos de agradecer las atinadas sugerencias de muchas personas que nos han ayudado a ensanchar perspectivas para la elaboración de esta antología, en particular Ángel Llorente, Diana Wechsler, Paul Wood y José Ignacio Pérez.

«4. El arte es, o bien expresión pura de la ideología de tal o cual clase, o bien experimenta sobre sí las influencias cruzadas de varias clases; pero el análisis clasista de la obra de arte es el método más fructífero para su investigación.
5. El arte de una misma clase no es siempre idéntico. Hay ejemplos clásicos de la evolución del arte de clase: gérmenes, período de aspiraciones, clasicismo, realismo, romanticismo de la desesperación, misticismo.»[2]

Más adelante, siguen declaraciones que sirven como ejemplo de la implicación de artistas de vanguardia en la política marxista-revolucionaria, como «Sobre mis nuevas pinturas» de George Grosz:

«El arte es hoy algo absolutamente secundario. [...] A pesar de esto, el arte es algo que exige una decisión clara del artista. No es indiferente dónde te sitúas en este negocio ni qué opinas del problema de las masas, que no es tal problema para los que ven con claridad. ¿Estás del lado de los explotadores o del lado de esas masas que están atacando a estos explotadores? [...].»[3]

El siguiente grupo de textos se refiere al periodo de contención de la revolución en Europa tras la Primera Guerra Mundial, con el fracaso de los levantamientos obreros en Alemania, Hungría e Italia, y la consolidación del «socialismo en un solo país» en la URSS. El arte moderno se implanta en estos años como paradigma estético del Occidente burgués; comienza a establecer su merca-

---
[2] Moscú, 15-20 de septiembre de 1918, p.1. La paginación de los textos citados corresponde a *Crítica, tendencia y propaganda*, salvo en el caso de las notas 5 y 17.
[3] Fechado en noviembre de 1920 y publicado en Das Kunstblatt, V, nº 1, Berlín, 1921, pp. 5-6. Por su parte, David Alfaro Siqueiros, Diego Rivera y José Clemente Orozco y afirman, entre otras cosas, la siguiente: «*Repudiamos* la pintura llamada de caballete y todo arte de cenáculo ultraintelectual por aristocrático y *exaltamos* las manifestaciones de *arte monumental* por ser de utilidad pública» (Manifiesto del Sindicato de Obreros, Técnicos, Pintores y Escultores, 9 de diciembre de 1923, *El machete*, nº 7, México DF, junio de 1924, pp. 9-10).

do entre las clases dirigentes y se beneficia del patronazgo estatal, mientras el Estado soviético desarrolla una política cultural autónoma. Entonces dejarían de percibirse tan claramente como antes las coincidencias entre los comunistas y las vanguardias. A pesar de que la mayor parte de los artistas modernos habían saludado con júbilo a los bolcheviques de 1917, desde muy pronto esos mismos bolcheviques tendían a percibirla como un fenómeno caduco, como un remanente de la sociedad burguesa que, si significaba algo, era su propia decadencia; decadencia combatiente y destructiva, aprovechable en el momento mismo de la revolución, pero intelectualmente obsoleta una vez que comenzaba a crearse la nueva base económica socialista, base que requería una nueva superestructura, un nuevo espejo donde mirarse.

En los primeros años de la Revolución, la política cultural de Lunacharsky había mantenido una posición ecléctica –en el marco de criterios generales marxistas deliberadamente indeterminados– orientada a garantizar un espacio público para la totalidad de las tendencias culturales activas en la URSS y a combatir cualquier tipo de hegemonía en el aparato del estado de grupos que reivindicaban su condición de «proletarios» frente a otras opciones culturales. Pero el aparato del Partido Comunista tendía a formular políticas culturales inequívocamente articuladas con el poder político. La consolidación de la Revolución parecía probar que el socialismo marchaba con paso firme hacia su realización. Por tanto, si el intelectual quería serlo del mundo contemporáneo, ya no podía ser crítico, sino celebratorio. Lo más que podía hacer era indicar al proletariado los medios por lo cuales la sociedad mejoraría aun más, sustituyendo, para el caso, el enfático radicalismo formal de las vanguardias por un estilo convencional que garantizase la difusión universal del mensaje político. Se han documentado las medidas de 1920 para encuadrar en Narkompros a la hasta entonces independiente Proletkult, con el argumento de que la práctica artística en el período soviético debía organizarse de modo cualitativamente diferente al del período democrático-burgués:

«Proletkult surgió antes de la Revolución de Octubre. Fue declarado organización obrera independiente, independiente del Ministerio de Instrucción Popular de los tiempos de Kerensky. La Revolución de Octubre cambió el panorama. Las organizaciones de Proletkult continuaron siendo independientes, pero ahora esta independencia era ya independencia del poder soviético. Gracias a esto, y al hilo de otras causas, afluyeron a las organizaciones de Proletkult elementos socialmente ajenos a nosotros, elementos pequeñoburgueses que en ocasiones asumieron de hecho la dirección de las organizaciones de Proletkult. Los futuristas, los decadentes, los partidarios de la filosofía idealista enemiga del marxismo y, finalmente, simples fracasados, salidos de las filas de la publicística y la filosofía burguesas, comenzaron a capitanear en algunos lugares la actividad de las organizaciones de Proletkult.»[4]

En un discurso en Moscú unos meses antes, el 27 de abril de 1920, publicado como *La enfermedad infantil del «izquierdismo» en el comunismo*, Lenin describía el tipo social de «pequeñoburgués enervado de furia como consecuencia de los horrores del capitalismo [...cuya] futilidad, su propia naturaleza le permite transformar [esa furia] en obediencia, apatía, fantasía e incluso en un «loco» enamoramiento con cualquier tendencia burguesa 'de moda.'»[5] Desde el Partido se fomenta a partir de entonces la oposición al «izquierdismo» de vanguardia mediante una práctica fácilmente legible para las masas y dedicada a la divulgación de consignas explícitas. En 1922 aparece la Asociación de Artistas de la Rusia Revolucionaria (AkhRR) con una declaración que afirma:

---

[4] Resolución del Comité Central del Partido Comunista de las Trabajadores (Bolchevique) sobre las Organizaciones de Cultura Proletaria (Proletkult),Pravda, nº 270, Moscú, 1 de diciembre de 1920, pp. 2-3.
[5] V.I. Lenin, *Der «Radikalismus», die Kinderkrankheit des Kommunismus*, Westeuropäisches Sekretariat der Kommunistischen Internationale, Leipzig, 1920, pp. 13-14.

«Los antiguos círculos artísticos, fundados con anterioridad a la Revolución, han perdido su sentido, las fronteras entre ellos se han difuminado, tanto con respecto a la ideología como a las cuestiones formales, y sobreviven como grupos de individuos vinculados únicamente por relaciones personales, desprovistos de cualquier base y contenido ideológicos. Consideramos el contenido una prueba de la autenticidad de la obra de arte, y el deseo de expresar este contenido nos compele a nosotros, artistas de la Rusia revolucionaria, a unirnos, teniendo frente a nosotros objetivos rigurosamente definidos. El momento revolucionario es un momento heroico y nosotros debemos ahora mostrar en las formas monumentales del realismo heroico sus emociones artísticas. Asumiendo nuestra herencia artística y en virtud de nuestra concepción del mundo contemporáneo, nosotros, al fundar este estilo del realismo heroico, levantamos los cimientos de la casa común del arte futuro, del arte de la sociedad sin clases.»[6]

A la AkhRR responden los constructivistas y productivistas signatarios del «Programa de LEF» de 1923, incluyendo Osip Brik, Vladimir Mayakovsky, Serguei Tretyakov y otros intelectuales relacionados con el suprematismo y el cubofuturismo antes de la Revolución, que se declaran ahora representantes del «arte izquierdista» y «revolucionarios» comprometidos:

«El capitalista, por supuesto, nunca financió nuestras estrofas-látigo, nuestras líneas-espina.

El entorno, con su modo de vida parroquial, obligó a los futuristas a burlarse vistiendo blusas amarillas, pintarrajeándose.

Esta concepción poco «académica» de la lucha y el presentimiento de la agitación ulterior desalentaron pronto a los estetas afiliados [...].

---
6 AA.VV. «Programa de LEF», Moscú, febrero de 1923, p.8.

En cambio, quien nada tenía que perder se adhirió al futurismo o se cubrió con su nombre [...].»

LEF añade que su tarea en el contexto posrevolucionario consistía en luchar contra la restauración en el terreno de la estética:

«La Revolución ha alterado el escenario de nuestras acciones críticas. Debemos reconsiderar nuestra táctica. 'Arrojar a Pushkin, a Dostoievsky, a Tolstoy del barco de la contemporaneidad' era nuestra consigna de 1912 [...]. Nacionalizaron a los clásicos. Se veneraba a los clásicos como único pasatiempo. Eran considerados arte inmutable, absoluto. Los clásicos eran como el cobre de los monumentos, como la tradición escolar: ahogaban todo lo nuevo.»[7]

El Partido Comunista interviene en la polémica posicionándose a favor de los practicantes del «realismo heroico» y disolviendo otras organizaciones y grupos de artistas por decreto para encuadrarlos en nuevas organizaciones que asumen «el deber de plasmar artísticamente, con formas realistas comprensibles para las amplias masas trabajadoras, la auténtica realidad revolucionaria y de participar activamente, mediante el trabajo artístico colectivo, en la construcción del socialismo»,[8] como reza la declaración de la Asociación de Artistas de la Revolución (AKhR). El proceso duró en la URSS hasta mediados de los años treinta e implicó la disolución de organizaciones y grupos de artistas, el apartamiento de los exponentes del modernismo de las instituciones de enseñanza artística y su exclusión de exposiciones y encargos del estado. En 1932, el Comité Central decide:

---

7 AA.VV. Programa de LEF, Moscú, febrero de 1923, p.19.
8 Declaración de la Asociación de Artistas de la Revolución (AKhR), 1928, p. 28.

«1) liquidar las asociaciones de escritores proletarios (VOAPP, RAPP);
2) unificar a todos los escritores que sostienen la plataforma del poder soviético y que aspiran a participar en la construcción socialista en una única unión de escritores soviéticos que incluya una fracción comunista [...] los marcos de las organizaciones literarias y artísticas de carácter proletario existentes (VOAPP, RAPP, RAPM, y otras) se han quedado estrechos y frenan el auténtico alcance de la creación artística [...]
3) Realizar cambios análogos en las demás disciplinas artísticas.»[9]

Mientras tanto, en países «aún no socialistas», se consolidó el paradigma de la comprensión de la cultura moderna en clave crítico-revolucionaria que, en un primer momento, coexistía con la cultura comunista «oficial» entre los intelectuales marxistas gracias al argumento del «salto histórico» de los estados burgueses respecto a la URSS. Este es el caso del pintor David Alfaro Siqueiros, que afirma que la plástica en México debía ser «subversiva de ilegalidad durante el periodo actual y de asalto definitivo al poder por parte del proletariado.»; mientras que, tras la revolución, sería una «plástica de afirmación y edificación socialista [...]. Plástica de combate definitiva, liquidadora de los residuos del poder capitalista. Plástica de captación ideológica definitiva de las grandes masas. Plástica de afirmación doctrinaria. Plástica monumental de máximo servicio público [...].»[10]

Pero se hizo evidente que, a la larga, no todos los artistas que habían saludado la Revolución y sus logros podrían coordinar con éxito su actividad con políticas concretas que exigían *simplemente* la conversión del arte en propaganda. Esto suponía, para muchos, la

---

9 Disposición del Comité Central del Partido Comunista de los Bolcheviques de la Unión Soviética sobre la reconstrucción de las organizaciones literarias y artísticas», 23 de abril de 1932, pp. 40-41
10 David Alfaro Siqueiros, «Plástica dialéctico-subversiva, *Contra*, Buenos Aires, julio de 1933, pp. 68.69.

pérdida de autonomía en su práctica especialista y, además, el abandono de la instancia anti-ideológica, sobre la cual pensaban que se había construido originalmente la alianza entre la cultura y el movimiento obrero. El pintor Diego Rivera relata que, en 1921, tras su vuelta a México desde Europa, «se me expulsó del Partido. Desde entonces, he permanecido en una posición que es característicamente mexicana, concretamente la del guerrillero.»[11] Coherentemente con su evolución política, en el «Manifiesto por un arte libre y revolucionario», firmado también por André Breton y León Trotsky, arremete tanto contra el nazismo como contra el estalinismo, encuadrando ambos bajo el concepto «totalitarismo» y considerándolos como rémora de la auténtica creación artística progresista:

> «El régimen totalitario de la URSS, trabajando mediante las llamadas organizaciones culturales que controla en otros países, ha extendido por todo el mundo un profundo anochecer hostil a todo tipo de valor espiritual; un anochecer de impudicia y sangre en el que se bañan aquellos que, disfrazados de intelectuales y artistas, han hecho del servilismo su carrera, de la mentira por dinero una costumbre y del excusar el crimen una fuente de placer. El arte oficial del stalinismo, con una desvergüenza sin parangón en la historia, emula sus esfuerzos de dignificar su profesión de mercenarios.»[12]

Un año después, y desde posiciones políticas similares, el crítico norteamericano Clement Greemberg identificaba el realismo socialista con lo *Kitsch*, entendido como instancia de sujeción ideológica de las masas, y a ellos oponía un socialismo «verdadero» que era condición del desarrollo cultural auténtico:

---

[11] Diego Rivera, «El espíritu revolucionario del arte moderno», *Modern Quarterly*, nº 3. Nueva York, Vol. 6, otoño 1932, p. 51.
[12] Diego Rivera, André Breton, León Trotsky «Manifiesto por un arte libre revolucionario», México, 25 de julio de 1938. *Partisan Review*, Vol. IV, nº 1, Nueva York, otoño de 1938, p. 98.

«Siempre que un régimen político dicta una política cultural oficial, lo hace por demagogia. Si el *kitsch* es la tendencia oficial de la cultura en Alemania, Italia y Rusia, no es porque sus gobiernos respectivos estén controlados por necios, sino porque, en esos países, el *kitsch* es la cultura de las masas, como lo es en todos sitios. La promoción del *kitsch* es simplemente otra de las maneras baratas por la cual los regímenes totalitarios buscan el beneplácito de sus súbditos. Dado que esos regímenes no pueden elevar el nivel cultural de las masas -aunque quisieran- sin rendirse al socialismo internacional, lo que harán será halagar a las masas bajando la totalidad de la cultura a su nivel. Por eso las vanguardias están fuera de la ley. [...] El *kitsch* mantiene a los dictadores en estrecho contacto con el «alma» del pueblo. [...] Hoy en día aspiramos al socialismo simplemente para que sea preservado lo culturalmente vivo que tenemos ahora.»[13]

Cobran forma de este modo las dos tendencias en el seno del arte internacional de inspiración socialista, cuyos postulados se van definiendo a lo largo de los años veinte y principios de los treinta: en primer lugar, la producción típica de algunos artistas «polémicos, destinada a sorprender, y que conscientemente se dirigía contra las expectativas de la percepción, mediante obras que reivindicaban su carácter revolucionario a pesar de no ser «populares», porque su impopularidad se derivaba del hecho de tener lugar en una sociedad gobernada por convenciones y no por el libre pensamiento. En segundo lugar, el paradigma cultural posrevolucionario elaborado en la Unión Soviética y exportado a otros países a través de los partidos comunistas y sus organizaciones afines, dirigido a una audiencia proletaria, para el cual la apariencia «familiar», alcanzada mediante técnicas expresivas convencionales, era sinónimo de «democrática» y suponía una condición fundamental para el estableci-

---

13 Clement Greenberg, «La vanguardia y el *Kitsch*», *Partisan Review*, VI, nº 5, Nueva York, otoño de 1939, pp. 113.

miento de una relación fructífera entre los artistas y los trabajadores; la única manera por la cual estos podían entrar en relación con los productos estéticos.

La integración de ambas posturas no podía llevarse a término contando sólo con la buena voluntad, ni mucho menos por decreto del Partido, sino mediante procesos lentos y sutiles, pero intensos, de evolución intelectual y personal. A finales de los años veinte, en Francia, los surrealistas inventan el automatismo como táctica para liberar las imágenes del inconsciente, sorteando los mecanismos represivos de las convenciones sociales, es decir, empleándolo como arma subversiva y emancipatoria. Ya en 1925, el Bureau de Recherches Surréalistes declaraba que «el SURREALISMO no es un nuevo o más fácil medio de expresión, ni tampoco una metafísica de la poesía; es un medio de liberación total del espíritu y de todo lo que se le parece. [...] Estamos completamente decididos a hacer una Revolución.»[14] Sin embargo, a pesar de este autoproclamado espíritu revolucionario, para el Partido Comunista Francés el surrealismo no era más que otro movimiento cultural burgués, ajeno al proletariado el cual, como insistían los comunistas, era el espacio del cambio social real. Bretón acusaba en el «Segundo manifiesto del surrealismo» a quienes, exigiendo un arte «realista» y propagandístico:

> «no conciben nada que no se encuentre en una esfera un poco más elevada que el inmundo reportaje [...] abusando sin la menor vergüenza de cuanto vive, sufre, gime y espera, se oponen a toda investigación seria, intentan evitar todo género de descubrimientos, y que, so pretexto de dar lo que bien saben nadie puede recibir, es decir, la comprensión general e inmediata de cuanto es creación, denigran del peor modo al espíritu, y se comportan como los más certeros contrarrevolucionarios.»[15]

---

[14] Bureau de Recherches Surréalistes, Declaración del 27 de enero de 1925, p. 27.
[15] André Breton. Extracto del Segundo manifiesto del surrealismo, 1929., p. 35

A pesar de las discrepancias sobre el valor político del arte moderno, la percepción del peligro fascista a mediados de los años treinta, comenzando por la Guerra Civil Española, impone la necesidad de recomponer la alianza entre comunistas y artistas de vanguardia. Arturo Serrano Plaja pronuncia una elocución firmada por un nutrido grupo de intelectuales ante el II Congreso Internacional de Escritores, celebrado en Valencia en 1937, donde leemos las reflexiones siguientes:

«Una serie de contradicciones nos atormentaban. Lo puro, por antihumano, no podía satisfacernos en el fondo; lo revolucionario, en la forma, nos ofrecía tan sólo débiles signos de una propaganda cuya necesidad social no comprendíamos y cuya simpleza de contenido no podía bastarnos. Con todo, y por instinto tal vez, más que por comprensión, cada vez estábamos más del lado del pueblo. […] El arte abstracto de los últimos años nos parecía falso. Pero no podíamos admitir como revolucionaria, como verdadera, una pintura, por ejemplo, por el solo hecho de que su concreción estuviese referida a pintar un obrero con el puño levantado, o con una bandera roja, o con cualquier otro símbolo, dejando la realidad más esencial sin expresar.»[16]

Ese mismo año, Pablo Picasso, con el *Guernica*, parece ofrecer una solución práctica a los dilemas de la cultura comunista de entreguerras. En esta obra de «modernismo socialista», por tomar prestada una expresión de Achille Bonito Oliva,[17] la búsqueda de popularidad (su formato mural y su exposición en un espacio público: El pabellón español en la Exposición de París de 1937), y la subordinación de la imagen al mensaje (la denuncia de la violencia fascista), se combinaban con la actitud polémica de las vanguardias

---

16 A.A.VV., «Ponencia colectiva» ante el II congreso Internacional de Escritores, Madrid y Valencia, julio de 1937., *Hora de España*, n° 8, Valencia, agosto de 1937, p. 90.
17 Achille Bonito Oliva, «Come Picasso realizzò la directa», *La Repubblica*, 26 de abril de 2000, p. 45.

contra el bienpensantismo burgués, expresada mediante un acérrimo radicalismo formal. Picasso es un defensor del «arte culto» de los modernos que todavía se las ingenia para transmitir al pueblo valores morales positivos. No obstante lo consigue a costa de eliminar los símbolos políticos directos, como el puño alzado comunista del guerrero derrotado de la parte inferior de la pintura –que sí aparece en los bocetos– en favor de un antifascismo más difuso y mayoritario del que muchos políticos esperarían.

El proyecto picassiano se convirtió referencia casi única de los artistas y críticos encuadrados en la militancia antifascista durante los años de la Guerra Civil Española y la Segunda Guerra Mundial. Después, la Resistencia antifascista y la Liberación había hecho pensar a muchos –Fernand Léger, André Fougeron y Picasso en Francia, Renato Guttuso y Armando Pizzinato en Italia, Conrad Felixmüller y Otto Naguel en Alemania- que las democracias europeas de posguerra serían cualitativamente diferentes de las de entreguerras porque habían nacido de una experiencia popular mucho más profunda que el mero parlamentarismo. La lucha de masas contra el nazismo se concebía como antesala de la revolución, como una suerte de mayoría de edad de las masas de trabajadores. Estos trabajadores, del mismo modo que accedían al poder en otros ámbitos, se convertían ahora en destinatarios de la producción artística.

Ante tales expectativas, parecía anacrónico un arte meramente crítico y marginal, basado en la fragmentación cubista y futurista, en la amarga mofa dadá, en la liberación surrealista del inconsciente o en la perspectiva individual del expresionismo; un mero retorno académico a la situación de entreguerras. Tampoco el indeterminado compromiso del *Guernica* parecía suficiente, ni siquiera al propio Picasso, del que reeditamos su conocida entrevista de 1944 al semanario norteamericano «New Masses», en la que afirma que «mi adhesión al Partido Comunista es la consecuencia lógica de toda mi vida, de toda mi obra [...]. Tengo conciencia de haber luchado siempre a través de mi pintura, como un verdadero revolucionario. Pero ahora he comprendido que esto no basta [...].»[18] Picasso parecía dar a entender que su compromiso político durante la segunda posguerra continuaba el programa cognoscitivo cubista de alcanzar un conocimiento profundo de la realidad colectiva que superase al de la pintura convencional. La deconstrucción de las formas característica de su obra a principios de siglo respondía al discurso de las vanguardias de oposición; pero, en el periodo de las democracias de masas de posguerra, el realismo cubista y su posición anti-ideológica debía expresarse mediante un compromiso firme con la mayoría trabajadora y sus objetivos. Si los artistas percibían el cubismo y el arte moderno en general como una «estética» inmutable, y no dentro de semejante dinámica histórica, se arriesgaban a convertirlo en una nueva academia.

Como ejemplo de la situación durante la inmediata posguerra en las zonas europeas bajo influencia soviética, hemos traducido las actas de una reunión de la Sección Cultural del Comité Central del Partido Socialista Unificado de Alemania (SED), celebrada en 1951 bajo el lema «La lucha contra el formalismo en el arte y en la literatura, por una cultura alemana de progreso» donde se compara el «alza del arte y la literatura en la República Democrática Alemana con la decadencia de la cultura en Alemania Occidental causada por el imperialismo anglo-americano»[19] y se afirma que, en el arte, el formalismo –identificado con las varias corrientes no figurativas:

> «cumple en primera línea y en todas sus manifestaciones la tarea de socavar y destruir la conciencia nacional de los pueblos [...]. Es asimismo característico del formalismo su distanciamiento respecto a lo humano, a la idiosincrasia de la cultura, y el abandono del principio en virtud del cual el arte debe estar al servicio del pueblo.»[20]

---

18 Pablo Picasso, «Por qué me he adherido al Partido Comunista», *L'Humanitè*, nº 64, París, 29-30 de octubre de 1944, p. 114.
19 Comité Central del SED, «La lucha contra el formalismo en arte y literatura. Por una cultura alemana de progreso», 15-17 de marzo de 1951, p. 129.
20 Ibid., p. 133.

El SED llamaba a los artistas a «educar a los hombres en el espíritu de la lucha por una Alemania unida, democrática, pacífica e independiente y por el cumplimiento del Plan Quinquenal»,[21] rechazando actitudes «formalistas» –de las que se ofrece una larga lista de ejemplos concretos- en las que los artistas no parecían haber colaborado suficientemente en las campañas políticas del Partido. En la práctica, sin embargo, parecía difícil conciliar la «salvaguarda de la herencia cultural alemana» con la rica tradición plástica militante del periodo de Weimar. Tras la Segunda Guerra Mundial, se promociona el realismo socialista desde las instancias oficiales mediante una serie de exposiciones oficiales, encargos y resoluciones del SED. Pero se trata de un realismo socialista «contaminado», que permanece relacionado con el rico ambiente artístico alemán de entreguerras.

En otros casos, como en Italia, las vertientes crítica y propagandista de los artistas comunistas no se corresponden necesariamente con el empleo de técnicas figurativas o abstractas, a pesar de la insistencia de los funcionarios culturales del poderoso Partido Comunista Italiano. Lo que se ha dado en llamar «realismo social» o «neorrealismo» no sólo era el resultado de la preocupación por dirigirse a una audiencia de masas, como demandaban los comunistas, sino también por combatir las diversas versiones de modernismo fascistizante operante en el periodo de entreguerras.[22]

En los cuarenta, sin embargo, los artistas del grupo romano Forma 1 se autoproclaman «formalistas y marxistas». En lugar de concebir la abstracción como expresión de la forma contemporánea de la percepción colectiva, Forma 1 la entiende como análisis y crítica de esa forma y, por tanto, como abanderada de la libertad artística y antídoto contra las ideologías. El antecedente inmediato era, en este caso, el arte ruso de la vanguardia prerrevolucinaria: el rayonismo, el

---

21 Ibid., p. 137.
22 Por ejemplo el arte abstracto de los años treinta, inspirado en el Quattrocento y el clasicismo mediterráneo. El énfasis en la estructura, en la forma de la representación, era concebida como genuinamente italiana y suponía la contribución fundamental del arte italiano al arte internacional, así como la prueba de su liderazgo.

suprematismo y sus desarrollos, no sólo como concepciones estéticas, sino también por sus derivaciones al arte utilitario. El arte aplicado se combinaba en Forma 1 con el interés «en la forma del limón, y no en el limón»[23] con claras intenciones políticas. Su breve pero decisivo manifiesto postulaba que el signo pictórico mantiene una relación arbitraria, de índole retórica, con el referente. La forma se concebía como una producción humana y no como característica del objeto, entendiendo la abstracción como un ejercicio crítico, a la vez antimetafísico y universalista; esto último precisamente por renunciar a las llamadas melodramáticas a la acción y al psicologismo surrealista o expresionista. Estos artistas postulaban que la sociedad y el individuo son construidos y controlados por sistemas de representaciones y concebían su compromiso político como producción de revelaciones y diagnosis liberadoras del modo en el que funcionaban estos sistemas. No transmitían edificantes ejemplos de existencia, sino que actuaban sobre la psique del espectador mediante la afirmación de la autonomía artística, cuestionando sus esquemas perceptivos y predisponiéndolo para una experiencia más lúcida. Buscaban combinar así el explícito y destructivo historicismo del arte abstracto con el compromiso marxista mediante una práctica que no se constituía con una finalidad social explícita, sino que intentaba definir la condición de la conciencia, su modo de estar en el mundo y los límites de su horizonte, reconociendo su compromiso en el distanciamiento de todo interés.[24]

---

23 Manifiesto de Forma 1, p. 120.
24 La complejidad compositiva del cubismo analítico se reducía al mínimo y los artistas tendían a emplear títulos indicativos, tanto en busca de la máxima economía y legibilidad como de la clarificación de sus intenciones políticas. Un ejemplo es la serie *Rovine di Varsovia* (1949-1950) de Giulio Turcato, que ofrece una versión «abstraída» de la ciudad tras la represión nazi del levantamiento de 1944. Turcato no narra la represión nazi a través de sus efectos, sino que produce impresiones de ritmos y colores carentes de la emotividad asociada a este tema en la posguerra. La relación entre el tema y su representación, establecida mediante el título, evita que la obra se convierta en un objeto meramente decorativo, pero también que sea instrumentalizada por una lectura política determinada. No llama al espectador a una respuesta solidaria ante la destrucción de la ciudad, sino que le invita a reflexionar sobre el modo en el que se representaba habitualmente el acontecimiento.

La polémica entre cultura de masas y cultura de vanguardia jamás alcanzó una conclusión. Se diría, más bien, que terminó por ahogarse en las presiones políticas de la Guerra Fría y, finalmente, perdió actualidad en el contexto de cambios sociales y económicos que modificaron radicalmente la composición de la clase obrera, entendida como sujeto revolucionario, según un modelo de trabajador terciario mejor educado que el proletario tradicional. El demoledor discurso de Nikita Krushev de 1956 ante el XX congreso del PCUS denunciando los crímenes de Stalin termina por liquidar la política cultural realista socialista, ya en descrédito entre muchos artistas desde años antes. El breve texto de Bertolt Brecht de 1954 «sobre el realismo socialista» es tan deliberadamente vago que parece, más que otra cosa, un intento de rescatar lo aprovechable para la formulación de una nueva política cultural: «el concepto de realismo socialista no es algo que debiera sacarse de las obras y estilos existentes. El criterio no debería ser si una obra o una descripción se parecen a otras obras y otras descripciones que se incluyen en el realismo socialista, sino si es socialista y realista.»[25] Por su parte, el Secretario General del PCI, Palmiro Togliatti, interviene ese mismo año ante la Comisión Cultural del Comité Central pidiendo a los dirigentes moderación en cuanto a sus intervenciones en materia de cultura:

> «Algunos camaradas me han dicho que es necesario que yo intervenga [...]. En realidad, mi intención era no intervenir, quizá porque desde hace algún tiempo empiezo a apreciar, en modo particular en los dirigentes, la capacidad de saber estarse callados, escuchar lo que dicen los demás y sacar provecho para su propio trabajo y para la dirección del trabajo de otros.»

Mientras tanto, nuevas formas de comunicación social, como el cine y la televisión, relativizaron decisivamente el valor de las disciplinas intelectuales tradicionales como elementos formadores de

---
25 Bertolt Brecht, Sobre el realismo socialista, 1954.

la opinión pública. En el contexto de la nueva cultura de masas, las discusiones sobre las virtudes y defectos políticos del arte moderno perdieron gran parte de su sentido y el proyecto de un arte políticamente consciente asociado a los partidos comunistas pasó de este modo a la historia.

Juan José Gómez Gutiérrez

ANATOLY V. LUNACHARSKY, *TESIS DEL INFORME A LA PRIMERA CONFERENCIA DE PROLETARSKAYA KULTURA* (ORGANIZACIONES DE CULTURA PROLETARIA DE TODA RUSIA, O PROLETKULT).[1] Moscú, 15-20 de septiembre de 1918.[2]

1. El arte puede ser denominado universal en la medida en que todo lo valioso en las obras de siglos y pueblos es parte inalienable del tesoro de la cultura universal.

2. A nadie, sin embargo, se le ocurre negar las diferencias obvias entre el arte de las distintas épocas y pueblos.

3. Nosotros, los marxistas, sabemos que estas diferencias no se explican a través de conceptos imprecisos tales como el espíritu nacional, la época o el clima, sino por el régimen social, determinado, a su vez, por la correlación entre las clases.

4. El arte es, o bien expresión pura de la ideología de tal o cual clase, o bien experimenta sobre sí las influencias cruzadas de varias clases; pero el análisis clasista de la obra de arte es el método más fructífero para su investigación.

5. El arte de una misma clase no es siempre idéntico. Hay ejemplos clásicos de la evolución del arte de clase: gérmenes, período de aspiraciones, clasicismo, realismo, romanticismo de la desesperación, misticismo.

6. A pesar de eso, todas las etapas de la evolución del arte de una clase dada están teñidas por la psicología de la clase en cuestión.

7. Intento de caracterizar el futuro arte proletario partiendo de estos planteamientos.

8. La independencia de la creación proletaria se expresa en su originalidad, en nada artificial, y presupone la familiarización con todos los frutos de la cultura anterior.

9. La intelectualidad desempeña ya un cierto papel en el nacimiento del arte proletario por vía de la creación de una serie de obras de carácter transitorio.

---

1. Proletkult fue creada en 1917 y dirigida por Alexandr Bogdanov hasta 1920, cuando el Comité Central del Partido Comunista decidió someterla a la disciplina de Narkompros (Narodny Komissariat Prosveshchenii, Comisariado Popular para la Ilustración, dirigido por Lunacharsky), a fin de evitar la exposición de sus actividades a influencias «idealistas» y «antimarxistas» (n. del ed.).
2. Primera edición: Editorial Khudozhestvennaya Literatura, Moscú, 1967. Versión en castellano: A.V. Lunacharsky, *Sobre arte y literatura*, Editorial Arte y Literatura, La Habana, 1985.

RESOLUCIÓN DEL COMITÉ CENTRAL DEL PARTIDO COMUNISTA DE LOS TRABAJADORES (BOLCHEVIQUE), SOBRE LAS ORGANIZACIONES DE CULTURA PROLETARIA (PROLETKULT). *Pravda*, nº 270, Moscú, 1 de diciembre de 1920.*

El Comité Central de nuestro partido y, conforme a sus directrices, la fracción comunista del último congreso de organizaciones de Proletkult de toda Rusia han aprobado la siguiente resolución:

1. Como base de la recíproca relación entre Proletkult y Narkompros, y de acuerdo con la resolución del IX Congreso del Partido Comunista de los Trabajadores (PCT), debe ser dictaminado un acercamiento cada vez más estrecho de ambos órganos.

2. La labor creadora de Proletkult debe integrarse dentro de las actividades de Narkompros, como órgano responsable de llevar a efecto la dictadura del proletariado en el ámbito de la cultura.

3. De acuerdo con esto, el órgano central de Proletkult, que tomará parte activa en la labor de ilustración política de Narkompros, se integra en él con categoría de sección, quedando su trabajo subordinado a las directrices impuestas a Narkompros por el PCT.

4. Las recíprocas relaciones entre las divisiones locales de educación popular y de ilustración política y las organizaciones locales de Proletkult se establecerán de la siguiente manera: las organizaciones locales de Proletkult entrarán a formar parte como subsecciones de las divisiones de educación popular y su trabajo se organizará conforme a las directrices dadas a las divisiones provinciales de educación popular por los comités provinciales del PCT.

5. El Comité Central del PCT instruye ya a Narkompros para que cree y mantenga las condiciones que garanticen a los proletarios la posibilidad de trabajar libre y creativamente dentro de las instituciones a las que pertenecen.

El Comité Central del PCT considera imprescindible dar la siguiente explicación a los compañeros de las organizaciones de Proletkult, a los directores de las divisiones locales y provinciales de educación popular y a las demás organizaciones del Partido.

Proletkult surgió antes de la Revolución de Octubre. Fue declarado organización obrera independiente, independiente del Ministerio de Instrucción Popular de los tiempos de Kerensky. La Revolución de Octubre cambió el panorama. Las organizaciones de Proletkult continuaron siendo independientes, pero ahora esta independencia era ya independencia del poder soviético.

Gracias a esto, y al hilo de otras causas, afluyeron a las organizaciones de Proletkult elementos socialmente ajenos a nosotros, elementos pequeñoburgueses que en ocasiones asumieron de hecho la dirección de las organizaciones de Proletkult.

---

* Traducción y notas de Teresa Muñoz.

Los futuristas, los decadentes, los partidarios de la filosofía idealista enemiga del marxismo y, finalmente, simples fracasados, salidos de las filas de la publicística y la filosofía burguesas, comenzaron a capitanear en algunos lugares la actividad de las organizaciones de Proletkult.

Bajo la apariencia de «cultura proletaria» dirigida a los obreros se exponían puntos de vista burgueses sobre filosofía (machismo)[1]. Y en el campo del arte para los obreros se implantaron gustos absurdos y perversos (futurismo).

En lugar de ayudar a la juventud proletaria a estudiar con seriedad, a profundizar en la concepción comunista de todas las cuestiones de la vida y del arte, los artistas y filósofos, de hecho alejados y enemigos del comunismo, al proclamarse realmente proletarios, impedían salir a los trabajadores, controlados por las organizaciones de Proletkult, al ancho camino de la creación libre y verdaderamente proletaria. Grupos y grupúsculos de la intelectualidad, bajo la apariencia de cultura proletaria, imponían a los obreros progresistas sus propios «sistemas» filosóficos y falsedades semiburguesas. Las mismas opiniones antimarxistas que tan pomposamente florecieron tras la derrota de la Revolución de 1905 y durante algunos años después (1907-1912), cultivadas por las mentes de una intelectualidad «socialdemócrata» que se embriagaba, en la época de la reacción, con la búsqueda de Dios[2] y otros aspectos de la filosofía idealista, estas mismas opiniones son las que, enmascaradas, han intentado ahora inocular los grupos antimarxistas de la intelectualidad en las organizaciones de Proletkult.

Que nuestro partido no haya intervenido hasta ahora en este asunto se explica sólo porque, ocupado en la actividad bélica en los distintos frentes, no siempre ha podido prestar la atención debida a estas cuestiones esenciales. Ahora, cuando ante él surge la posibilidad de dedicarse al trabajo cultural y civilizador, el Partido debe prestar mucha más atención a las cuestiones de educación popular en general y a Proletkult en particular.

Estos mismos elementos de la intelectualidad que intentaron clandestinamente «imponer» sus puntos de vista reaccionarios bajo la apariencia de cultura

---

1. Machismo o makhismo: corriente filosófica cuyo nombre se debe al físico, psicólogo y filósofo eslovaco Ernst Mach (1838-1916). Mach defendió entre otras la tesis de que el conocimiento es una organización conceptual de los datos que se obtienen a través de la experiencia sensorial o de la observación. La idea, deducida asimismo de sus enseñanzas, según la cual la contradicción es un estado subjetivo de incomodidad y conflicto dentro de un organismo, del cual este desea deshacerse cuanto antes a fin de encontrar un equilibrio tanto físico como psíquico, se opone al axioma marxista que afirma que la contradicción, en cuanto identidad de los opuestos, es un fenómeno absolutamente objetivo. Lenin en su obra *Materialismo y empirocriticismo* atacó con contundencia al machismo y a cuantos intelectuales marxistas se habían adherido a él, entre ellos personalidades de la talla de Bogdanov, Bazarov, Lunacharsky, Berman, Valentinov y Yushkevich.

2. Búsqueda de Dios (*Bogoiskatel'nost*) o Creación de Dios (*Bogotroitel'nost*) son distintas denominaciones de una misma corriente idealista que propugnaba la incorporación dentro del socialismo de una religión humanística, que inspirara a las personas a mirar más allá hacia un bien superior, armonizador del destino de la humanidad. Lunacharsky y Gorky fueron algunos de los intelectuales identificados con esta corriente antes de la Revolución de Octubre.

proletaria, ahora manifiestan una ruidosa agitación contra la antes citada disposición del Comité Central. Estos elementos pretenden interpretar la resolución del Comité Central como una medida que fuera a constreñir a los trabajadores en sus procesos de creación artística. Esto, indudablemente, no es así. Los mejores elementos obreros de Proletkult comprenden en su totalidad los motivos por los que se rige el Comité Central de nuestro partido.

El Comité Central no sólo no quiere coartar la iniciativa de la intelectualidad obrera en el campo de la creación artística, sino que, al contrario, pretende crear para ella una situación más sana y normalizada y darle la posibilidad de influir provechosamente en todo el ámbito de la creación artística. El Comité Central se da cuenta claramente de que ahora, cuando la guerra termina, el interés por las cuestiones relacionadas con la creación artística y la cultura proletaria va a aumentar significativamente entre los trabajadores. El Comité Central respeta y valora la aspiración de la vanguardia obrera de poner sobre la mesa las cuestiones referentes a un desarrollo más rico y espiritual de la personalidad, etc. El Partido hará todo lo posible para que este asunto caiga realmente en manos de la intelectualidad obrera, de modo que el estado obrero proporcione a la inteligencia obrera todo lo necesario en este sentido.

En el texto del proyecto de instrucción elaborado por Narkompros y aprobado por el Comité Central de nuestro partido, todos los camaradas interesados podrán leer que está totalmente garantizada la completa autonomía en el campo de la creación artística para los trabajadores de Proletkult que se están reorganizando. El Comité Central ha dado a Narkompros directrices muy precisas a este respecto. Y el Comité Central cuidará y encomendará a los comités provinciales del Partido que cuiden de que no haya tutelas mezquinas sobre las organizaciones de Proletkult que se están reestructurando.

El Comité Central es asimismo consciente de que en el propio Narkompros, en el ámbito artístico, se han manifestado también las mismas tendencias intelectuales que proliferaban en Proletkult. El Comité Central trata de que también en Narkompros sean eliminadas determinadas tendencias burguesas. El Comité Central ha aprobado una disposición especial para que las divisiones provinciales de educación popular que, de acuerdo con la nueva resolución, van a dirigir el trabajo de los organizaciones de Proletkult, estén constituidas por personas rigurosamente fieles al Partido. En la fusión de las divisiones provinciales de educación popular con las organizaciones de Proletkult, el Comité Central considera que reside la garantía para que los mejores elementos proletarios, hasta ahora integrados en las filas de Proletkult, asuman ahora el papel más activo en este trabajo y ayuden así al Partido a imprimir un carácter verdaderamente proletario a toda la labor de Narkompros. A la posibilidad de esta estrecha unión, de este trabajo amistoso en las filas de nuestras organizaciones educadoras, las cuales deben convertirse, no a través de palabras sino de hechos, en órganos de cultura proletaria real y genuina, llama el Comité Central de nuestro partido.

GEORGE GROSZ, «SOBRE MIS NUEVAS PINTURAS», noviembre de 1920. *Das Kunstblatt*, V, nº 1, Berlín, 1921, pp. 10-13.*

El arte es hoy algo absolutamente secundario. Cualquiera que sea capaz de ver más allá de las paredes de su estudio lo admitirá. A pesar de esto, el arte es algo que exige una decisión clara del artista. No es indiferente dónde te sitúas en este negocio ni qué opinas del problema de las masas, que no es tal problema para los que ven con claridad. ¿Estás del lado de los explotadores o del lado de las masas, que están atacando a estos explotadores?

Esta cuestión no se despacha con la vieja mentira de la sublimidad y la santidad y el Estar-Por Encima-De Todo de la práctica artística. Hoy en día el artista es comprado por el especulador de bolsa o el mecenas que mejor pague. A este comercio intermediario se le llama en el estado burgués promoción del arte. Pero los poetas y pintores de hoy en día no quieren saber nada de las masas. ¿Cómo se puede aclarar si no el hecho de que no podamos mostrar casi nada que refleje de algún modo los ideales y aspiraciones, la voluntad de las masas emergentes?

Las revoluciones artísticas de los pintores y los poetas son ciertamente interesantes y valiosas estéticamente pero al fin y al cabo son problemas de estudio, y algunos artistas que se atormentan seriamente terminan por sucumbir al incrédulo nihilismo burgués, ya que se quedan en su propio caldo artístico individualista y no aprenden de manera suficientemente clara a comprender los problemas revolucionarios; se esfuerzan demasiado poco para conseguirlo. Sí, hay pintores artísticamente revolucionarios que hoy en día todavía no se han liberado de las representaciones de Cristo y los apóstoles. Hoy en día, cuando es deber revolucionario hacer propaganda por partida doble para limpiar la visión del mundo de las fuerzas sobrenaturales, de Dios y de los ángeles, para aguzarle la vista de nuevo al ser humano en su relación realista con el entorno. Los ya desde hace tiempo exhaustos símbolos y encantos místicos del más tonto engaño de lo sagrado, de los que la pintura de hoy está llena, ¿qué más quieren? La vida plantea exigencias más fuertes que lo que este sinsentido pictórico aún podría resistir.

¿Qué debéis hacer, qué contenido debéis darle a vuestras pinturas?
Id a una reunión de proletarios y mirad y escuchad cómo la gente, seres humanos como vosotros, discute allí sobre una minúscula mejoría en sus vidas.
¡Entendedlo, esa masa es la que trabaja en la organización del mundo! ¡No vosotros! ¡Pero vosotros podéis colaborar con ellos en esta organización! ¡Vosotros podéis ayudar, sólo tenéis que querer! Y a través de esto podéis aprender a darle a vuestros trabajos artísticos un contenido que se sustenta con los ideales revolucionarios de los trabajadores.

---

* Traducción de Miguel Ángel Albi.

En lo que respecta a mis trabajos en este cuaderno quiero decir lo siguiente: intento de nuevo producir una imagen absolutamente realista del mundo. Pretendo que me entiendan todos, pero sin la profundidad exigida hoy día, a la que no se puede descender sin un verdadero traje de buzo, atiborrado de metafísica y de mentiras espirituales cabalísticas. Con los esfuerzos por crear un estilo sencillo y claro se acerca uno de forma involuntaria a Carrà.[1] Sin embargo, todo me separa de él, que quiere ser disfrutado de manera muy metafísica y tiene una posición burguesa. ¡Mis trabajos se tienen que reconocer como trabajos de entrenamiento –trabajar sistemáticamente al pié del cañón– sin vistas a la eternidad! Intento, en mis así llamados trabajos artísticos, construir una plataforma completamente real. El ser humano ya no se representa como un individuo, con psicología refinada, sino como un concepto colectivo, casi mecánico. El destino individual ya no importa. También quiero mostrar, como en la antigua Grecia, símbolos deportivos muy sencillos, que los entiendan todos y se puedan disfrutar sin comentarios.

Limito el color. Las líneas se usan de forma no individual, fotográfica; se construye para dar forma. Retorno a la estabilidad, la estructura, la utilidad –p. ej. deporte, ingeniero, máquina, pero ya no al romanticismo dinámico, futurista.

Se reintroduce el control sobre la línea y el trazo –ya no se trata de conjurar sobre el lienzo coloreados papeles pintados con almas expresionistas. La objetividad y claridad del dibujo de un ingeniero son mejores para enseñar que la verborrea incontrolable de la cábala y la metafísica y el éxtasis sagrado.

No se puede ser absolutamente preciso al escribir sobre su propio trabajo, especialmente cuando se está entrenando constantemente –en ese caso, casi todos los días traen consigo nuevos descubrimientos y una nueva orientación. Pero aún quiero decir una cosa más: el desarrollo de la pintura lo veo en futuros talleres puramente artesanales, no en sagrados templos del arte. La pintura es un trabajo manual como cualquier otro, que puede estar bien o mal hecho. Hoy día tenemos en pintura, como también en otras ramas del arte, un sistema de estrellato –eso va a desaparecer.

La fotografía va a representar un papel importante, ya hoy en día es mucho mejor y más barato hacerse una fotografía que hacerse pintar. A esto hay que añadirle el hecho de que los artistas modernos los desfiguran todo a su manera –y tienen un peculiar rechazo hacia el parecido con lo representado. El anarquismo expresionista debe terminar. Hoy en día los artistas caen por fuerza en él, porque son ignorantes y no tienen relación con la gente trabajadora. Llegará un día en el que los artistas ya no serán aquellos fofos anarquistas bohemios

---

1. Carlo Carrà (Quargnento, Alessandria, 1881-Milán, 1966). Pintor italiano signatario de diversos manifiestos futuristas. Tras un periodo adscrito a la *pittura metafisica* fue uno de los artistas más representativos del «retorno al orden» y el nacionalismo del grupo profascista Novecento (n. del ed.).

–sino trabajadores sanos e inteligentes en la sociedad colectivista. Hasta que la masa obrera no consiga esta meta, el intelectual seguirá, incrédulo y cínico, tambaleándose de un lado a otro. Sólo entonces se desbordará el arte de su delgado cauce, en el que hoy fluye anémicamente a través de las vidas de los «diez mil elegidos», y de nuevo se comunicará en forma de corriente copiosa con toda la humanidad trabajadora. Entonces terminará el monopolio del capital sobre las cosas espirituales.

Y así de nuevo el comunismo llevará al enriquecimiento y desarrollo de la humanidad, hacia la verdadera cultura sin clases.

DECLARACIÓN DE LA ASOCIACIÓN DE ARTISTAS DE LA RUSIA REVOLUCIONARIA (AKHRR). Catálogo de la exposición de estudios, bocetos, dibujos y gráficos de la vida cotidiana del Ejército Rojo de los Trabajadores y Campesinos, 1922.*[1]

La gran Revolución de Octubre, mediante la liberación de las fuerzas creadoras del pueblo, ha despertado la conciencia de las masas populares y de los artistas, intérpretes de su vida espiritual.

Nuestro deber cívico ante la humanidad es reproducir de forma documental y a través del arte este gran momento histórico en su impulso revolucionario.

Nosotros reflejaremos el aquí y el ahora, la vida cotidiana del Ejército Rojo, los obreros, el campesinado, los agentes de la Revolución, los héroes del trabajo. Ofreceremos la imagen auténtica de los acontecimientos y no fantasías abstractas que desacrediten nuestra revolución a los ojos del proletariado internacional.

Los antiguos círculos artísticos, fundados con anterioridad a la Revolución, han perdido su sentido, las fronteras entre ellos se han difuminado, tanto con respecto a la ideología como a las cuestiones formales, y sobreviven como grupos de individuos vinculados únicamente por relaciones personales, desprovistos de cualquier base y contenido ideológicos.

Consideramos el contenido una prueba de la autenticidad de la obra de arte, y el deseo de expresar este contenido nos compele a nosotros, artistas de la Rusia revolucionaria, a unirnos, teniendo frente a nosotros objetivos rigurosamente definidos.

El momento revolucionario es un momento heroico y nosotros debemos ahora mostrar en las formas monumentales del realismo heroico sus emociones artísticas.

Asumiendo nuestra herencia artística y en virtud de nuestra concepción del mundo contemporáneo, nosotros, al fundar este estilo del realismo heroico, levantamos los cimientos de la casa común del arte futuro, del arte de la sociedad sin clases.

---

* Traducción de Teresa Muñoz.
1. Assotsiatsiya khudozhnikov Revolyutsionnoy Sossii (AkhRR). Texto aparecido en el , reimpreso en Gronsky I.M., Perelman V.N. (Eds.), *AKhRR: Sbornik vospominanii, statey, dokumentov* (AkhRR: Colección de recuerdos, artículos y documentos), Izobrazitelnoe iskusstvo, Moscú, 1973.

David Alfaro Siqueiros, Diego Rivera y José Clemente Orozco, «Manifiesto del Sindicato de Obreros, Técnicos, Pintores y Escultores», 9 de diciembre de 1923. *El machete*, nº 7, México DF, junio de 1924.

A la raza indígena humillada durante siglos; a los soldados convertidos en verdugos por los pretorianos; a los obreros y campesinos azotados por la avaricia de los ricos; a los intelectuales que no estén envilecidos por la burguesía.

CAMARADAS:
La *asonada militar* de Enrique Estrada y Guadalupe Sánchez (los más significativos enemigos de las aspiraciones de los campesinos y los obreros de México) ha tenido la importancia trascendental de precipitar y aclarar de manera clara la situación social de nuestro país, que por sobre los pequeños accidentes y aspectos de orden puramente político es correctamente la siguiente.
De un lado la revolución social más ideológicamente organizada que nunca, y del otro lado la burguesía armada: soldados del pueblo, campesinos y obreros armados que defienden sus derechos humanos como soldados del pueblo arrastrados con engaños o forzados por jefes militares políticos vendidos a la burguesía.
Del lado de ellos, los explotadores del pueblo, en concubinato con los claudicadores que venden la sangre de los soldados del pueblo que les confiara la Revolución.
Del nuestro, los que claman por la desaparición de un orden envejecido y cruel, en el que tú, obrero del campo, fecundas la tierra para que su brote se lo trague la rapacidad del encomendero y del político, mientras tú revientas de hambre, en el que tú, obrero de la ciudad, mueves las fábricas, hilas las telas y formas con tus manos todo el confort moderno para solaz de las prostitutas y de los zánganos mientras en ti mismo se te rajan las carnes de frío; en el que tú, soldado indio, por propia voluntad heroica abandonas las tierras que laboras y entregas tu vida sin tasa para destruir la miseria en que siglos han vivido las gentes de tu raza y de tu clase para que después un Sánchez o un Estrada inutilicen la dádiva grandiosa de tu sangre en beneficio de las sanguijuelas burguesas que chupan la felicidad de tu sangre y te roban el trabajo de la tierra.
No sólo todo lo que es trabajo noble, todo lo que es virtud es don de nuestro pueblo (de nuestro indios muy particularmente), sino la manifestación más pequeña de la existencia física y espiritual de nuestra raza como fuerza étnica brota de él, y lo que es más su facultad admirable y extraordinariamente particular de *hacer belleza: el arte del pueblo de México es la manifestación espiritual más grande y más sana del mundo* y su tradición indígena es la mejor de todas. Y es grande precisamente porque siendo popular es colectiva, y es por eso que nuestro objetivo estético fundamental radica en socializar las manifestaciones artísticas tendiendo a la desaparición absoluta del individualismo por burgués. *Repudiamos* la pintura llamada de caballete y todo arte de cenáculo ultraintelectual por aristocrático y

exaltamos las manifestaciones de *arte monumental* por ser de utilidad pública.

Proclamamos que toda manifestación estética ajena o contraria al sentimiento popular es burguesa y debe desaparecer porque contribuye a pervertir el gusto de nuestra raza, ya casi completamente pervertido en las ciudades.

Proclamamos que siendo nuestro momento social de transición entre el aniquilamiento de un orden envejecido y la implantación de un orden nuevo, los creadores de belleza deben esforzarse porque su labor presente un aspecto claro de propaganda ideológica en bien del *pueblo*, haciendo del arte, que actualmente es una afirmación de masturbación individualista, una finalidad de belleza para todos, de educación y de combate.

Porque sabemos muy bien que la implantación en México de un gobierno burgués traería consigo la natural depresión en la estética popular indígena de nuestra raza, que actualmente no vive más que en nuestras clases populares, pero que ya empezaba, sin embargo, a purificar los medios intelectuales de México, *lucharemos por evitarlo, porque sabemos* muy bien que el triunfo de las clases populares traerá consigo el florecimiento unánime del arte étnica, cosmogónica e históricamente trascendental en la vida de nuestra raza, comparable al de nuestras admirables civilizaciones autóctonas; *lucharemos sin descanso para conseguirlo*.

El triunfo de De la Huerta, de Estrada o de Sánchez, estética como socialmente, sería el triunfo del gusto de las mecanógrafas: la aceptación criolla y burguesa (que todo lo corrompe) y de la música, de la pintura y de la literatura popular, el reinado de lo «pintoresco», del *kewpie*[1] norteamericano y la implantación oficial de *l'amore e come zucchero*. El amor es como azúcar.

En consecuencia, la contrarrevolución en México prolongará el dolor del pueblo y deprimirá su espíritu admirable.

Con anterioridad los miembros del Sindicato de Pintores y Escultores nos adherimos a la candidatura del general don Plutarco Elías Calles, por considerar que su personalidad definitivamente revolucionaria garantizaba en el Gobierno de la República, más que ninguna otra, el mejoramiento de las clases productoras de México, adhesión que reiteramos en estos momentos con el convencimiento que nos dan los últimos acontecimientos político-militares, y nos ponemos a la disposición de su causa, que es la del pueblo, en la forma que se nos requiera.

Hacemos un llamamiento general a los intelectuales revolucionarios de México para que, olvidados sus sentimientos de zanganería proverbiales por más de un siglo, se unan a nosotros en la lucha social y estético-educativa que realizamos.

---

1. Almibarados personajes infantiles de la revista norteamericana *Ladies' Home Journal* que ilustraban, desde 1909, los poemas para niños de su creadora, Rose O'Neil. Los dibujos pronto dieron lugar a todo tipo de objetos para la venta, incluidos figurillas de porcelana, tinteros, saleros, botellas de perfume, etc. (n. del ed.).

En nombre de toda la sangre vertida por el pueblo en diez años de lucha y frente al cuartelazo reaccionario, hacemos un llamamiento urgente a todos los campesinos, obreros y soldados revolucionarios de México para que comprendiendo la importancia vital de la lucha que se avecina, y olvidando diferencias de tácticas, formemos un frente único para combatir al enemigo común.

Aconsejamos a los soldados rasos del pueblo que, por desconocimiento de los acontecimientos y engañados por sus jefes traidores están a punto de derramar la sangre de sus hermanos de raza y de clase, mediten en que con sus propias armas quieren los mistificadores arrebatar la tierra y el bienestar de sus hermanos que la Revolución ya había garantizado con las mismas.

«Por el proletariado del mundo»
El secretario general, David Alfaro Siqueiros; el primer vocal, Diego Rivera; el segundo vocal, Xavier Guerrero; los miembros del Comité: Fermín Revueltas, José Clemente Orozco, Ramón Alva Guadarrama, Germán Cueto, Carlos Mérida.

NIKOLAI ASEEV, BORIS ARVATOV, OSIP BRIK, BORIS KUSHNER, VLADIMIR MAYAKOVSKY, SERGUEI TRETYAKOV Y CHUZHAK (NIKOLAI NASIMOVICH), *PROGRAMA DE LEF*.[1] Moscú, febrero de 1923.*

¿Para qué lucha LEF?
Año 1905.[2] Tras él, la reacción. La reacción se consolidó gracias al autoritarismo y al yugo doble del comerciante y el industrial. La reacción creó un arte, un modo de vida a su imagen y semejanza. El arte de los simbolistas (Biely, Balmont), de los místicos (Chulkov, Guippius) y de los psicópatas sexuales (Rozanov)[3] representaba un modo de vida mezquino y pequeñoburgués.

---

* Traducción y notas de Teresa Muñoz.
1. LEF: Levogo front iskusstva (Frente Izquierdista del Arte). Nikolai Nikolaievich Aseev (1889-1963). Poeta futurista, miembro de LEF. Recibió el Premio Stalin en 1941; Boris Ignatievich Arvatov (1896-1940). Crítico de arte y de literatura, teórico del productivismo, fundador de Proletkult y miembro de LEF; Osip Maximovich Brik (1888-1945). Escritor, teórico de la literatura, dramaturgo, autor de guiones cinematográficos y libretos operísticos. Trabajó como redactor de las revistas *LEF* y *Novy LEF* (Nuevo LEF); Boris Anisimovich Kushner (1888-1937). Poeta y prosista. Miembro del Partido Comunista desde 1917 y activo futurista, colaboró en las revistas *Iskusstvo Kommuny* (Arte de la Comuna) y *LEF* y escribió numerosos ensayos en torno al concepto de la poesía de la técnica y las máquinas; Vladimir Vladimirovich Mayakovsky (1894-1930). Gran poeta de la revolución proletaria. Fundador del grupo cubofuturista junto a David D. Burlyuk, Velimir Khlebnikov y Alexei Kruchenykh, trabajó junto a los bolcheviques desde los primeros días de Octubre. Sus recitales poéticos a lo largo y ancho del país eran verdaderos actos multitudinarios. Fundó LEF y fue redactor de las revistas *LEF* y *Novy LEF*. En 1930 participó en la RAPP (Asociación Rusa de Escritores Proletarios). Se suicidó ese mismo año, criticado por algunos medios literarios y agotado por las dificultades personales. A su muerte fue objeto de un verdadero culto por parte de las autoridades; Serguei Mikhailovich Tretyakov (1892-1937). Poeta egofuturista, luego incorporado al grupo cubofuturista de Mayakovsky. Escribió mucho para el teatro, colaborando con Meyerhold y Eisenstein, y fue uno de los primeros traductores al ruso de Bertolt Brecht. En 1937 fue arrestado y fusilado; Chuzhak, pseudónimo de Nikolai Fyodorovich Nasimovich (1876-1937). Periodista, crítico literario e impulsor de la poesía proletaria siberiana. Miembro del Partido Comunista de Rusia, en 1922 se trasladó a Moscú donde entró a formar parte enseguida, aunque temporalmente, del comité redactor de la revista *LEF*.
2. Año de la Primera Revolución Rusa. Las huelgas obreras organizadas en San Petersburgo a primeros de año en demanda de una mejora en las condiciones de trabajo en las fábricas culminaron en una gran manifestación el domingo, 9 de enero, que fue brutalmente reprimida por el ejército. Este Domingo Sangriento provocó la convocatoria de nuevos paros, motines de la flota en Odessa y de la guarnición de Kronstadt, la formación de soviets en algunas ciudades y conatos de insurrección en Polonia y Finlandia.
3. Andrei Biely, pseudónimo de Boris Nikolaievich Bugaev (1880-1934). Poeta, prosista y crítico simbolista. Discípulo principal de Rudolf Steiner en Rusia, al igual que muchos simbolistas recibió la Revolución de Octubre como un acontecimiento de trascendencia mística para el país. Autor de poemarios como *Urna* (1909) y de novelas como *La paloma de plata* (1910) o *Petersburgo* (1912), sus investigaciones formales constituyeron la base de la estética futurista y de los estudios formalistas; Konstantin Dmitrievich Balmont (1867-1942). Poeta, autor prolífico y gran viajero, fue la figura más destacada del primer simbolismo en la última década del siglo XIX. Posteriormente emigró y murió en

Los partidos revolucionarios sacudieron el modo de vida, el arte se rebeló para sacudir el gusto. El primer fogonazo impresionista tuvo lugar en 1909 (la colección *Sadok Sudei*).⁴ Tres años avivaron la llama. La avivaron hasta insuflar el futurismo. El primer libro fruto de la unión de los futuristas fue *Poshchechina obshchestvennomu vkusu* (Bofetada al gusto público, D. Burlyuk, Kamensky, Kruchenykh, Mayakovsky, Khlebnikov, 1914).⁵

---

el exilio en París; Gueorgy Ivanovich Chulkov (1879-1939). Escritor y crítico literario, autor de *O misticheskom anarkhisme* (Sobre el anarquismo místico, 1906), obra en la que definía este concepto, para él inseparable de una determinada concepción estética de la vida y de la evidente belleza del mundo, como liberación de la personalidad de cualquier forma de control social y político; Zinaida Nikolaievna Guippius (1865-1945). Poetisa, prosista, crítica literaria, musa del cambio de siglo, encarnación de la idea del filósofo Vladimir S. Soloviov sobre la androginia utópica, esposa del también escritor Dmitri Merezhkovsky con quien fundó la escuela de la Nueva Conciencia Religiosa; Vasily Vasilievich Rozanov (1856-1919). Escritor conservador, autor de numerosas obras de temática religiosa en las que atacó el ascetismo cristiano y abogó por una religión naturalista basada en el sexo y la procreación.

4. *Vivero de jueces*, poemario que incluía composiciones de los hermanos David y Nikolai D. Burlyuk, Elena Guro, Velimir Khlebnikov y Vasily V. Kamensky.

5. David Davidovich Burlyuk (1882-1967). Figura central de la vanguardia rusa, poeta, pintor, crítico de arte, organizador de exposiciones, miembro del grupo El Jinete Azul durante sus años de estudio de Munich, y uno de los principales representantes del futurismo ruso. En 1922 emigró a Estados Unidos, donde residió y continuó pintando hasta su muerte; Vasily Vasilievich Kamensky (1884-1961). Hombre polifacético, fue actor, pintor, poeta, piloto, arquitecto, inventor. Como autor futurista su obra más celebrada es el poema «Stenka Razin» (1915), más tarde reelaborado como obra teatral (1919) y novela (1928); Alexei Eliseievich Kruchenykh (1886-1968). Pintor y poeta, teórico del futurismo, su gran aportación al mismo fue la «poesía de la tontería»: desarrollada a partir de principios fonológicos, desligaba sonido y significado haciendo del poema un reino de sonidos puros liberados de su objeto y comprendidos como fenómenos de entidad cósmica. Fue el autor del libreto de la primera ópera futurista, *Pobeda nad solntzem* (Victoria sobre el sol, 1913), con música de Mikhail Matyushin y escenografía de Kasimir Malevich; Velimir (nombre variable por Viktor) Vladimirovich Khlebnikov (1885-1922). Poeta cercano inicialmente al círculo simbolista, en 1910 entró en contacto con los cubofuturistas entre los que enseguida destacó como investigador del lenguaje. Tomó parte en todas las iniciativas formalistas de la época. Murió de desnutrición en 1922; Vasily Vasilievich Kandinsky (1866-1944). Pintor y teórico del arte, pionero del arte abstracto y uno de los artistas más influyentes de su generación. Fundador de El Jinete Azul junto a Franz Marc, profesor en la Academia de Bellas Artes de Moscú y en la Bauhaus de Berlín, murió en el exilio en París; Sota de Diamantes, nombre de la exposición organizada en Moscú en 1910 en la que participaron, entre otros, Natalia Goncharova y Mikhail Larionov, David Burliuk, Kasimir Malevich y Vladimir Tatlin. Un año más tarde, algunos de estos artistas se constituyeron oficialmente como asociación y en 1912 organizaron una segunda exposición; Vadim Gabrielevich Shershenevich (1893-1942). Poeta, dramaturgo, traductor, miembro de la Mezonin poezii (Buhardilla Poética), primitivo grupo futurista en el que también participaron Ivnev y Bolshakov entre otros. Junto a Serguei Esenin y Anatoly Marienhof fundó la Orden de los Imaginistas; Igor Severianin, pseudónimo de Igor Vasilievich Lotarev (1887-1941). Poeta, desde 1911 cabeza visible de los egofuturistas junto a Fyodor Sologub, con quien recorrió Rusia ofreciendo recitales poéticos. Desde 1920 residió en el exilio en Estonia; La Cola del Asno, grupo organizado por Natalia Goncharova y Mikhail Larionov tras su salida de Sota de Diamantes, a la que acusaron de conservadurismo, excesivo interés por el arte extranjero y debilidad de contenidos.

El antiguo régimen valoró consecuentemente los experimentos de los dinamiteros del mañana.

Contestó a los futuristas con recortes de la censura, con la prohibición de sus discursos, con el ladrido y el aullido de toda la prensa.

El capitalista, por supuesto, nunca financió nuestras estrofas-látigo, nuestras líneas-espina.

El entorno, con su modo de vida parroquial, obligó a los futuristas a burlarse vistiendo blusas amarillas, pintarrajeándose.

Esta concepción poco «académica» de la lucha y el presentimiento de la agitación ulterior desalentaron pronto a los estetas afiliados (Kandinsky, los Sota de Diamantes y demás).

En cambio, quien nada tenía que perder se adhirió al futurismo o se cubrió con su nombre (Shershenevich, Igor Severianin, La Cola del Asno y otros).

El movimiento futurista, conducido por gentes del arte que profundizan poco en política, se tiñó a veces con los colores de la anarquía.

Junto a la gente del futuro marchaban también los jóvenes, protegidos de la podredumbre estética por la bandera izquierdista.

La guerra de 1914 representó una primera prueba para la sociedad.

Los futuristas rusos se desligaron definitivamente del imperialismo poético de Marinetti,[6] abucheado ya en los días de su visita a Moscú (1913).

Los futuristas fueron los primeros y únicos en el panorama artístico ruso que, superponiéndose a los gorgoritos de los cantores de la guerra (Gorodetsky, Gumiliov[7] y otros), la maldijeron y lucharon contra ella con todas las armas del arte («Voina i mir» [Guerra y mundo][8] de Mayakovsky).

La guerra inauguró el proceso de limpieza futurista (se disgregaron los miembros de Mezonin, Severianin marchó sobre Berlín).

La guerra nos exigió ver la revolución del mañana («Oblako v shtanakh» [Nube con pantalones]).[9]

La revolución de Febrero intensificó la limpieza, dividió al futurismo en derechista e izquierdista.

---

6. Filippo Tommaso Marinetti (1876-1944), poeta, dramaturgo, novelista y activista político italiano, autor del *Manifiesto del futurismo* (1910). En 1919 ingresó en la organización protofascista Fasci Italiani di Combattimento y fundó el Partido Político Futurista.
7. Serguei Mitrofanovich Gorodetsky (1884-1967), poeta, fundador y teórico del acmeísmo (movimiento literario que, en oposición al simbolismo, demandaba atención a la realidad y un lenguaje poético que contuviera significados exactos) junto a Nikolai Gumiliov, importante autor de libros infantiles; Nikolai Stepanovich Gumiliov (1886-1921), poeta, fundador del movimiento acmeísta, primer marido de la poetisa Anna Akhmatova, gran viajero y explorador, militar condecorado en la Primera Guerra Mundial. Acusado de conspiración, fue detenido y fusilado en 1921.
8. Largo poema antibélico publicado en 1916.
9. Poema de Mayakovsky escrito en 1914-1915.

Los derechistas se convirtieron en los voceros de los encantos democráticos (sus apellidos esparcidos por el «Todo Moscú»).

A los izquierdistas, a la espera de Octubre, los bautizaron como bolcheviques del arte (Mayakovsky, Kamensky, Burlyuk, Kruchenykh).

A este grupo futurista se adhirieron los primeros futuristas-productivistas (Brik, Arvatov) y los constructivistas (Rodchenko, Lavinsky).[10] Los futuristas, desde sus primeros pasos todavía en el palacio Kshesinsky, trataron de llegar a acuerdos con los grupos de escritores-obreros (el futuro Proletkult), pero estos consideraban (mirando bien las cosas) que el espíritu revolucionario se transmite sólo a través de contenidos agitadores, y en el campo de la forma siguieron siendo perfectos reaccionarios, bajo ningún aspecto capaces de integrarse.

Octubre terminó de limpiar, dio forma, reorganizó. El futurismo se convirtió en el frente izquierdista del arte. Nos convertimos en «nosotros».

Octubre enseñó mediante el trabajo. Ya el 25 de octubre estábamos trabajando. Está claro: ante los talones de la «intelligentsia», que ponía pies en polvorosa, nos interrogaron poco acerca de nuestras creencias estéticas.

Fundamos los entonces revolucionarios Izo, Teo, Muzo;[11] lideramos a los participantes en el asalto a la academia.

Junto con el trabajo de organización, dimos a luz los primeros objetos artísticos de la nueva época nacida en Octubre (el *Monumento a la Tercera Internacional* de Tatlin, *Misteriya-buff* bajo la dirección de Meyerhold,[12] «Stenka Razin» de Kamensky).

---

10. Alexandr Mikhailovich Rodchenko (1891-1956). Pintor, escultor, fotógrafo, diseñador y escenógrafo. Participó activamente en LEF; Anton Mikhailovich Lavinsky (1893-1968). Escultor y diseñador, autor de la escenografía de *Misteriya-buff* (Misterio bufo) de Mayakovsky en el montaje de Meyerhold en San Petersburgo.
11. Izo (Izobrazitelny otdel), Sección de Artes Plásticas de Narkompros; Teo (Teatralny otdel), Sección de Teatro de Narkompros; Muzo (Muzykalny otdel), Sección de Música de Narkompros.
12. Vladimir Evgrafovich Tatlin (1885-1953). Pintor constructivista y líder junto a Kasimir Malevich de la vanguardia pictórica rusa de la primera mitad del siglo XX. Entre 1919 y 1920 proyectó su famoso *Monumento a la Tercera Internacional*: una torre de unos 400 m. de altura, destinada a sede de la organización, con una estructura espiral en la que se insertaban distintos elementos geométricos que giraban a distinta velocidad imitando la rotación de la Tierra. Nunca llegó a construirse; *Misteriya-buff* (Misterio bufo), obra teatral de Mayakovsky, que llevaba el subtítulo *Representación heroica, épica y satírica de la época*. Se estrenó en 1918; Vsevolod Emilievich Meyerhold (1874-1940). Actor, director y productor teatral de vanguardia. En 1918 se unió al Partido Comunista y hasta 1924 dirigió el Teatro de la Revolución, desde el que desarrolló sus teorías constructivistas, que primaban la puesta en escena sobre los textos y una concepción «biomecánica» de la actuación. Su rechazo público al realismo socialista supuso el cierre gubernativo de su teatro en 1938 y su detención y fusilamiento dos años después.

Nosotros no estetizábamos, no hacíamos las cosas por narcisismo. Aplicamos los frutos de la experiencia a las tareas de agitación artística exigidas por la revolución (carteles de ROSTA,[13] artículos satíricos en los periódicos, etc.). Como instrumentos para la agitación de nuestras ideas, organizamos el periódico *Iskusstvo Kommuny* (Arte de la Comuna) y un circuito de debates y lecturas por fábricas y factorías.

Nuestras ideas se ganaron al auditorio obrero. La región de Vyborg organizó un comité futurista.

El movimiento de nuestro arte reveló nuestra capacidad para fortalecer la muralla del frente izquierdista en toda la República Socialista Federativa Soviética Rusa.

De forma paralela, se desarrollaba el trabajo de nuestros compañeros del Lejano Oriente (revista *Tvorchestvo* [Creación]), ratificando teóricamente el inevitable componente social de nuestra corriente, nuestra confluencia social con Octubre (Chuzhak, Aseev, Palmov,[14] Tretyakov). *Tvorchestvo*, sometida a todo tipo de persecuciones, soportó ella sola el peso de la batalla por la nueva cultura en los confines del Lejano Oriente ruso y en Siberia.

Poco a poco, desengañados tan sólo dos semanas después de instaurado el poder soviético, los académicos se encontraron aislados y corrieron en tropel a llamar a las puertas de los comisarios del pueblo.

Sin arriesgarse a utilizarlos para tareas de responsabilidad, el poder soviético les encomendó –más exactamente, a sus nombres de origen europeo– labores culturales e ilustradoras de segunda fila.

Desde esos patios traseros comenzó el acoso al arte izquierdista, culminado brillantemente con el cierre de *Iskusstvo Kommuny* y otras publicaciones.

El poder, ocupado en los frentes bélicos y el desbarajuste, se detenía poco en las querellas estéticas, tratando sólo de que la retaguardia no hiciera demasiado ruido, y nos persuadió para entrar en razón en lo concerniente al respeto debido a los «renombrados».

Ahora la guerra y el hambre nos dan una tregua. LEF está obligado a mostrar el panorama del arte en la República Socialista Federativa Soviética Rusa, a fijar la perspectiva y a ocupar el lugar que nos corresponde.

---

13. Carteles satíricos, con dibujos expresivos y eslóganes poéticos, realizados entre 1919 y 1921 por pintores y poetas futuristas y constructivistas para la Agencia de Telégrafos Rusa (ROSTA), reconvertida en agencia de propaganda. Ilustrando telegramas o decorando los escaparates en las ciudades, se convirtieron en un vehículo artístico de agitación de masas durante la Guerra Civil (1917-1920).
14. Puede tratarse de Viktor Nikanorovich Palmov (1888-1929), pintor neo-primitivista.

Arte en la República Socialista Federativa Soviética Rusa a 1 de febrero de 1923.
I. Cultura proletaria. Una parte degeneró en escritores burócratas, oprimidos por el lenguaje de oficina y la repetición del abecedario político. Otra cayó bajo la influencia total del academicismo; sólo en los nombres de las organizaciones se recuerda a Octubre. La tercera –la mejor parte– se reeduca con nosotros a la manera de los Blancos «rosados», y creemos que en adelante caminará a nuestro lado.
II. Cultura oficial. En la Teoría del Arte cada uno tiene su opinión: Osinsky alaba a Akhmatova, Bukharin a Pinkerton.[15] En la práctica, las revistas abundan en apellidos pasados todos de moda.
III. Literatura «Novísima» (Serapiones, Pilnyak,[16] etc.), asimilando y diluyendo nuestros procedimientos, los sazona con simbolismo y respetuosa y pesadamente se acomoda a la ligereza de lectura de la NEP.[17]

---

15. Valerian Valerianovich Osinsky (apellido verdadero Oboliensky, 1887-1938). Desde 1917 miembro del Comité Central del Partido Comunista, desempeñó numerosos cargos al servicio del régimen soviético, entre ellos el de redactor de *Pravda* e *Izvestia*. En 1937 fue detenido y posteriormente fusilado; Anna Andreievna Akhmatova (apellido verdadero Gorenko, 1889-1966). Reconocida como una de las más grandes poetisas rusas. Junto a su primer esposo, Nikolai Gumiliov, se convirtió en figura destacada del movimiento acmeísta durante los años 20. Su hijo Lev Gumilov sufrió largos arrestos y condenas en campos de concentración. Ella fue virtualmente proscrita y en 1946 expulsada de la Unión de Escritores Soviéticos, prohibiéndose la publicación de sus poemas hasta después de la muerte de Stalin. Sus obras «Réquiem» (1935-1940) y «Poema sin héroe» (1963) son monumentos a las víctimas del terror estalinista y auténticos balances históricos de la época en que vivió; Nikolai Ivanovich Bukharin (1888-1939). Teórico y dirigente del Comité Central del Partido Comunista, redactor jefe de *Pravda* desde 1918. Impulsor de la llamada «oposición de derechas», renunció a enfrentarse a Stalin y regresó así al primer plano, siendo nombrado director de *Izvestia* en 1934. Finalmente, sin embargo, fue expulsado del Partido y se convirtió en el acusado principal del proceso contra el «Bloque de derechistas y trotskistas», fue juzgado y sentenciado a muerte; Allan Pinkerton (1819-1884). Detective de origen escocés radicado en Estados Unidos, donde creó la famosa agencia de investigadores privados Private Eye. Fue autor también de numerosas novelas de detectives.
16. Los Hermanos Serapiones, agrupación literaria creada en San Petersburgo en 1921 por los miembros del gabinete de traducción literaria de la editorial Literatura Universal. Pertenecieron a la hermandad poetas y escritores como L. Luntz, B. Ivanov, M. Zoshchenko, K. Fedin, N. Tikhonov, etc.; Boris Pilnyak, pseudónimo de Boris Andreievich Vogau (1894-1938). Escritor, heredero de las investigaciones formales del simbolismo. Defensor de la Revolución como fuerza purificadora destinada a liberar Rusia, en la segunda mitad de los años 20 sus relatos y novelas («El cuento de la luna apagada», «Caoba») empezaron a reflejar su visión crítica del régimen soviético, lo que causó que en 1929 fuera expulsado del comité directivo de la Unión de Escritores. En 1937 fue detenido, acusado de espionaje a favor de Japón, y fusilado.
17. NEP (Nueva Política Económica). Presentado por Lenin en el X Congreso del Partido Comunista en marzo de 1921 y vigente hasta 1929, este programa económico sustituyó al llamado «comunismo de guerra» con la intención de contribuir, a través de medidas moderadas liberalizadoras, a la superación de la grave crisis que aquejaba al país tras el fin de la contienda y de articular la transición entre la estructura del régimen feudal anterior a la Revolución y del nuevo estado socialista.

IV. El cambio de hitos. Desde el oeste se aproxima la invasión de los sabios iluminados. Alexei Tolstoy[18] ya cepilla el caballo blanco de sus obras completas para su entrada triunfal en Moscú.
IV. Y finalmente –perturbando la solemne perspectiva–, en rincones dispersos, izquierdistas aislados. Gente y organizaciones (Inkhuk, Vkhutemas, el Guitis de Meyerhold, Opoyaz y otros).[19] Unos se esfuerzan heroicamente por levantar solos el peso desmesurado de la novedad, otros todavía cortan con las limas de sus renglones los grilletes de lo antiguo.
LEF debe reunir a las fuerzas izquierdistas. LEF debe vigilar sus filas, desechando el viscoso pasado. LEF debe unificar el frente para la detonación de lo antiguo, para la pelea por la incorporación de la nueva cultura.

Nosotros resolveremos las cuestiones del arte, no mediante la mayoría de voces del mítico frente izquierdista, hasta ahora sólo existente como idea, sino con los hechos, con la energía de nuestra iniciativa como grupo, que año tras año guía el trabajo de los izquierdistas, dirigiéndolo ideológicamente a cada momento.

La Revolución nos ha enseñado mucho.

LEF sabe:

LEF estará:

Trabajando para reforzar las conquistas de la Revolución de Octubre, fortaleciendo el arte de izquierdas, LEF agitará el arte con las ideas de la comuna, abriendo para el arte el camino hacia el mañana.

LEF agitará a los nuestros con el arte de masas, haciendo de ellos una fuerza organizada.

LEF confirmará nuestras teorías con la acción del arte, logrando para este una consideración profesional superior.

---

18. Alexei Nikolaievich Tolstoy (1882-1945), poeta, dramaturgo y periodista de origen noble, autor de famosas novelas históricas como *Pedro el Grande* y de diversas obras de ciencia ficción. Muy popular ya antes de la Revolución, emigró en 1919, pero regresó pronto a la Unión Soviética, donde se adaptó siempre bien a los sucesivos giros de la política soviética.

19. Inkhuk (Institut khudozhestvennoy kultury). Instituto de Cultura Artística creado en 1920, fundamental para el desarrollo del arte soviético. Pertenecieron a él artistas de todas las disciplinas como Brik, Arvatov, Rodchenko, El Lisitzky, Altman, etc.; Vkhutemas (Vysshie khudozhestvenno-tekhnicheskie masterskie). Talleres Superiores de las Técnicas y las Artes, centro de enseñanza fundado en 1920 que incluía, entre otras, facultades de bellas artes y artes aplicadas. En 1926 se convirtió en el Vkhutein, Instituto Superior de las Técnicas y las Artes; Guitis (Gosudorstvenny institut teatralnovo iskusstva). Instituto Estatal de las Artes Escénicas, fue dirigido en sus primeros años por Meyerhold. Actualmente es la Academia Rusa de las Artes Escénicas; Opoyaz (Obshchestvo izucheniya poeticheskovo iskusstva). Sociedad para el Estudio de la Lengua Poética, fundada entre 1914 y 1917 (nunca fue una asociación registrada oficialmente) por Brik, Viktor Shklovsky y otros poetas y experimentadores formalistas. Sus trabajos tuvieron una influencia en el posterior desarrollo del estructuralismo y la semiótica y en la obra de Mikhail Bakhtin.

LEF luchará por el arte = construcción de la vida.
No aspiramos al monopolio de la revolución en el arte. Aclaramos mediante la competición.

Creemos que la prueba de lo justo de nuestra agitación reside en la fuerza de las cosas que estamos haciendo y que mostramos: nos encontramos en el camino correcto hacia el porvenir.

¿En quién hinca los dientes LEF?
La Revolución ha alterado el escenario de nuestras acciones críticas. Debemos reconsiderar nuestra táctica.

«Arrojar a Pushkin, a Dostoievsky, a Tolstoy del barco de la contemporaneidad» era nuestra consigna de 1912 (prólogo a *Poshchechina obshchestvennomu vkusu* [Bofetadas al gusto público]).

Nacionalizaron a los clásicos. Se veneraba a los clásicos como único pasatiempo. Eran considerados arte inmutable, absoluto.

Los clásicos eran como el cobre de los monumentos, como la tradición escolar: ahogaban todo lo nuevo.

Ahora, para 150 millones, un clásico es un libro escolar corriente.

Pues bien, ahora incluso podemos aprobar estos libros como libros ni peores ni mejores que otros, como libros que ayudan a los analfabetos a aprender a leer; sólo debemos, en nuestras apreciaciones, definir la perspectiva histórica correcta.

Pero lucharemos con todas nuestras fuerzas contra la transferencia de métodos de trabajo muertos al arte de hoy. Lucharemos contra la especulación, contra la exposición en los libritos de niños y jóvenes de las verdades polvorientas de los clásicos con una comprensión aparente y con nuestra proximidad a los sabios.

Antes combatíamos contra los elogios, contra los elogios de los estetas y los críticos burgueses. «Con indignación apartábamos de nuestra frente la corona hecha de escobillas del váter de una gloria insignificante.» Ahora impulsamos con alegría la nada insignificante gloria posterior a la contemporaneidad de Octubre.

Pero golpearemos por ambos flancos:
a aquellos que con malvados propósitos de restauración ideológica atribuyen a lo antiguo un papel activo hoy,
a aquellos que predican el arte más allá de las clases, el arte de todos los individuos,
a aquellos que sustituyen la dialéctica del trabajo artístico por metafísica de la profecía y el sacerdocio.

Golpearemos en un flanco, el estético:
A aquellos que, por ignorancia, como consecuencia de su especialización exclusiva en política, hacen pasar la herencia tradicional de las bisabuelas por voluntad del pueblo,

a aquellos que consideran la compleja labor artística sólo como parte de su descanso vacacional,

a aquellos que sustituyen la fatal dictadura del gusto por la impetuosa consigna de la comprensión global elemental,

a aquellos que se aseguran una salida en el arte para el desahogo idealista sobre la eternidad o el alma.

Nuestra antigua consigna era: «En pie sobre el pedestal de la palabra. "Nosotros" en medio de un mar de silbidos e indignación.»

Ahora esperamos sólo el reconocimiento a la lealtad de nuestro trabajo estético para, con alegría, abrir el pequeño «nosotros» del arte al enorme «nosotros» del comunismo.

Pero limpiaremos nuestro viejo «nosotros»:

De aquellos que intentan convertir la revolución del arte –parte de la voluntad total de Octubre– en el onanismo a lo Oscar Wilde de la estética por la estética, la revuelta por la revuelta;

de aquellos que conservan de la revolución estética sólo la apariencia de las conquistas casuales de la lucha,

de aquellos que elevan etapas independientes de nuestra lucha a la categoría de nuevo canon y patrón,

de aquellos que, diluyendo nuestras consignas de ayer, se esfuerzan por dulcificarse al modo de centinelas de un encanecido espíritu innovador, encontrando para sus domados pegasos confortables establos en los cafés,

de aquellos que van a la zaga y se retrasan permanentemente cinco años, recogiendo las bayas desecadas del academicismo rejuvenecido con las flores que nosotros arrojamos.

Nos enfrentamos con el antiguo modo de vida.

Seguiremos enfrentándonos todavía hoy con los restos de aquel modo de vida.

Con aquellos que sustituyeron la poesía de sus casas particulares por la poesía de sus casas comunales.

Antes luchábamos contra los toros de la burguesía. Les dejábamos pasmados con las blusas amarillas y los rostros pintarrajeados.

Ahora lucharemos con las víctimas de esos toros en nuestro proceso de construcción soviética.

Armas desnudas: ejemplo, agitación, propaganda.

¿A quién pone en guardia LEF?
A nosotros.
¡*Compañeros de LEF!*
Lo sabemos: nosotros, artistas de izquierdas, nosotros somos los mejores trabajadores del arte contemporáneo.
Antes de la revolución, acumulamos bosquejos fieles, agudos teoremas, fórmulas ingeniosas: la forma del arte nuevo.
Está claro: el vientre redondo y resbaladizo de la burguesía era un mal lugar para construir.
Durante la Revolución acumulamos muchas verdades, aprendimos a vivir, recibimos la tarea de llevar a cabo la construcción más real de este siglo.
La tierra sacudida por el ruido sordo de la guerra y la revolución era un cimiento difícil para construcciones grandiosas.
Temporalmente escondimos las fórmulas en nuestras carpetas, ayudando a fortalecer los días de la Revolución.
Ahora ya no existen glóbulos de pus burgués.
Apartando los trastos viejos gracias a la Revolución, nosotros también limpiamos los campos para la construcción del arte.
No hay terremotos. Sobre la sangre cimentada se yergue sólidamente la URSS.
Es hora de hacer algo grande. La seriedad de nuestra relación con nosotros mismos es el único y sólido fundamento de nuestro trabajo.
¡Futuristas!
Vuestros méritos en el campo del arte son grandes: pero no penséis en vivir gracias a un porcentaje de vuestra capacidad revolucionaria de ayer. Mostrad con el trabajo de hoy que nuestra explosión no es el lamento desesperado de la «intelligentsia» herida, sino la lucha, el trabajo hombro con hombro de todos, de cuantos se precipitan hacia la victoria de la comuna.
¡Constructivistas!
Temed convertiros en una escuela estética cualquiera. El constructivismo sólo para el arte no es nada. Queda la pregunta acerca de la propia existencia del arte. El constructivismo debe convertirse en la máxima ingeniería formal de la vida. El constructivismo como puesta en escena de pastorales es un absurdo.
Nuestras ideas deben desarrollarse a través de las cosas de hoy.
¡Productivistas!
Temed convertiros en artesanos aislados. Enseñando a los trabajadores, aprended del trabajador. Dictando órdenes estéticas a la fábrica desde vuestra habitación, no seréis más que simples clientes.
¡Vuestra escuela es la factoría!
¡Miembros de Opoyaz!
El método formal es la clave para el estudio del arte. Cada rima-pulga debe registrarse. Pero temed la caza de pulgas en un espacio sin aire. Únicamente

combinado con el estudio sociológico del arte vuestro trabajo será, no sólo interesante, sino también necesario.

¡Estudiantes! Temed descubrir a legos casualmente encorvados por el espíritu innovador, por el último grito del arte. El espíritu innovador de los diletantes es una locomotora con patas de gallina.[20]

Sólo en la maestría reside el derecho a rechazar lo antiguo.

¡Todos juntos! Trasladándoos de la teoría a la práctica, tened presente la maestría, la cualificación.

Las chapuzas de los jóvenes que tienen fuerzas para lo colosal son todavía más execrables que las de los débiles académicos.

¡Maestros y alumnos de LEF! Se resuelve la cuestión de nuestra existencia. La gran idea muere si no le damos forma con destreza.

Las hábiles formas quedarán como hilos negros en la noche oscura y provocarán sólo el enfado y la irritación de los que tropiecen si no las transformamos en un molde para el día de hoy – el día de la revolución.

LEF en guardia.
LEF a la defensa de todos los que inventan.
LEF en guardia.
LEF en contra de todos los inmóviles, todos los que estetizan, todos los adquisidores.

---

20. Alusión a la casa asentada sobre patas de gallina de Baba Yaga, personaje de los cuentos tradicionales rusos equivalente a las brujas en los nuestros.

GRUPO LEF, «¡CAMARADAS, ORGANIZADORES DE LA VIDA!». *LEF*, nº 2, pp. 3-8. Moscú, abril-mayo de 1923.*

Hoy, Primero de Mayo, el mundo obrero saldrá cantando a las calles engalanadas en miles de manifestaciones.
¡Cinco años de conquista imparable!
¡Cinco años de consignas cotidianamente renovadas y cotidianamente cumplidas!
¡Cinco años de victorias!
Y:
¡Cinco años de monótonas fiestas!
¡Cinco años ya de arte languideciente!

¡Vosotros, llamados directores de teatro y de cine!
¡Cuándo dejaréis de solazaros con las ratas en vuestra falsedad teatral!
¡Asumid la organización de la vida real!
¡Convertíos en los planificadores del avance revolucionario!

¡Vosotros, llamados poetas!
¿Abandonaréis de una vez por todas vuestros mustios trinos?
¿Comprenderéis la frivolidad de celebrar una tormenta sólo conocida a través de los periódicos?
¡Dadnos una nueva *Marsellesa*, dejad que *La internacional* restalle al son de la marcha triunfal de la revolución!

¡Vosotros, llamados artistas!
Dejad que vuestros lienzos multicolores sean roídos por los ratones del tiempo. Abandonad la parafernalia y la vida muelle de la burguesía.
¡Ejercitad vuestros músculos de artistas para abarcar las ciudades, para participar en la construcción del mundo!
¡Dad a la tierra nuevos colores, nuevos contornos!
Sabemos que estas tareas no están al alcance ni son el deseo de los aislados «sacerdotes del arte», orillados en las fronteras estéticas de su talleres.

El Primero de Mayo, día de la manifestación del frente unido del proletariado, os invocamos, organizadores del mundo:
¡Derribad las fronteras del «arte por el arte», las barreras de las escuelas pictóricas!
¡Conjugad vuestros esfuerzos en un único y poderoso colectivo!

---

* Traducción de Teresa Muñoz.

Sabemos que a esta llamada no acudirán los estetas de lo antiguo, a quienes nosotros marcamos con el nombre de «derechistas», los estetas que restauran el monacato de las celdas-estudios, los que esperan el descendimiento del espíritu santo para su inspiración.

Llamamos a los «izquierdistas»: futuristas revolucionarios que sacan el arte a las calles y a las plazas, productores que han dado a la inspiración un cálculo exacto, que han añadido a la inspiración la dinamo de la fábrica, constructivistas que han sustituido la mística de la creación por la elaboración de los materiales.

¡Izquierdistas del mundo!
Conocemos mal vuestros nombres, los nombres de vuestras escuelas, pero tenemos la certeza de que creceís allí donde se extiende la revolución.

Os llamamos a constituir el frente único del arte de izquierdas: la Internacional Roja del Arte.

¡Camaradas!
¡Apartad en todos sitios el arte de izquierdas del de derechas!

¡Trasladad a Europa, mediante el arte de izquierdas, la experiencia de la URSS, el fortalecimiento de la Revolución!

¡Mantened un contacto constante con vuestra sede en Moscú (Revista *LEF*, Bulevar Nikitsky 8, Moscú)!

No es casual que el Primero de Mayo sea el día elegido para nuestro manifiesto.

Sabemos que sólo en conjunción con la revolución obrera florecerá el arte del futuro.

Nosotros que llevamos cinco años trabajando en un país revolucionario sabemos que:

Sólo Octubre nos otorgó ideas nuevas y grandiosas que exigían una nueva organización.

Sólo Octubre, librándolo del trabajo para el cliente barrigudo y encopetado, concedió la auténtica libertad al arte.

¡Abajo las fronteras de los países y de los estudios!

¡Abajo los monjes del arte derechista!

¡Por el frente unido de los izquierdistas!

¡Por el arte de la revolución proletaria!

GEORGE GROSZ, KARL WITTE, JOHN HEARTFIELD, *MANIFIESTO DEL GRUPO ROJO, SINDICATO DE ARTISTAS COMUNISTAS*. *Die Rote Fahne*, nº 57, Berlín, 1924.*

Grupo de Artistas Comunistas.

Pintores y dibujantes organizados en el Partido Comunista se han unido para fundar un «grupo de artistas comunistas». Los miembros de este grupo, que se denomina «Grupo Rojo», Asociación de Artistas Comunistas, inspirados por la convicción de que un buen comunista es en primer lugar comunista, y en segundo lugar obrero especializado, artista, etc., y que todos los conocimientos y habilidades que posee sólo son herramientas al servicio de la lucha de clases.

Se han propuesto como tarea, en estrecha colaboración con los órganos locales y centrales del Partido Comunista, llevar a cabo el programa de trabajo para hacer más efectiva la propaganda comunista. Esta labor, que a continuación esbozamos brevemente, se realizará por medio de la escritura, la imagen y los medios escénicos. Los hasta ahora demasiado anárquicos métodos de producción de los artistas comunistas deben ser sustituidos por un trabajo colectivo planificado:

1) Celebración de veladas de propaganda con una ideología uniforme.
2) Colaboración práctica en todas las actividades revolucionarias.
3) Protesta pública contra los restos ideológicos del movimiento comunal Freideutsch[1] en los actos y presentaciones proletarios (himnos patrióticos, romanticismo).
4) Labor de educación artística en distritos, elaboración de modelos para diarios murales, instrucciones para la confección de carteles y pancartas de manifestaciones, etc. Apoyo a través de la palabra y la imagen a los intentos diletantes de miembros del Partido de proclamar el saber revolucionario.
5) Organización de exposiciones itinerantes.
6) Labor educativa práctica e ideológica entre los artistas revolucionarios.
7) Protesta y manifiesto contra las manifestaciones culturales contrarrevolucionarias.
8) Labor de destrucción o en su caso neutralización de los artistas burgueses.
9) Aprovechamiento de exposiciones burguesas a efectos propagandísticos.
10) Toma de contacto con los alumnos de escuelas de arte para convertirlos en revolucionarios.

---

* Traducción y nota de Miguel Ángel Albi y Alejandro Muñoz.
1. Freideutsche Jugendbewegung, movimiento comunal juvenil de tendencia social-reformista con tintes nacionalistas, activo de 1913 a 1923 (n. de los t.).

Nosotros concebimos al «Grupo Rojo» como el núcleo de una organización en constante expansión de todos los artistas proletarios y revolucionarios de Alemania.

Hasta la fecha se han unido al grupo de artistas comunistas numerosos escritores cercanos al camarada del mundo del teatro Erwin Piscator. Hacemos un llamamiento a otros pintores y escritores para que se unan a nosotros y colaboren de forma práctica según nuestro plan de trabajo. La correspondencia habrá de dirigirse al secretario Rudolf Schlichter, Berlín, Neue Winterfeldtstr. 17.

Berlín, a 13 de junio de 1924.
«Grupo Rojo», Asociación de Artistas Comunistas. Presidente: George Grosz. Vicepresidente: Karl Witte (escritor). Secretario: John Heartfield.

Bureau de Recherches Surréalistes (Louis Aragon, Antonin Artaud, Jacques Baron, Joe Bousquet, J.-A. Boiffard, André Breton, Jean Carrive, René Crevel, Robert Desnos, Paul Eluard, Max Ernst, T. Fraenkel, Francis Gérard, Michel Leiris, Georges Limboue, Mathias Lübec, Georges Malkine, André Masson, Max Morise, Pierre Naville, Marcel Noll, Benjamin Péret, Raymond Quéneau, Philippe Soupault, Dêdé Sunbeam, Roland Tual), *Declaración del 27 de enero de 1925*.*

En relación a una falsa interpretación de nuestras intenciones extendida absurdamente entre el público,
 Tenemos que declarar lo que sigue a toda la torpe crítica literaria, teatral, filosófica, exegética y también teológica de nuestro tiempo:
1º Nosotros no tenemos nada que ver con la literatura,
 Pero estamos capacitados, como todo el mundo, para servirnos de ella en caso de necesidad.
2º El SURREALISMO no es un nuevo o más fácil medio de expresión, ni tampoco una metafísica de la poesía;
 Es un medio de liberación total del espíritu y de todo lo que se le parece.
3º Estamos completamente decididos a hacer una Revolución.
4º Hemos unido la palabra SURREALISMO a la de REVOLUCIÓN únicamente para indicar el carácter desinteresado, puro y completamente desesperado de esta revolución.
5º No pretendemos en absoluto cambiar las costumbres de los hombres, pero pensamos mostrarles claramente la fragilidad de sus pensamientos, y sobre qué inestables pilares, sobre qué sótanos han edificado sus tambaleantes casas.
6º Lanzamos a la Sociedad esta advertencia solemne:
 Que se cuide de no apartarse del camino, pues nosotros estaremos pendientes de cada uno de los pasos en falso de su espíritu.
7º En cada recodo de su pensamiento, la Sociedad nos encontrará.
8º Somos especialistas de la Rebelión.
 No hay forma de acción que no seamos capaces de emplear en caso de necesidad.
9º Anunciamos especialmente al mundo occidental: el SURREALISMO existe
 — Pero, ¿qué es este nuevo ismo que ahora se agarra a nosotros?
 — El SURREALISMO no es una forma poética.
 Es un grito del espíritu que vuelve sobre sí mismo y está completamente decidido a romper, con desesperación, sus barreras, y, si fuera necesario, con martillos materiales.

---

* Traducción de Encarna Tabares.

DECLARACIÓN DE LA ASOCIACIÓN DE ARTISTAS DE LA REVOLUCIÓN (APROBADA EN EL PRIMER CONGRESO DE LAS AKhR DE TODA RUSIA). *Boletín informativo del comité de la AKhR*, hecho público en el Primer Congreso de las AKhR de toda Rusia, 1928.*[1]

La Gran Revolución de Octubre, habiendo liberado la fuerza creadora de las masas obreras y campesinas, ha llamado a los artistas a involucrarse en la lucha de clases y en la construcción del socialismo desde las filas del proletariado y del campesinado trabajador.

«El arte pertenece al pueblo. Debe hundir sus más profundas raíces en el espesor de las masas trabajadoras. Debe ser comprensible para estas masas y digno de su amor» (Lenin).

Sobre nosotros, artistas de la revolución proletaria, recae el deber de plasmar artísticamente, con formas realistas comprensibles para las amplias masas trabajadoras, la auténtica realidad revolucionaria y de participar activamente, mediante el trabajo artístico colectivo, en la construcción del socialismo.

La decoración artística de la vida cotidiana (la arquitectura, el club, el descanso, las fiestas de masas) y también la elaboración artística de artículos de consumo masivo (poligrafías, textiles, cerámica, talla de madera, labra de metales, etc.) son tareas actuales y urgentes que corresponden a los artistas de la revolución proletaria.

La heroica lucha de clases, los grandes días de la construcción del socialismo deben ser la principal fuente de contenido de nuestro arte. No sólo el pasado y el presente de la lucha sino también el panorama que se abre frente a la revolución proletaria se convierten en el objeto de nuestro trabajo inminente. Este contenido profundo, modelado, como el momento orgánicamente exige, según criterios formales absolutamente realistas, nosotros lo consideramos la prueba de la autenticidad de la obra contemporánea de arte figurativo.

Ejecutando activamente las consignas de la revolución cultural en el frente artístico, organizando el sentir, los pensamientos, la voluntad de las masas trabajadoras, definimos como misión propia el cooperar con el proletariado en el cumplimiento de sus deberes de clase.

Octubre fundará sobre la base de la cultura de las nacionalidades una corriente única, aunque multiforme, de arte revolucionario realista en todas las repúblicas y regiones autónomas de la Unión Soviética, que incluirá también la obra de artistas revolucionarios de otros países; y nosotros, comprometidos en el desarrollo de una cooperación artística activa entre los pueblos emancipados

---

* Traducción y notas de Teresa Muñoz.
1. Assotsiatsiya khudozhnikov Revolyutsii (AKhR). Texto en Gronsky I.M., Perelman V.N. (Eds.), *op. cit.*

y los que se encuentran en proceso de emancipación, aspiramos a unificar a los artistas revolucionarios de todos los países en una única organización: INTER-NAKhR.[2]

«La cultura proletaria no surge no se sabe de dónde, no surge de la fantasía de la gente que se llama a sí misma especialista en cultura proletaria... La cultura proletaria debe ser el desarrollo legítimo del bagaje de conocimientos que la humanidad ha acumulado bajo el yugo de la sociedad capitalista, la sociedad terrateniente, la sociedad funcionarial.»

Recordando estas palabras de V.I. Lenin, nosotros, mediante la asunción de la herencia y la asimilación crítica de la cultura y el arte mundiales, llegaremos a crear el arte proletario.

Por este camino, perfeccionando gracias al trabajo persistente y a la práctica de las formas de nuestro lenguaje, nosotros fundaremos, a través del nuevo contenido, un estilo monumental, reflejo de nuestra época, el estilo del realismo heroico.

El arte –para las masas.

---

2. Internatsional assotsiatsy khudozhnikov Revolyutsii: Internacional de Asociaciones de Artistas de la Revolución.

José Carlos Mariátegui, «Aniversario y balance». *Amauta*, Lima, año III, n° 17, septiembre de 1928, p. 2.

AMAUTA[1] llega con este número a su segundo cumpleaños. Estuvo a punto de naufragar al noveno número, antes del primer aniversario. La admonición de Unamuno –«revista que envejece, degenera»– habría sido el epitafio de una obra resonante pero efímera. Pero *Amauta* no había nacido para quedarse en episodio, sino para ser historia y para hacerla. Si la historia es creación de los hombres y las ideas, podemos encarar con esperanza el porvenir. De hombres y de ideas es nuestra fuerza.

La primera obligación de toda obra, del género de la que *Amauta* se ha impuesto, es esta: durar. La historia es duración. No vale el grito aislado, por muy largo que sea su eco; vale la prédica constante, continua, persistente. No vale la idea perfecta, absoluta, abstracta, indiferente y móvil; vale la idea germinal, concreta, dialéctica, operante, rica en potencia y capaz de movimiento.

Amauta no es una diversión ni un juego de intelectuales puros: profesa una idea histórica, confiesa una fe activa y multitudinaria, obedece a un movimiento social contemporáneo. En la lucha entre dos sistemas, entre dos ideas, no se nos ocurre sentirnos espectadores ni inventar un tercer termino. La originalidad a ultranza, es una preocupación literaria y anárquica. En nuestra bandera, inscribimos esta sola, sencilla y grande palabra: socialismo (con este lema afirmamos nuestra absoluta independencia frente a la idea de un partido nacionalista pequeño burgués y demagógico).

Hemos querido que *Amauta* tuviese un desarrollo orgánico, autónomo, individual, nacional. Por esto, empezamos por buscar su título en la tradición peruana. *Amauta* no debía ser un plagio, ni una traducción. Tomábamos una palabra incaica, para crearla, de nuevo. Para que el Perú iridio, la América indígena, sintieran que esta revista era suya. Y presentamos a *Amauta* como la voz de un movimiento y de una generación. *Amauta* ha sido, en estos dos años, una revista de definición ideológica, que ha recogido en sus páginas las proposiciones de cuantos, con título de sinceridad y competencia, han querido hablar a nombre de esta generación y de este movimiento.

El trabajo de definición ideológica nos parece cumplido. En todo caso, hemos oído ya las opiniones categóricas y solícitas en expresarse. Todo debate se abre para los que opinan, no para los que callan. La primera jornada de *Amauta* ha concluido. En la segunda jornada, no necesita ya llamarse revista de la «nueva generación», de la «vanguardia», de las «izquierdas». Para ser fiel a la revolución, le basta ser una revista socialista.

---

1. La revista *Amauta* («maestro» en quechua) fue fundada en Lima por el político socialista, sindicalista y periodista José Carlos Mariátegui en 1926. Este artículo se redactó con motivo del segundo aniversario de la publicación (n. del ed.).

«Nueva generación», «nuevo espíritu», «nueva sensibilidad», todos estos términos han envejecido. Lo mismo hay que decir de estos otros rótulos: «vanguardia», «izquierda», «renovación». Fueron nuevos y buenos en su hora. Nos hemos servido de ellos para establecer demarcaciones provisionales, por razones contingentes de topografía y crientación. Hoy resultan ya demasiado genéricos y anfibológicos. Bajo estos rótulos empiezan a pasar gruesos contrabandos. La nueva generación no será efectivamente nueva sino en la medida en que sepa ser, en fin, adulta, creadora.

La misma palabra revolución, en esta América de las pequeñas revoluciones, se presta bastante al equivoco. Tenemos que reivindicarla rigurosa e intransigentemente. Tenemos que restituirle su sentido estricto y cabal. La revolución latino-americana, será nada más y nada menos que una etapa, una fase de la revolución mundial. Será, simple y puramente, la revolución socialista. A esta palabra, agregad, según los casos, todos los adjetivos que queráis: «anti-imperialista», «agrarista», «nacionalista-revolucionaria». El socialismo los supone, los antecede, los abarca a todos.

A Norte América capitalista, plutocrática, imperialista, sólo es posible oponer eficazmente una América, latina o ibera, socialista. La época de la libre concurrencia, en la economía capitalista, ha terminado en todos los campos y todos los aspectos. Estamos en la época de los monopolios, vale decir de los imperios. Los países latinoamericanos llegan con retardo a la competencia capitalista. Los primeros puestos, están ya definitivamente asignados. El destino de estos países, dentro del orden capitalista, es el de simples colonias. La oposición de idiomas, de razas, de espíritus, no tiene ningún sentido decisivo. Es ridículo hablar todavía del contraste entre una América sajona materialista y una América latina idealista, entre una Roma rubia y una Grecia pálida. Todos estos son tópicos irremisiblemente desacreditados. El mito de Rodó no obra ya –no ha obrado nunca– útil y fecundamente sobre las almas. Descartemos inexorablemente todas estas caricaturas y simulacros de ideologías y hagamos las cuentas, seria y francamente, con la realidad.

El socialismo no es, ciertamente, una doctrina indo-americana. Pero ninguna doctrina, ningún sistema contemporáneo lo es ni puede serlo. Y el socialismo, aunque haya nacido en Europa, como el capitalismo, no es tampoco específica ni particularmente europeo. Es un movimiento mundial, al cual no se sustrae ninguno de los países que se mueven dentro de la órbita de la civilización occidental. Esta civilización conduce, con una fuerza y unos medios de que ninguna civilización dispuso, a la universalidad. Indo América, en este orden mundial, puede y debe tener individualidad y estilo; pero no una cultura ni un sino particulares. Hace cien años debimos nuestra independencia como naciones al ritmo de la historia de Occidente, que desde la colonización nos impuso ineluctablemente su compás. Libertad, democracia, parlamento, soberanía del pueblo, todas las grandes palabras que pronunciaron nuestros hombres de entonces, procedían del repertorio europeo. La historia, sin embargo, no mide la grandeza de esos hombres por la originalidad de estas ideas sino por la eficacia y genio con que las sirvieron. Y los pueblos que más adelante marchan en el continente son aquellos donde arraigaron mejor y más pronto. La interdependencia, la solidaridad de los pueblos y de los continentes, eran, sin embargo, en aquel tiempo, mucho menores que en este. El socialismo, en fin, está en la tradición americana. La más avanzada organización comunista, primitiva, que registra la historia, es la incaica.

No queremos, ciertamente, que el socialismo sea en América calco y copia. Debe ser creación heroica. Tenemos que dar vida, con nuestra propia realidad, en nuestro propio lenguaje, al socialismo indo-americano. He ahí una misión digna de una generación nueva.

En Europa, la degeneración parlamentaria y reformista del socialismo ha impuesto, después de la guerra, designaciones específicas. En los pueblos donde este fenómeno no se ha producido, porque el socialismo aparece recién en su proceso histórico, la vieja y grande palabra conserva intacta su grandeza. La guardará también en la historia, mañana, cuando las necesidades contingentes y convencionales de demarcación que hoy distinguen prácticas y métodos, hayan desaparecido.

Capitalismo o socialismo. Este es el problema de nuestra época. No nos anticipemos a las síntesis, a las transacciones, que solo pueden operarse en la historia. Pensamos y sentimos como Gobetti que la historia es un reformismo más a condición de que los revolucionarios operen como tales. Marx, Sorel, Lenin, he ahí los hombres que hacen la historia.

Es posible que muchos artistas e intelectuales apunten que acatamos absolutamente la autoridad de maestros irremisiblemente comprendidos en el proceso de la *trahison des clercs*. Confesamos, sin escrúpulo, que nos sentimos en los dominios de lo temporal, de lo histórico, y que no tenemos ninguna intención de abandonarlos. Dejemos con sus cuitas estériles y sus lacrimosas metafísicas, a los espíritus incapaces de aceptar y comprender su época. El materialismo socialista encierra todas las posibilidades de ascensión espiritual, ética y filosófica. Y nunca nos sentimos más rabiosa y eficaz y religiosamente idealistas que al asentar bien la idea y los pies en la materia.

ANDRÉ BRETON, EXTRACTO DEL *SEGUNDO MANIFIESTO DEL SURREALISMO*. 1929.[1]

Sea cual fuere la evolución del surrealismo en el terreno político, por urgente que sea el imperativo de confiar únicamente, en orden a la liberación del hombre, condición primordial del espíritu, en la revolución del proletariado, puedo afirmar que no hemos tenido razón alguna, digna de consideración, para poner en tela de juicio los medios de expresión que nos son propios y cuyo uso, según hemos podido comprobar, sirve satisfactoriamente a nuestros propósitos. Y si alguien ha tenido a bien condenar tal o cual imagen específicamente surrealista que yo haya podido emplear al azar en un prefacio, no por ello queda zanjado el problema de las imágenes. «Esta familia es una camada de perros» (Rimbaud). Si, basándose en una frase cual esta, aislada de su contexto, hay gente que se dedica a escribir largas parrafadas apasionadas, lo único que lograrán será formar un nutrido grupo de ignorantes. Jamás se conseguirá implantar procedimientos neonaturalistas a expensas de los nuestros, es decir, jamás se conseguirá aniquilar todo aquello que, a partir del naturalismo, constituye las más importantes conquistas del espíritu. Recordaré ahora las respuestas que di, en septiembre de 1928, a las dos siguientes preguntas que me formularon: 1ª ¿Cree que la producción artística y literaria es un fenómeno puramente individual? ¿No cree que dicha producción pudiera, o debiera, ser reflejo de las grandes corrientes que determinan la evolución económica y social de la humanidad? 2ª ¿Cree usted en la existencia de una literatura y un arte que expresen las aspiraciones de la clase obrera? ¿Quiénes son, a su juicio, sus principales representantes?

1. Sin duda alguna, la producción artística y literaria, como todo fenómeno intelectual, no merecerá tal nombre como no sea que se proponga únicamente el problema de la soberanía del pensamiento. Es decir, resulta imposible contestar negativa o afirmativamente a su primera pregunta, y la única actitud filosófica que cabe observar en este caso consiste en imponer *la contradicción (existente) entre el carácter del pensamiento humano que consideramos absoluto, por una parte, y la realidad de este pensamiento humano en una multitud de seres humanos individuales, con pensamiento limitado, por otra; esta contradicción no puede resolverse sino en el progreso infinito, en la serie, por lo menos prácticamente infinita, de las sucesivas generaciones humanas. En este sentido, el pensamiento humano posee la soberanía y no la posee; y su capacidad de conocer es tan ilimitada como limitada. Soberano y limitado por naturaleza y vocación, en potencia, y,* en cuanto a su última finalidad en la Historia, *pero carente de soberanía y limitado en cada una de sus realizaciones y en cualquiera de sus estados* (Engels, *La*

---

1. En *Manifiestos del surrealismo*, Guadarrama, Madrid, 1969, pp. 197-202. Traducción de Andrés Bosch.

moral y el derecho. Verdades eternas). Este pensamiento, en el terreno en que usted me pide que lo considere, en cuanto expresión particular determinada, no puede sino oscilar entre la conciencia de su perfecta autonomía y la conciencia de su estrecha dependencia. En nuestro tiempo, la producción artística y literaria me parece totalmente sacrificada a las exigencias del desenlace de este drama, consecuencia de un siglo de poesía y filosofía verdaderamente desgarradoras (Hegel, Feuerbach, Marx, Lautréamont, Rimbaud, Jarry, Freud, Chaplin, Trotsky). En estas circunstancias, decir que aquella producción puede, o debe, ser el reflejo de las grandes corrientes que determinan la evolución económica y social de la humanidad sería emitir un juicio muy vulgar, implicando el reconocimiento puramente circunstancial del pensamiento y prescindiendo de su naturaleza esencial, naturaleza que es, a un mismo tiempo, incondicionada y condicionada, utópica y realista, con su fin contenido en ella misma y con la sola ambición de estar al servicio de algo, etc.

2. No creo en la posibilidad de la existencia actual de una literatura o de un arte que exprese las aspiraciones de la clase obrera. Si no creo en ello la causa radica en que en el periodo prerrevolucionario el escritor o el artista, de formación necesariamente burguesa, es por definición incapaz de expresarlas. No negaré que pueda formarse cierta idea de esas aspiraciones, y que, en circunstancias morales que muy rara vez se darán, pueda concebir la relatividad de toda causa, en función de la causa proletaria. Creo que se trata de una cuestión de sensibilidad y de honradez. Sin embargo, y pese a lo anterior, no podrá zafarse de muy graves dudas, inherentes a los medios de expresión que le son propios, que le obligan a considerar, por sí y ante sí, desde un ángulo muy especial la obra que se propone realizar. Para que esta obra sea viable es preciso que esté situada en cierto lugar con respecto a ciertas otras obras ya existentes, y, al mismo tiempo, debe abrir un nuevo camino. Guardando las debidas distancias, diremos que sería igualmente vano alzar la voz contra, por ejemplo, la afirmación de un determinismo poético cuyas leyes no son impromulgables ni mucho menos, que alzarla contra la afirmación del materialismo dialéctico. En cuanto a mí hace referencia, sigo convencido de que los dos órdenes de la evolución son rigurosamente parecidos, y que también tienen la nota común de no perdonar jamás.

«Las vagas teorías sobre la cultura proletaria, concebidas por analogías y por antítesis con la cultura burguesa, son el resultado de comparaciones entre el proletariado y la burguesía, en las que el espíritu crítico ninguna intervención tiene... Cierto es que llegará el momento, en el desarrollo de la nueva sociedad, en que la economía, la cultura y el arte gozarán de suma libertad de movimientos, es decir, de progreso. Pero, a este respecto, tan sólo podemos entregarnos a la formulación de fantásticas conjeturas. En una sociedad que esté liberada de la esclavizante preocupación por conseguir el pan de cada día, en que las lavanderías comunales lavarán eficazmente las prendas de buena tela de todos los ciudadanos, en que los niños –todos los niños– estarán bien alimentados, gozarán de buenos cuidados médicos, estarán alegres, y absorberán los elementos de las ciencias y de las artes como si del aire y la luz del sol se tratara, en la que dejará de haber «bocas inútiles», en la que el egoísmo liberado del hombre –formidable potencia– se encaminará únicamente al conocimiento, transformación y mejora del universo, en esta sociedad el dinamismo de la cultura será incomparablemente superior a cuanto se haya conocido en el pasado. Pero solamente llegaremos a esto a través de una larga y penosa transición que apenas hemos iniciado» (Trotsky, «Revolución y cultura», Clarté, primero de noviembre de 1923).

Estas admirables frases creo dan la justa respuesta, de una vez para siempre, a las pretensiones de unos cuantos impostores y señoritos adinerados que se las dan hoy, en Francia, bajo la dictadura de Poincaré, de artistas y escritores proletarios, amparándose en el pretexto de que en su producción no hay más que fealdad y miseria, a las pretensiones de aquellos que no conciben nada que no se encuentre en una esfera un poco más elevada que el inmundo reportaje, que el monumento funerario y los someros relatos de presidiarios, que no saben más que agitar ante nuestros ojos el espectro de Zola, de Zola cuya obra intentan saquear y no logran llevarse absolutamente nada, que abusando sin la menor vergüenza de cuanto vive, sufre, gime y espera, se oponen a toda investigación seria, intentan evitar todo género de descubrimientos, y que, so pretexto de dar lo que bien saben nadie puede recibir, es decir, la comprensión general e inmediata de cuanto es creación, denigran del peor modo al espíritu, y se comportan como los más certeros contrarrevolucionarios.

FRANCISCO MATEOS, «¿ARTE? ¿POLÍTICA?». *La tierra.* Madrid, 15 de agosto de 1931.[1]

Fui un poco lejos cuando llamé a todos los artistas parias del momento actual. El artista no es un paria si sabe especular bien, diciendo a tiempo y donde le oigan, en la antesala de un ministro, por ejemplo: «la política no da la serenidad que el arte necesita para producirse; el arte, que tiene bastante de divino, no puede trabajar la intriga, porque no lo permite su espíritu elevado y "superior"». Ante esta estupidez de mala fe, el político aplaudirá y, metiendo las dos manos en el arca del Estado, le lanzará unas monedas en perjuicio de la «querida», que ese día verá mermada su ración de prostituida por un prostituido más.

El paria, yo lo hago en su defensa, es un poco idealista, y ante el hecho monárquico y ante el hecho republicano seguirá siendo paria, con su puro camino de las bellas ideas y los bellos actos. El paria pudo sentirse socialista, pero el ser socialista tiene sus inconvenientes –y en verdad os digo que no pienso en ese socialismo demasiado fisiológico que ahora se lleva, sino en esa porción de creación poética que el socialismo tuvo en otros tiempos. Yo, artista, por hablar de alguien, fui al socialismo en el año 1912, y en él he permanecido hasta ayer. Soñé con esa «lucha final» y asistí a las escaramuzas preliminares, aunque tanta merienda con música de *La internacional* y *El sitio de Zaragoza* me fueron haciendo un poco irónico. Actué, pues, con mis medios, y he pintado la miseria en todas su facetas: muerte de mineros, rondas de cárceles, campesinos amenazantes, cargas de la Guardia Civil y martillos, y damas jóvenes representantes de un día mejor para el trabajador. Creo haber acotado el tema; pero en cada trabajo se ha ido quedando un poco de mi fe al contrastar que el socialismo «es» pintar como querer. Empero el idealista ha permanecido insobornable y su juventud ideológica tiene aún perennidad para reempezar.

Sin embargo, si quisiera volver a mis antiguas estampas, ¿no sería una herejía? ¿Cómo participando los socialistas en el poder podría dibujar a los pescadores de paisajes ametrallados? ¿Cómo el bombardeo grotesco de la casa Cornelio? ¿Cómo la aplicación de la Ley de Fugas en Sevilla? ¿Cómo las rondas de obreros presos en todas las cárceles españolas? Y en esas alegorías del Primero de Mayo, ¿cómo al frente de tanta alimaña, pintar al general Burguete cantando *La internacional* y *Obrero despierta...*?

El socialismo está lleno de caminos, que no podrá salvarlos, ni con intenciones aviesas ni con una sonrisa, hace tiempo iniciada, ancha y profunda, el artista.

Quedan pues para el paria el comunismo y el anarcosindicalismo. El artista es fácil que vuelva a tender la cinta de la esperanza; pero él, que fue socialista,

---

1. Reimpreso en Brihuega, Jaime, *La vanguardia y la República*. Madrid, Cátedra, 1982, pp. 285-286.

tendrá su apetencia indecisa, enfermo de tristeza, al ver toda la ilusión, la ingenuidad estrangulada.

Empero su responsabilidad espiritual volverá a vibrar para el arte antiestatal, antisocialista fisiológico, y para el momento en que su arte sea preciso a los otros parias sociales, su arma estará dispuesta, en una vuelta otra vez a la juventud suya, de paria.

Gustav Klutsis, «El fotomontaje como una nueva forma de agitación». *Klassovaia borbá na fronte prostranstvennykh iskusstv, Izofront.* Moscú 1931.

El fotomontaje, por ser el método más moderno en el campo de las artes plásticas, está íntimamente unido al desarrollo de la cultura industrial y a la acción artística de masas.

El fotomontaje es la forma que toma el *agitprop*[1] en el campo del arte. Es natural, por tanto, que haya sido utilizado principalmente en el campo cultural de la Unión Soviética.

En el desarrollo del fotomontaje hay que distinguir dos tendencias. La primera tiene su origen en la publicidad estadounidense: es lo que se llama el fotomontaje publicitario formalista que ha sido utilizado por los dadaístas y los expresionistas occidentales. La segunda se ha desarrollado de una manera completamente independiente sobre suelo soviético: es el fotomontaje de propaganda política el que ha elaborado sus propios métodos, principios y leyes de construcción. Después ha alcanzado la legitimidad de ser llamado «el nuevo aspecto del arte de las masas» o el arte de la construcción del socialismo.

Este aspecto del fotomontaje ha ejercido una influencia importante en la prensa comunista de Alemania (Heartfield, Tschichold) y en otros países que se han apropiado de este método para presentar la literatura de masas.

En la URSS, el fotomontaje apareció en el Frente de Izquierdas de las Artes después de la desaparición de la no-objetividad. Para el arte de agitación era necesario un medio de representación realista basado en una técnica de vanguardia, que gozase de una precisión gráfica y de una expresión extremas.

Las viejas formas de arte plástico, como el dibujo, la pintura o el grabado, se revelaron insuficientes, con su técnica atrasada y sus métodos de trabajo anticuados, para satisfacer el compromiso de las masas revolucionarias.

La esencia del fotomontaje radica en la utilización que hace de la fuerza físico-mecánica de la cámara fotográfica (de la óptica) y de los recursos de la química con una finalidad de agitación y de propaganda. Cuando la foto sustituye al dibujo, el artista representa tal o tal momento de una manera más verídica y más viva, y por ello con un mayor grado de sensibilidad para las masas.

Lo importante de esta sustitución es que la foto no es el croquis del hecho visual, sino su fijación exacta. Esta actitud, este lado documental, dan a la foto un poder de acción sobre el espectador imposible de alcanzar por la representación gráfica.

---

1. Abreviatura rusa de *agitatsy i propagandy* (agitación y propaganda [n. del ed]).

Los carteles de propaganda, cubiertas e ilustraciones de libros, eslóganes leninistas, periódicos murales y cuñas rojas han necesitado nuevos métodos de representación más vivos, más contundentes y más exactos. Se necesitó un arte sostenido por un buen equipo técnico y que utilizara las fuentes de la química. UN ARTE AL NIVEL DE LA INDUSTRIA SOVIÉTICA. Este arte es el fotomontaje. No hay que pensar que el fotomontaje se reduce a una disposición expresiva de las fotos. Lleva consigo un eslogan político, color y elementos puramente gráficos.

La organización expresiva de todos estos elementos únicamente puede ser realizada en el plano de la ideología y del arte por una nueva clase de artista –un militante– especialista del trabajo político-cultural de masas, un constructor que posee el arte de la foto y que construye su composición según las leyes completamente nuevas en el campo del arte. Los nuevos procedimientos de construcción se han convertido en indispensables para los nuevos elementos de representación así como para el nuevo orden social.

DISPOSICIÓN DEL COMITÉ CENTRAL DEL PARTIDO COMUNISTA DE LOS BOLCHE-
VIQUES DE LA UNIÓN SOVIÉTICA SOBRE LA RECONSTRUCCIÓN DE LAS
ORGANIZACIONES LITERARIAS Y ARTÍSTICAS. 23 de abril de 1932.*

El Comité Central constata que, en los últimos años, sobre la base de los significativos éxitos de la construcción socialista se ha producido un gran auge, tanto cuantitativo como cualitativo, de la literatura y del arte.

Hace algunos años, cuando era evidente que la literatura todavía se encontraba bajo la influencia significativa de elementos extraños, reavivados en particular durante los primeros años de la NEP, y los cuadros de la literatura proletaria eran aún débiles, el Partido ayudó con todos sus medios a la creación y fortalecimiento de las organizaciones proletarias autónomas en el campo de la literatura y el arte, con el objetivo de reforzar la posición de los escritores proletarios y los trabajadores del arte.

En la actualidad, cuando ya han tenido tiempo de crecer los cuadros de la literatura proletaria y del arte, y descollan nuevos escritores y artistas provenientes de las factorías, las fábricas, las granjas colectivas, los marcos de las organizaciones literarias y artísticas de carácter proletario existentes (VOAPP, RAPP, RAPM,[1] y otras) se han quedado estrechos y frenan el auténtico alcance de la creación artística. Esta circunstancia conlleva el riesgo de que dichas organizaciones, de ser un medio para una mayor movilización de los escritores y artistas soviéticos en torno a la tarea de la construcción socialista, pasen a convertirse en un medio para el cultivo del aislamiento en círculos apartados de los deberes políticos contemporáneos y de los grupos significativos de escritores y artistas participantes en la construcción socialista.

De ahí la necesidad de una correspondiente reconstrucción de las organizaciones literarias y artísticas y de una ampliación de su base de trabajo.

Por todo ello, el Comité Central del Partido Comunista de la Unión Soviética decreta:
1) liquidar las asociaciones de escritores proletarios (VOAPP, RAPP);
2) unificar a todos los escritores que sostienen la plataforma del poder soviético y que aspiran a participar en la construcción socialista en una única unión de escritores soviéticos que incluya una fracción comunista;

---

* Traducción y nota de Teresa Muñoz.
1. VOAPP (Vsesoyuznoe ob'edinenie assotsiatsy proletarskikh pisateley): Unión de Asociaciones de Escritores Proletarios de la Unión Soviética, promovida por Maxim Gorky a su regreso al país en 1928. Reunía a las asociaciones proletarias de todas las repúblicas nacionales integradas en la Unión Soviética y su objetivo era unificar estas fuerzas creadoras y educar a intelectuales y campesinos en la ideología y el espíritu comunistas; RAPP (Rossijskaya assotsiatsiya proletarskikh pisateley): Asociación Rusa de Escritores Proletarios, formada en 1925, se convirtió a partir de 1928 en el órgano más activo de la VOAPP, RAPM (Rossiyskaya assotsiatsiya proletarskikh muzykantov): Asociación Rusa de Músicos Proletarios, creada en 1923 con la voluntad de construir una cultura musical proletaria.

3) realizar cambios análogos en las demás disciplinas artísticas;
4) encomendar al Buró de Organización que desarrolle medidas prácticas para la ejecución de esta decisión.

«EL CONGRESO DEL CLUB JOHN REED». *New Masses*, Nueva York, junio de 1932, p. 14.*

«Hace un año tuvo lugar el congreso de Kharkov, dirigido por algunos de los escritores políticamente más maduros del movimiento obrero mundial. Este congreso distribuyó, como sus dos principales directivas, las siguientes:
(1) Nuestra tarea es crear una literatura proletaria desde los talleres, las factorías y las minas.
(2) La tarea de todos los grupos culturales de trabajadores es atraer, también, a quienes pertenecen a la clase media, que está en un estado de colapso. Esta clase vacilará. Marx dijo que su papel histórico es vacilar. Atraerán elementos peligrosos. Pero todo en la revolución es peligroso.»

Hablaba Michael Gold, del Club John Reed de Nueva York. El lugar es el Lincoln Centre Auditorium, Chicago, y la ocasión, la Conferencia Nacional de Organización del 29 y 30 de mayo. Se reúnen treinta y ocho delegados, representando a once clubes John Reed, con una afiliación total de alrededor de 800 escritores y artistas. Discuten sobre la actitud revolucionaria correcta que deben tomar ante los «compañeros de viaje» –artistas y escritores burgueses que les son favorables, pero que no han sido totalmente ganados.

«No podemos producir grandes escritores y artistas pensándolos», continuó Michael Gold, «sólo podemos realizar acciones concertadas. Podemos tener líneas políticas muy claras. En Kharkov la plataforma era simple y política. Cualquier escritor que subscribió la plataforma política fue admitido. Debería estar claro que no se le pide a nadie que cambie sus hábitos mentales. No se le dictará nada. Los que estáis aquí creéis en la escritura proletaria, o coloquial o periodística, y algunos liberales de clase media creen en la escritura proustiana. Pero yo digo que lo atraigamos al movimiento si es un escritor de influencia y talento. No podemos permitirnos disputas estéticas.»

Harry Carlisle, del Club John Reed de Hollywood, no estaba satisfecho con la actitud conciliatoria de invitación a participar a los intelectuales de clase media de Mike Gold.

«No debemos acomplejarnos en nuestro enfoque hacia esos intelectuales», declaró. «Debemos enseñarles que lo primero es tratar de una organización sobre una base organizativa. No debemos tener cortas miras. Upton Sinclair, que está en el consejo editorial de *Literature of the World Revolution*, es al mismo tiempo un candidato perenne por el Partido Socialista de California. Aparece en los

---

* Traducción de Juan José Gómez.

medios de comunicación con Aimee Semple McPherson. Los comunistas alemanes, como sabemos, han tomado una actitud muy clara contra Upton Sinclair. ¿Es nuestra necesidad de Sinclair tan grande como para abandonar nuestros principios?»

Cuanto antes nos enfrentemos a esto, mejor. Los intelectuales de clase media deberían estar convencidos de que están pasando por un proceso histórico y que su mundo se está desintegrando. Han sido empujados a las filas de los trabajadores. A los profesores universitarios de California, por ejemplo, se les puede decir que 2.000 estudiantes universitarios no pudieron matricularse el último semestre debido a la crisis económica.

«Sugiero», concluyó Carlisle, «que no perdamos de vista el hecho de que no todos los intelectuales son de clase media. Hay una cierta proporción de artistas y escritores de origen claramente trabajador a quienes podemos acercarnos sobre la base de principios de clase obrera. No debemos perder de vista esto. Ahí tenemos una relación establecida sobre la base del desarrollo revolucionario.»

Estas intervenciones mostraban, en cierto modo, no puntos de vista opuestos, sino énfasis opuestos. El asunto trataba, no de lo que es importante, sino de *qué* es más importante.

«Debemos encontrarnos con el intelectual en su propio terreno, haciéndole notar que, bajo la sociedad capitalista, carece de posibilidades de libertad de expresión», afirmó Conrad Komorowsky de Filadelfia, desde su propio punto de vista ante la cuestión de los intelectuales de clase media. «Aquí es donde entra en juego el Club John Reed. Debemos demostrar que ha dado a los artistas y escritores los medios de alcanzar la más perfecta expresión. No existe gran arte que no esté animado por un propósito. Debemos hacer notar al intelectual que sólo el proletariado tiene la posibilidad de construir una cultura grande que mire hacia adelante.»

Llevando con agudeza a los delegados, mediante una definición precisa, al problema considerado, Joseph Freeman declaró:

«todos los miembros de los clubes John Reed que no son miembros del Partido Comunista son, estrictamente hablando, compañeros de viaje. No usamos la palabra "compañeros de viaje" como un insulto. En realidad, el movimiento necesita compañeros de viaje. Conocemos las debilidades de los compañeros de viaje como clase, pero también es verdad que no debemos minusvalorar la importancia de simpatizantes nuestros con el mismo bagaje que nuestros propios adscritos y que tienen potencialmente el mismo futuro.»

Ese era el tono de la sesión del lunes del Congreso, al discutir los informes de las comisiones. Cuatro comisiones principales habían trabajado casi toda la noche anterior –la comisión del Manifiesto, la del plan organizativo, la del programa de actividades y la de la declaración contra la guerra imperialista y varias resoluciones más. Un sentimiento distintamente elevado y entusiasta fue encendido por el saludo de la Unión Internacional de Escritores y Artistas Revolucionarios, leído antes de que comenzase la discusión.

«La Unión Internacional de Escritores y Artistas Revolucionarios saluda a la Conferencia Nacional de Clubes John Reed y el gran desarrollo de la literatura proletaria americana. La situación internacional demanda que intensifiquemos nuestra lucha contra la amenaza de guerra imperialista, contra todas las ilusiones pacifistas y de "retorno a la prosperidad" y contra el creciente peligro de intervención en la Unión Soviética. Os instamos a apoyar la lucha heroica de los escritores revolucionarios japoneses contra el imperialismo japonés. En vuestro trabajo, el deber principal es mostrar que la única salida a la presente crisis es la revolución proletaria. Pedimos a todas nuestras secciones que ofrezcan su ayuda a nuestra unión internacional para llevar a cabo las tareas crecientes a las que nos enfrentamos.»

El radiograma venía firmado por el Secretariado.

Un cable a la conferencia del Club de las Artes Progresistas y de *Masses*, de Toronto, Canadá, mandaba saludos proletarios al Congreso y ofrecía la solidaridad de los escritores y artistas canadienses con la lucha de la clase obrera contra la guerra imperialista y la explotación. El congreso mandó respuestas entusiastas a las organizaciones de las que provenían esos saludos y, también, mensajes de camaradería a Maxim Gorky, Romain Rolland y a los escritores y artistas organizados latinoamericanos, alemanes, japoneses y chinos, y a los 2.000 trabajadores azucareros de Colorado, por entonces en huelga militante y heroica.

Una resolución de apoyo a *New Masses*, el principal órgano cultural de los intelectuales revolucionarios americanos, fue aprobada por el Congreso, pidiendo colaboraciones de miembros de todos los clubes John Reed de los Estados Unidos. Al mismo tiempo, la resolución expresaba satisfacción por el establecimiento de otras publicaciones para escritores y artistas por los diferentes clubes John Reed, como *New Force*, publicada por el CJR de Detroit, el *John Reed Bulletin*, publicado por el CJR de Washington D.C. y *Left*, recientemente adquirida por el CJR de Chicago. Como parte de la actividad de los diferentes clubes, se instó al fortalecimiento y la expansión de esas publicaciones y al establecimiento de otras donde se necesite y se puedan gestionar bien.

El congreso fue inaugurado oficialmente el domingo 29 de mayo por Jan Wittenberg de Chicago. Se eligió a los siguientes miembros del Presidium:

Joseph Freeman, Nueva York; Jan Wittenberg, Chicago; Maurice Sugar, Detroit; Conrad Komorowsky, Filadelfia; Kenneth Rexrot, San Francisco; Charles Natterstad, Seattle; Harry Carlisle, Hollywod; George Gay, Portland; Carl Carlson, Boston y Jack Walters, Newark (Club Jack London). También se eligieron miembros honorarios del Presidium, siendo estos Maxim Gorky, Romain Rolland, John Dos Passos, Fujimori, Lo Hsun, Johannes Becher, Vaillant-Couturier y Langston Hughes. Maurice Sugar, de Detroit, fue elegido presidente permanente del Congreso y Oakley Jonson, de Nueva York, secretario.

Los informes de los diferentes delegados abarcaban desde el entusiasmo y el ánimo a las críticas. El Club John Reed de Nueva York fue criticado por su fracaso en aportar un liderazgo efectivo y responsable a los otros clubes del país.

Absortos en sus propias actividades locales, el grupo de Nueva York no había visto la importancia de esforzarse en realizar una labor cooperativa nacional y había desatendido el estrechar relaciones con los otros clubes mediante correspondencia periódica y apoyo organizativo. Hasta que el Club John Reed de Filadelfia no propuso con urgencia que el Club John Reed de Nueva York comenzase inmediatamente a organizar una federación nacional de clubes, no se actuó ni se instó al Congreso.

Por otra parte, durante los dos años y medio transcurridos desde octubre de 1929, cuando se formó el Club John Reed de Nueva York, han brotado alrededor de una docena de clubes similares en otras ciudades. No es un logro menor que ahora, cuando se está escribiendo este informe, hayamos recibido noticias de la formación de otra media docena de clubes John Reed que desean afiliarse a la Organización Nacional, marcando casi un récord de clubes de artistas y escritores revolucionarios en los Estados Unidos.

Es imposible informar con detalle de los discursos de los delegados. Cuando terminó la sesión de la noche del domingo, al final de varias horas tensas y absorbentes, comenzaron a trabajar las cuatro comisiones. Cada uno de los treinta y ocho delegados participaron en una u otra comisión. Los presidentes fueron como sigue: Comisión del Manifiesto, Joseph Freeman, en Constitución y Organización, Jan Wittenberg, en Programas y Actividades, Conrad Komorowsky, en Declaración Contra la Guerra Imperialista y Otras Resoluciones, Harry Carlisle. Después de mucho trabajo durante la mayoría de la noche y de la mañana del lunes, tuvo lugar el segundo pleno de la tarde del lunes treinta de mayo. Todos los delegados traían preparados planes sugerentes de organización y trabajo, pero los más completos fueron los ofrecidos por el Club de Nueva York como base para la discusión. Incluían un borrador de manifiesto, publicado en el *New Masses* de junio, borradores de una propuesta de estatutos y de una propuesta de plan de actividades, de los cuales se distribuyeron copias mimeografiadas entre todos los delegados, y un borrador de la declaración contra la guerra. La discusión, alterando y ampliando los borradores de Nueva York, ocupó la mayoría del trabajo de las comisiones.

Brevemente, las actividades del CJR son de dos tipos generales, descritas como sigue en el documento adoptado finalmente:

«(a) Hacer del Club un centro activo de cultura proletaria; clarificar y elaborar el punto de vista del proletariado como opuesto a la cultura burguesa, extender la influencia del Club y del movimiento obrero revolucionario.

(b) Crear y publicar arte y literatura de carácter proletario; familiarizar a este país con el arte y la literatura del proletariado mundial y, particularmente, los de la Unión Soviética; desarrollar la crítica de la cultura burguesa y de la clase obrera; desarrollar técnicas de organización para establecer y consolidar los contactos entre clubes con elementos potencialmente afines; ayudar al desarrollo (mediante cooperación con la Federación Cultural de Trabajadores y otras organizaciones revolucionarias) de escritores obreros y artistas obreros; participar y dar la mayor publicidad a las luchas de la clase obrera; suministrar asistencia técnica al movimiento revolucionario organizado.»

Los medios, elaborados en detalle, para la consecución de esos objetivos incluían la publicación de panfletos, el patrocinio de concursos nacionales de relatos proletarios, obras de teatro, canciones, dibujos, etc., distribución de literatura, exponer dibujos y pinturas revolucionarios, organizar conferencias y debates públicos, establecer escuelas de arte de los CJR y escuelas de corresponsales obreros, participación activa en huelgas y manifestaciones, producción de carteles y colaboraciones literarias con otras organizaciones obreras, dar clases, representar parodias y otros entretenimientos en las reuniones de obreros y ayuda activa en campañas (Scottsboro, Money, Berkman) para temas especiales.

El trabajo organizativo comenzó con el reconocimiento de que, en los Estados Unidos, los clubes John Reed son parte integrante de la Federación Cultural de Trabajadores y deben un servicio importante a este grupo más amplio. Internacionalmente, por otra parte, los clubes John Reed forman parte de la Unión Internacional de Escritores y Artistas Revolucionarios, que tiene secciones en todos los países del mundo. Entre ellos, los clubes John Reed de los Estados Unidos son una federación, teniendo cada club autonomía dentro de los límites generales de los propósitos de la Federación; la supervisión general y la dirección será proporcionada por un Comité Ejecutivo Nacional de once miembros elegidos anualmente. Uno de esos once es el Secretario Ejecutivo Nacional y uno el Secretario Internacional. La Oficina Nacional, situada en Nueva York en el 63 de la calle 15 Oeste, será mantenida con cuotas de cinco centavos por cada miembro al mes de todos los clubes.

El Preámbulo dice, muy apropiadamente, que los clubes se llaman así «en honor al revolucionario y escritor John Reed», autor de *Diez días que estremecieron al mundo* quien, después de una brillante y heroica carrera aquí y en el extranjero, murió en la Unión Soviética en otoño de 1919. Los clubes John

Reed, «reconocen la lucha irreconciliable entre trabajadores y capitalistas como dos clases contrapuestas y creen que los intereses de todos los escritores y artistas deberían identificarse con los intereses de la clase trabajadora». La afiliación a un CJR está abierta a cualquier escritor o artista que se adhiera al preámbulo. Los directivos propuestos fueron Oakley Jonson, de Nueva York, Secretario Ejecutivo Nacional y Louis Lozowick, de Nueva York, Secretario Internacional. Los otros nueve miembros de la directiva son Joseph Freeman, William Grooper y Whittaker Chambers, de Nueva York; Eugene Gordon, Boston; Conrad Komorowsky, Filadelfia; Duva Mendelsohn, Detroit; Jan Wittenber, Chicago; Charles Natterstadt, Seattle y Harry Carlisle, Hollywood. Se decide celebrar un congreso anual; los Estados Unidos se dividen en cuatro secciones regionales para conveniencia del trabajo organizativo; los secretarios ejecutivos de todos los clubes John Reed forman un Comité Asesor Nacional, funcionando en parte como enlace entre el Comité Ejecutivo Nacional y la militancia y, en parte, a través de las agrupaciones regionales, como medio de realizar una actividad local.

En la llamada a un congreso realizada por el Club John Reed de Nueva York se decía que los clubes deben «organizarse como una potente arma para la lucha en el campo cultural contra el capitalismo y contra el socialfascismo que se está convirtiendo rápidamente en el frente cultural del capitalismo.» Lo anterior reconoce, por supuesto, que la concepción del arte y la literatura como un asunto de torre de marfil está ya superada y que los escritores y artistas deben alinearse con el proletariado revolucionario, con miras a una sociedad sin clases y a una cultura infinitamente superior a la que ofrece el capitalismo –o deben alinearse con el enemigo capitalista. Los clubes John Reed adelantan a los intelectuales americanos un programa de apoyo activo a la clase obrera revolucionaria y les insta a unirse al único movimiento que ofrece una esperanza vital para el mayor desarrollo de la civilización.

DIEGO RIVERA, «EL ESPÍRITU REVOLUCIONARIO EN EL ARTE MODERNO».
Modern Quarterly, nº 3. Nueva York, Vol. 6, otoño 1932, pp. 51-57.*

El arte es una creación social. Manifiesta una división que corresponde a la división de clases sociales. Hay un arte burgués, hay un arte revolucionario, hay un arte campesino, pero no hay, propiamente hablando, un arte proletario. El proletariado produce arte de lucha, pero ninguna clase puede producir un arte de clase hasta que no ha llegado a su punto máximo de desarrollo. La burguesía alcanzó su cénit en la Revolución Francesa y, desde entonces, creó un arte que era expresión de ella misma. El proletariado, por su parte, comenzará verdaderamente a producir su arte después de que la dictadura del proletariado haya completado su misión, haya liquidado toda diferencia de clase y producido una sociedad sin clases. El arte del futuro, por tanto, no será proletario, sino comunista. Durante el curso de su desarrollo, sin embargo, e incluso después de que haya llegado al poder, el proletariado no debe rechazar el uso de los mejores recursos técnicos del arte burgués, igual que usa el equipamiento técnico burgués en forma de cañón, ametralladoras y turbinas de vapor.

Artistas como Daumier y Courbert en el siglo XIX fueron capaces de revelar su espíritu revolucionario a pesar de su entorno burgués. Honorè Daumier fue un luchador franco que expresó con sus imágenes el movimiento revolucionario del siglo XIX, el movimiento que produjo el *Manifiesto comunista*. Daumier fue revolucionario tanto en la expresión como en el contenido ideológico. Para decir lo que quería decir, desarrolló una nueva técnica. Cuando no pintaba una anécdota de carácter revolucionario, sino que meramente dibujaba una mujer llevando ropa o un hombre sentado a una mesa comiendo, estaba, sin embargo, creando arte con un objetivo definitivamente revolucionario. Daumier desarrolló una técnica drástica identificada con el sentimiento revolucionario, de modo que su forma, su método, su técnica, siempre expresaron ese sentimiento. Por ejemplo, si tomamos su famosa lavandera, vemos que no la ha pintado ni con los ojos de un literato ni con los de un fotógrafo. Daumier vio a su lavandera a través de ojos con conciencia de clase. Era consciente de su conexión con la vida y el trabajo. En la vibración de sus líneas, en la cantidad y cualidad del color que proyectaba sobre el lienzo, vemos una creación directamente contraria y opuesta a las creaciones del arte burgués conservador. La posición de cada objeto, los efectos de la luz en la imagen, todas estas cosas expresan la personalidad en total conexión con su entorno y con la vida. La lavandera no es sólo una lavandera dejando la orilla del río cargada con ropa y llevando un niño detrás; ella es, al mismo tiempo, la expresión de la fatiga que causa el trabajo y de la tragedia de la maternidad proletaria. Por eso vemos, pesando sobre ella, la pesada carga de

---

* Traducción de Juan José Gómez.

su posición como mujer y la pesada carga de su posición como trabajadora; al fondo discernimos las casas de París, aristocrático y burgués. En una fracción de segundo, si no se es ciego, puede verse en la figura de esta lavandera, no sólo una figura, sino una conexión total con la vida y el trabajo y los tiempos en los que vive. Otras pinturas de Daumier muestran escenas del verdadero proletariado y campesinado. Dejé México cuando avanzaba la contrarrevolución bajo Madeiro; y decidí ir a Europa a adquirir la comprensión teórica y el desarrollo técnico en arte que pensé que podría encontrar allí.

Los camaradas rusos volvieron de París a Rusia inmediatamente después de la Revolución, llevando con ellos las más avanzadas técnicas en pintura, que habían aprendido en París. Hicieron lo posible y crearon obras de belleza considerable, utilizando toda la técnica que habían aprendido. Emprendieron una lucha verdaderamente heroica para hacer accesible ese arte a las masas rusas. Trabajaron en condiciones de hambruna, de tensión entre revolución y contrarrevolución, y con todas las dificultades materiales y económicas imaginables, aunque fracasaron completamente en sus intentos de persuadir a las masas de que aceptaran el cubismo, o el futurismo, o el constructivismo, como el arte del proletariado. Extensas discusiones sobre el problema tuvieron lugar en Rusia. Esas discusiones y la confusión resultante del rechazo del arte moderno dieron una oportunidad a los malos pintores para aprovechar la situación. Los pintores académicos, los peores pintores que habían sobrevivido al antiguo régimen en Rusia, entraron pronto en competición a gran escala. Imágenes inspiradas por las nuevas tendencias de las escuelas europeas más avanzadas se exponían junto a obras de las peores escuelas académicas de Rusia. Desafortunadamente, quienes ganaron el aplauso del público no fueron los nuevos pintores y las nuevas escuelas europeas, sino los viejos y malos pintores académicos. Extrañamente, me parece, no eran los pintores modernistas, sino las masas rusas las que tenían razón en la controversia. Su voto mostraba, no que considerasen a los pintores académicos como pintores del proletariado, sino que el arte del proletariado no debe ser un arte hermético, un arte inaccesible, excepto para los que han desarrollado y se han sometido a una preparación estética elaborada. El arte del proletariado debe ser un arte cálido y claro y fuerte. No es que el proletariado de Rusia estuviese diciendo a esos artistas: «sois demasiado modernos para nosotros.» Lo que se dijo fue: «No sois lo bastante modernos para ser artistas de la revolución proletaria.» La revolución y su teoría, el materialismo dialéctico, no necesita el arte del tipo torre de marfil. Necesitan un arte que esté tan lleno de contenido como la propia revolución proletaria, tan claro y honesto como la teoría de la revolución proletaria.

En Rusia existe el arte del pueblo, es decir: el arte campesino. Es un arte enraizado en la tierra. En sus colores, sus materiales y su fuerza, está perfectamente adaptado al ambiente en el que ha nacido. Significa la producción de arte con los recursos más simples y las formas menos costosas. Por esas razones, sería de gran utilidad al proletariado para desarrollar su propio arte. Los mejores pintores rusos que trabajaban inmediatamente después de la Revolución deberían haber reconocido esto y construir sobre ello, para que el proletariado, tan semejante al campesinado en muchos sentidos, pudiese entender este arte. En vez de eso, los artistas académicos, intrínsecamente reaccionarios, consiguieron tomar control de la situación. La reacción en arte no es sólo cuestión del tema. Un pintor que conserva y usa la peor técnica del arte burgués es un artista reaccionario, incluso si usa esa técnica para pintar temas como la muerte de Lenin o la bandera roja en la barricadas. Del mismo modo, un ingeniero ocupado en la construcción de una presa con el objetivo de regar suelo ruso sería reaccionario si usase los mismos procedimientos que al principio del siglo XIX. En ese caso, sería reaccionario, sería culpable de un crimen contra la Unión Soviética, incluso si estuviese intentando construir la presa con el objetivo de la irrigación.

El teatro ruso estaba a salvo de la bancarrota que sufrió la pintura rusa. Estaba en contacto directo con las masas y, por tanto, se había convertido en el mejor teatro que el mundo conoce hoy. Poco a poco, el teatro ha atraído a pintores, escultores y, por supuesto, a actores, bailarines, músicos. Todo el que tiene algo de talento para el arte en la Unión Soviética está siendo atraído hacia el teatro como fusión de las artes. En proporción al progreso obtenido en la construcción del socialismo en la Unión Soviética, los artistas están volviéndose más y más hacia el teatro para expresarse y las masas están acercándose al teatro como «expresión de sus vidas». El resultado es que las otras artes están languideciendo y Rusia produce cada vez menos arte del tipo que, en el resto de Europa, se emplea como acciones de la bolsa.

El arte mural es el arte más significativo para el proletariado. En Rusia las pinturas murales se proyectan en las paredes de los clubes, en las sedes de los sindicatos, e incluso sobre los muros de las factorías. Pero los trabajadores rusos vinieron a mí y me dijeron que, en sus casas, prefieren tener paisajes y bodegones que les provoquen un sentimiento de relajación. Pero la pintura de caballete es un objeto de lujo, bastante por encima de los medios del proletariado. Dije a mis compañeros artistas de Rusia que deberían vender pinturas a los trabajadores a precios bajos, dárselas, si es necesario. Después de todo, el gobierno proporcionaba los colores, los lienzos y el material necesario para la pintura, de modo que los artistas podrían haber vendido su obra a precios bajos. La mayoría, sin embargo, prefería esperar a la compra anual de pintura del Comisariado para la Ilustración donde se vendían, y aún se venden, pinturas a quinientos rublos cada una.

No pensé que tuviese derecho a insistir sobre mi punto de vista hasta que no hubiese creado algo del tipo de arte del que estaba hablando. Por tanto, en 1921, en vez de ir a Rusia, adonde me había invitado el Comisariado de Educación, fui a México a intentar crear algo del arte que había estado ensalzando. Este esfuerzo mío tenía algo así como el sabor de una aventura porque, en

México, [no] había un régimen proletario. Estaba en el poder en ese momento una fracción de la burguesía que necesitaba la demagogia para mantenerse en el poder. Nos dio muros y nosotros, artistas mexicanos, pintamos temas de carácter revolucionario. Pintamos, en realidad, lo que quisimos, incluso un cierto número de pinturas que eran de carácter comunista. Nuestra tarea era, primero, desarrollar y rehacer pinturas murales en la dirección de las necesidades del proletariado y, segundo, apercibirnos del efecto que tal pintura mural podría tener sobre los proletarios y los campesinos de México, de modo que pudiésemos juzgar si esa pintura podría ser un instrumento efectivo del proletariado en el poder. Pero permítanme hacer notar otro hecho también. En México existía una antigua tradición mucho más antigua y mucho más espléndida que incluso el arte campesino de Rusia. Este arte es de un carácter verdaderamente magnífico. Los dirigentes coloniales de México, como los de los Estados Unidos, menospreciaron la antigua tradición artística que existía allí, pero no pudieron destruirla completamente. Con este arte como bagaje, me convertí en el primer pintor revolucionario de México. Las pinturas sirvieron para atraer a muchos pintores jóvenes, pintores que aún no habían desarrollado suficiente conciencia de clase. Formamos un sindicato de pintores y comenzamos a cubrir muros de edificios en México con arte revolucionario. Al mismo tiempo revolucionamos los métodos de enseñanza del dibujo y de arte para niños, con el resultado de que los niños de México comenzaron a producir obras artísticas durante su desarrollo escolar elemental.

Como resultado de estas cosas, cuando, en 1927, fui invitado de nuevo a Moscú, sentí que podría ir, ya que nosotros los mexicanos teníamos algo de experiencia para poder ayudar a la Rusia soviética. Debo señalar en este punto que, entre los pintores en México, gracias al desarrollo de los nuevos métodos de enseñanza de la pintura en las escuelas de los trabajadores, se desarrollaron varios pintores de la clase obrera de gran mérito, Máximo Pacheco entre ellos, a quien considero el mejor pintor mural de México.

La experiencia que intenté ofrecer a los pintores rusos fue llevada a Rusia en un momento de intensa controversia. A pesar de ser un momento poco propicio para la discusión y el desarrollo artístico, Corrolla, el camarada que estaba antes a cargo del trabajo *agitprop*, organizó un grupo, Octubre, para discutir y hacer uso de los experimentos artísticos mexicanos. Me dediqué a pintar para los trabajadores metalúrgicos que querían que pintase las paredes de su club, el Club Dínamo de la Chausée de Leningrado. Pronto, sin embargo, debido a diferencias, no de carácter estético, sino de carácter político, se me ordenó volver a México para tomar parte «en la campaña electoral que empezaba allí». Pocos meses después de mi vuelta a México se me expulsó del Partido. Desde entonces, he permanecido en una posición que es característicamente mexicana, concretamente la del guerrillero. No podía recibir mis municiones del Partido porque mi partido me había expulsado. Tampoco podía adquirirlas con mis propios fondos porque no los tenía. Las tomé, y continuaré tomándolas, como debe el guerrillero, del enemigo. Por tanto, yo tomo las municiones de las manos de la burguesía. Mis municiones son los muros, los colores y el dinero necesario para alimentarme para poder seguir trabajando. Sobre los muros de la burguesía, la pintura no puede tener un aspecto tan combativo como sobre los muros, digamos, de una escuela revolucionaria. A veces el guerrillero puede hacer descarrilar un tren, a veces, volar un puente, pero, a veces, sólo puede cortar unas pocas líneas telegráficas. Hace lo que puede en cada momento. Importante o insignificante, su acción va siempre en la línea revolucionaria. El guerrillero siempre está preparado, en tiempos de amnistía, para volver a filas y convertirse en un simple soldado como cualquier otro. Fui a los Estados Unidos en calidad de guerrillero.

En cuanto al desarrollo del arte entre los trabajadores americanos, ya he visto pinturas en el Club John Reed, que son, sin duda, de carácter revolucionario y, al mismo tiempo, estéticamente superiores a la gran mayoría de las pinturas que pueden encontrarse en las galerías de arte de los comerciantes de pinturas.

Ayer vi la obra de un chaval –que antes era un pintor de arte abstracto– que acababa de terminar una serie de pinturas sobre la vida y muerte de Sacco y Vanzetti que son de lo más conmovedoras que yo he visto. Las pinturas de Sacco y Vanzetti se mantienen técnicamente dentro de la escuela de pintura modernista, pero poseen las cualidades necesarias, accesibilidad y poder, para que sean importantes para el proletariado. Aquí y allá he visto dibujos y litografías de gran calidad, todos de artistas jóvenes desconocidos. Estoy convencido que en los Estados Unidos existe la capacidad de producir un gran desarrollo del arte revolucionario, creciendo desde la base. La burguesía, a veces, será persuadida para que compre grandes pinturas a pesar de su carácter revolucionario. En las galerías de los hombres más ricos hay obras de Daumier. Pero esas fuentes de demanda son de lo más precarias. El proletariado debe aprender a depender de sí mismo, por muy limitados que sean sus recursos. Rembrandt murió pobre en la rica Holanda burguesa de su tiempo. A pesar de sus innumerables pinturas había escasamente una corteza de pan en su casa cuando se le encontró muerto. Su pintura sabía cómo ofender a la rica burguesía holandesa. En Rembrandt, yo encuentro una base de profunda humanidad y, hasta cierto punto, de protesta. Esto es mucho más claro en el caso de Cézanne. Basta con señalar que Cézanne usó a los trabajadores y campesinos de Francia como los héroes y las figuras centrales de sus pinturas. Hoy es imposible mirar a un campesino francés sin ver una pintura de Cézanne.

El arte burgués cesará de desarrollarse cuando sea destruida la burguesía como clase. Las grandes pinturas, sin embargo, no cesarán de dar placer estético, aunque no tengan un significado político para el proletariado. Uno puede disfrutar de la *Crucifixión* de Mantegna y ser conmovido por ella estéticamente sin ser cristiano. Es mi opinión personal que en la Rusia soviética se da hoy una veneración exagerada por el pasado. Para mí, el arte es siempre algo vivo y vital, como lo fue en la Edad Media cuando se pintaba un nuevo mural cada vez que lo requería un nuevo acontecimiento político o social. Porque concibo el arte como algo vivo, y no como algo muerto, veo la necesidad profunda de una revolución en cuestiones de cultura, incluso en la Unión Soviética.

De los movimientos recientes en arte, el más significativo para el movimiento revolucionario es el superrealismo. Muchos de sus adherentes son miembros del Partido Comunista. Algunas de sus obras recientes son perfectamente accesibles a las masas. Su máxima es «Superrealismo al servicio de la revolución». Técnicamente representan el desarrollo de la mejor técnica de la burguesía. En ideología, sin embargo, no son completamente comunistas. Y ninguna pintura puede alcanzar su máximo desarrollo o ser verdaderamente revolucionaria si no es verdaderamente comunista.

Y ahora llegamos a la cuestión de la propaganda. Todos los pintores han sido propagandistas o no han sido pintores. Giotto era un propagandista del espíritu de la caridad cristiana, el arma de los monjes franciscanos de su tiempo contra la opresión feudal. Brueghel era un propagandista de la lucha de la pequeña burguesía artesana holandesa contra la opresión feudal. Todos los artistas que han valido algo en arte han sido propagandistas de este tipo. La acusación familiar de que la propaganda es la ruina del arte encuentra su fuente en los prejuicios burgueses. Naturalmente, la burguesía no quiere que el arte se emplee al servicio de la revolución. No quiere ideales en el arte porque sus propios ideales no podrán servir más como inspiración artística. No quiere sentimientos porque sus propios sentimientos ya no podrían servir más como inspiración artística. El arte, el pensamiento y los sentimientos deben ser hoy hostiles a la burguesía. Todo buen artista tiene una cabeza y un corazón. Todo buen artista ha sido un propagandista. Yo quiero ser un propagandista y no quiero ser nada más. Quiero ser un propagandista del comunismo y quiero serlo en todo lo que escribo, en todo lo que pinto. Quiero usar mi arte como un arma.

Para un desarrollo real a gran escala del arte revolucionario en América, es necesario estar en una situación en la que todos se unan en un único partido del proletariado y estén en posición de acceder a los edificios públicos, los recursos públicos y la riqueza del país. Sólo entonces puede desarrollarse un arte revolucionario genuino. El hecho de que la burguesía esté en un estado de degeneración y dependa para su arte del arte de Europa indica que no puede existir un desarrollo del arte americano genuino, excepto si el proletariado es capaz de crearlo. Para ser buen arte, el arte de este país debe ser arte revolucionario, arte del proletariado, o no será buen arte.

GEORG LUKÁCS, «TENDENCIA O PARCIALIDAD». *Die Linkskurve*, vol. 4, nº 6, Berlín, 1932.*

La pregunta acerca de si nuestra literatura es tendenciosa no es en absoluto una cuestión terminológica. Si proponemos la palabra «parcialidad» (en lugar de «tendencia») para designar una de las características esenciales de nuestra literatura, está claro que en ello se encierra una nueva visión teórica sobre la esencia de nuestra literatura. Pretendemos de esta manera desterrar un conjunto de inexactitudes y medias tintas de nuestra concepción de la literatura; queremos formular lo que es peculiar en nuestra literatura de un modo más claro e inequívoco que como se ha hecho hasta ahora.

1

¿Qué significa entonces la expresión «tendencia»? ¿Y cómo se introdujo en nuestra terminología literaria? Antes que nada: la palabra «tendencia» es muy ambigua. Fundamentalmente significa «una ley cuyo cumplimiento se ve paralizado, ralentizado y debilitado por causas contrapuestas» (*El Capital*, III, I, 215), un significado que nosotros en principio no tenemos en cuenta, pero que teníamos que mencionarlo justamente porque no puede desaparecer de nuestra terminología. Más importante y cercano a nuestra cuestión es aquel significado según el cual tendencia significa aspiración, afán, ya ampliamente extendido en el lenguaje gubernamental y policial de la primera mitad del siglo XIX: tendencias agitadoras, etcétera, pueden encontrarse en una gran cantidad de las disposiciones censoras y prohibiciones de libros de esa época. En todo ello, lo esencial para nosotros es que tendencia adquiere un significado *«subjetivo»*. En su crítica acerca de la última disposición censora prusiana, el joven Marx estigmatiza justamente ese extremo como signo de arbitrariedad, de «jurisdicción de la sospecha»; pues son leyes «cuyo criterio fundamental lo representa no la acción como tal, sino la convicción del actuante» (de las «Anécdotas» 1843. *Obras* I. I. p. 161 y ss.). No he podido reconstruir, sin embargo, la historia exacta de cómo, a partir de esta terminología jurídico-policial (lo cual es revelador), se conformó la terminología estética (por lo que sé, se trata primordialmente de una trayectoria alemana; los dramas franceses de tendencia de mediados del XIX se llaman, por ejemplo, «drames à these»). Con seguridad, la designación comienza a imponerse hacia los años cuarenta. Engels, por ejemplo, en 1841, época en la que aún se hallaba bajo la influencia de la «Joven Alemania», habla en este sentido de «tendencia» en Arndt (Crítica publicada en el *Telegraph*, *Obras* II. 96). También entre los poemas de actualidad de Heine encontramos uno titulado «Tendencia», cuya última estrofa suena así:

---

* Traducción de Juan Pablo Larreta y Víctor Manuel Borrero.

> «Toca a rebato, retumba, truena
> hasta que el último opresor huya.
> Canta siempre en igual sentido,
> pero que tu poema esté dirigido
> lo más global que se pueda».

Este final burlón de Heine, quien justamente en ese periodo estuvo más alejado que nunca del «arte puro» y de la «ausencia de tendencia», demuestra que el autor, con un instinto poético innato, debió de haber albergado serias reticencias contra la esencia del «arte de tendencia» de la época y precisamente por ello contra la expresión «tendencia»; y, ciertamente, Heine combatió tanto aquí como en otros pasajes de sus escritos de esa época lo subjetivo, lo valorativo y justamente por ello abstracto-genérico de la «literatura de tendencia». Enseguida pasaremos a hablar de las razones sociales de este carácter abstracto. Antes queremos simplemente reforzar la legitimación de esta actitud burlona con un ejemplo de otro poeta, uno que consideraba la poesía igualmente como un medio de lucha. En la importante disputa para los estudios histórico-literarios entre Herwegh y Freiligrath acerca de la parcialidad o no parcialidad del poeta (1843), escribe Herwegh:

> «…una espada en vuestra mano sea la poesía.
> Elegid un estandarte y quedaré contento,
> bien que sea otro distinto al mío…»

El autor lucha, por tanto, por la parcialidad, «*en general*», en contra de la postura de Freiligrath: «El torreón del poeta se eleva por encima de las almenas del partido». Hay que reparar en dos rasgos. Primero, que para Herwegh la cuestión de parcialidad o no parcialidad (o sea, según la terminología posterior, del «arte de tendencia» o del «arte puro») es una decisión subjetiva, y no una configuración ineluctable de cada literatura, producto y arma de la lucha de clases. Segundo, que cualquier actitud parcial (aunque sea adversa) el autor la saluda como un progreso; contempla, así pues, esta cuestión de la parcialidad (de la «tendencia») de un modo *formal*.

Estaría de más representar detalladamente en qué amplia medida esta óptica de Herwegh es *ilusoria*. En cualquier caso, habría que presentarla y analizarla brevemente, pues ilusiones semejantes son la base de cualquier teoría burguesa a favor o en contra del «arte de tendencia», y a nosotros no nos importa en demasía desenmascarar a estas ilusiones como tales ilusiones, sino más bien «descubrir sus raíces en la esencia de la clase burguesa». Es algo que nos resulta importante porque las formulaciones decisivas de este entramado teórico para el movimiento literario proletario-revolucionario, surgidas en Franz Mehring en gran medida bajo la influencia del «arte de tendencia» burgués, no han podido superar, a pesar de todos los esfuerzos de este último autor, las contradicciones del posicionamiento burgués.

Es comprensible, evidente diríamos, que la emergente literatura proletaria enlazara con la «literatura de tendencia» de los exiguos vestigios de la burguesía progresista y adoptara con ello teoría y práctica de la «tendencia»; y tanto más en cuanto que se vio en esos inicios abocada de manera creciente a adoptar esa posición de lucha en la que se encontraba la literatura burguesa. Verdaderamente, «tendencia» es algo muy relativo. En la teoría burguesa de la literatura, y reconocido de un modo oficial, se consideran «acordes con la tendencia» aquellas obras cuyo fundamento y objetivo de clases es adverso a la corriente regente (desde un punto de vista de clases); la «tendencia propia» por tanto no es tal «tendencia», sólo la opuesta. Estas posturas antagónicas, que enfrentan a las diversas fracciones literarias de la burguesía, reprochándoseles naturalmente la mayor parte de las veces pertenecer a la «tendencia» a las corrientes progresistas político-sociales antes que a las reaccionarias, fueron especialmente acres contra los primeros bosquejos de la literatura proletaria. Cualquier representación de la realidad, ya fuera esta del proletariado o de la burguesía, llevada a cabo desde un punto de vista de clases proletario o similar, era tachada de «tendenciosa», y se la vituperaba con todos los argumentos posibles acerca de lo «no artístico» y «enemigo del arte» del «arte de tendencia». Bajo tales circunstancias, es perfectamente comprensible que la joven literatura proletaria adoptara para sí como una designación honrosa el término agraviante arrojado contra ella por el enemigo de clase, tal y como hicieron en los siglos XVI y XVII los *Gueusen* (mendigos) holandeses o los *sansculots* de la Revolución Francesa, especialmente y tanto más cuanto que el «arte puro» burgués, por un lado, se hacía cada vez más pobre en contenido y se alejaba cada vez más de la realidad; y, por otro (justamente por ello), se hacía cada vez más tendencioso, de manera que la sentencia contra el «arte de tendencia» del proletariado se revelaba cada vez más engañosa. Por ello, llamamos a nuestra literatura durante mucho tiempo (con un orgullo combativo) «literatura de tendencia».

2

Sin embargo, comprender la adopción de esta posición teórica no demuestra ni mucho menos que sea acertada. Al contrario: junto con la formulación burguesa del problema, con su terminología, esta postura recibe todo el eclecticismo burgués respecto a esta problemática, todas las contradicciones burgueso-eclécticas sin superar, en parte borrosas, en parte fuertemente polarizadas. Con ello nos referimos a la oposición de «arte puro» frente a «tendencia». Hay dos tipos posibles de respuestas. El primer tipo: pasamos del «arte puro», de la «perfección de la forma». La literatura cumple una función social en la lucha de clases que determina su *contenido*; nosotros realizamos conscientemente esta función y no nos preocupamos de las más que gastadas cuestiones formales burguesas (restricción de la literatura al activismo; perspectiva de un materialismo mecánico en la teoría de la literatura). El segundo tipo: reconocemos que existe una «estética» e intentamos conciliar con ella a la tendencia, retirando a ésta del ámbito de lo «social» y lo «político», o sea, de un ámbito extraño al arte. Eso quiere decir que se plantea (de un modo ecléctico) la tarea insoluble de injertar en la obra de arte un elemento «extraño al arte». Así, por un lado, se reconoce (a las calladas) la inmanencia estética, la constitución artística «pura» de la obra de arte, o sea, la preeminencia de la forma sobre el contenido; por otro, sin embargo, se postula la validez de un contenido, según esta concepción, extra-artístico (la «tendencia»). Se origina un idealismo ecléctico.

Estas contradicciones no superadas (y sobre esta base no superables) determinan la inseguridad de Franz Mehring en la cuestión. Es sabido que para Mehring la estética de Kant, de influencia preponderante en la teoría del arte de la burguesía decadente, representa igualmente un fundamento teórico. Una de las ideas básicas expresada en esta estética, el «finalismo sin un fin», la exclusión de todo «interés» de la observación del arte, es evidentemente una teoría del «arte puro». La continuación de esta teoría por parte de Schiller, que Mehring hace propia, la «exterminación del contenido por parte de la forma», refuerza esta tendencia subjetivo-idealista. Es, por tanto, perfectamente consecuente que la teoría del arte de la burguesía decadente utilice estas ideas como armas en la lucha contra la «tendencia». Y podía hacerlo aún con más éxito en tanto en cuanto sus rivales, los defensores de la tendencia (siempre y cuando no representaran un materialismo mecánico simplificado), se encontraban ellos mismos inmersos en esta teoría, por lo que no eran capaces de rebatir los argumentos que irrefutable y necesariamente se deducían de ella, sino de manera inconsecuente y ecléctica.

El ejemplo más patente de ello es Mehring, el teórico alemán de la literatura más representativo del cambio de siglo, muy superior a sus contemporáneos burgueses. El eclecticismo de Mehring se expresa muy claramente en que sólo pudo encontrar una solución tipo «por un lado-por otro lado» a la cuestión esencial del contenido-forma. Mehring siente que el reconocimiento sin condiciones de la solución (subjetivo-idealista) del problema por parte de Kant y Schiller conduce al reconocimiento de la «atemporalidad» del arte y con ello a la primacía de la forma y el rechazo de todo tipo de «tendencia». Defendiéndose contra esta consecuencia (sin criticar sus premisas) escribe: «...el gusto depende así pues también del contenido y no meramente de la forma» (*Obras* II. 264. Los puntos suspensivos son nuestros). Este eclecticismo, que justamente para la cuestión decisiva proporciona una respuesta que no dice absolutamente nada, muestra a las claras lo poco que Mehring avanzó más allá de la postura básica de Kant-Schiller y con ello, en definitiva, más allá de la estética burguesa. Las limitaciones de esta concepción radican en que la cuestión de la «tendencia» es planteada como una cuestión de la relación entre *arte* y *moral*, en la que por tanto prevalece el carácter subjetivo idealista de la «tendencia»: «tendencia» es una *exigencia*, un *deber*, un *ideal* que sitúa al autor frente a la realidad; no es una tendencia del desarrollo social creada por el escritor (en el sentido de Marx) de manera consciente, sino un precepto (de invención subjetiva), cuyo cumplimiento es exigido por la realidad. Bajo esta postura subyace lo siguiente: en primer lugar, la separación tajante y escrupulosa de los diversos ámbitos de la actividad humana, o sea, el reflejo ideológico de la división capitalista del trabajo, reflejo que, sin embargo, no es analizado ni criticado desde una perspectiva marxista como hecho y consecuencia de esta división del trabajo, sino que, más bien al contrario, es concebido, de modo puramente ideológico, como ley «eterna» de la separación de «esencias» y tomado como punto de partida para cualquier análisis ulterior; en segundo lugar, la actividad humana, la praxis, no es tomada en su forma real y objetiva, orientada a la producción material y al cambio social, sino en su reflejo desfigurado e ideológicamente invertido (como «moral»), por lo que ese resultado ideológicamente deforme debe ser convertido en el punto de partida teórico; en tercer lugar, en esta confrontación de arte y moral se oculta la ilusión ideológica del individuo como «átomo» de la sociedad (cf. acerca de esta ilusión «La Sagrada Familia». *Obras* III. 296) y al mismo tiempo la concepción fetichista de la sociedad como algo «cosificado», como algo que rodea al hombre cual realidad «ajena» (Teoría del medio), como algo que no es la suma y el sistema, que es resultado (evidentemente no conocido ni querido en el capitalismo) de la actividad humana; en cuarto lugar, a esta confrontación estática y mecanicista del hombre (como individuo) y la sociedad, base de la concepción burguesa de la «moral», le corresponde el aislamiento de la obra de arte respecto a la praxis social, de la producción material y de la lucha de clases, la noción de la tarea del arte como realización de un «ideal estético»; en quinto lugar, arte y moral no son, para esta noción, resultado de la misma praxis social, sino realizaciones de ideales *diversos*, divergentes y estrictamente opuestos (en Kant: «interés» y «desinterés»). Para establecer sus relaciones, para solucionar el problema de literatura y «tendencia» («moral»), valdría por tanto lo que Hegel dijo acerca de la concepción no dialéctica entre el alma y el cuerpo: «Pues, de hecho, si presuponemos que ambos son *absolutamente independientes* el uno del otro, deberán ser igualmente impenetrables el uno respecto del otro, tal y como se acepta que toda materia sea impenetrable la una respecto de la otra» (*Enciclopedia*, párrafo 389).

Basta pensar en cualquier obra o teoría literaria del siglo XIX para reparar en que ninguna de ellas pudo eludir en esta cuestión las deducciones a las que necesariamente había que llegar siguiendo el estatus social de la clase burguesa y especialmente de sus escritores (fetichismo, etc.). Sólo existía la opción de, o bien renunciar de modo consciente (pero justamente por ello sólo en apariencia) a la «tendencia» y crear «arte puro», debido a lo cual se generaba una representación de la realidad *tendenciosa*, o sea, se hacía «literatura de tendencia» en el peor sentido de la palabra;[1] o bien se situaba de modo subjetivo, moralizante, frailesco a la «tendencia» frente a la realidad creada, de manera que se convertía en un elemento extraño dentro de la obra. Tampoco Mehring puede escapar (de un modo que ahora se comprende) a esta red de contradicciones. Así, cuando juzga por ejemplo el *Guillermo Tell* de Schiller como «tendencia no artística» (*Obras* I. 258/9) o el uso de «medios no artísticos» en Heinrich von Kleist (I. 276, etc.), estas respuestas no pueden sino entenderse como soluciones eclécticas, pues no está en condiciones, ni puede estarlo bajo tales premisas, de esclarecer de forma concreta, ni en la teoría ni en la práctica, qué es pues una «tendencia artística». Y no puede estar en condiciones de ello porque de la concepción burguesa del arte, de cuyo terreno no pudo escaparse de manera consecuente, se colige que el «ideal» del arte justamente es la ausencia de tendencia, y que únicamente circunstancias desfavorables para el desarrollo del arte (esto es: acentuación de la lucha de clases) benefician a la «tendencia». Como honesto revolucionario, Mehring se afana en extraer las consecuencias auténticas, relativas a las clases sociales, esto es, dice «sí» a la «tendencia». Pero sus opiniones políticas se contradicen de modo irresoluble con sus puntos de vista sobre el arte. Este asunto lo expresa con palabras muy claras, sin dejar de reconocer su alcance:

> «En todas las épocas revolucionarias, en todas las clases que luchan por su liberación, el gusto se enturbiará cada vez más por el efecto de la lógica y de la moral, lo cual, traducido al idioma de la filosofía, significa simple y llanamente que allá donde el conocimiento y el deseo se hallan en efervescencia, la aptitud para el juicio estético siempre se verá en dificultades».

Nos hallamos aquí ya ante el germen de la teoría literaria del trotskismo; pues está claro que si, según Trotski, «la dictadura del proletariado no es una organización productivo-cultural de una sociedad nueva, sino un orden revolucionario para combatirla» (*Literatura y Revolución*, pp. 119-120), y si, según él mismo, socialismo y lucha de clases son nociones opuestas (ídem 150), entonces la cultura ocupa en sus ideas, en correspondencia con su radicalización de la lucha de clases y de la concretización de todos los problemas, exactamente el mismo lugar que para Mehring ocupaba el «arte puro» (kantiano). «La literatura revolucionaria debe estar impregnada del espíritu del odio social... (es por ello

---

1. Esta reordenación tendenciosa de la realidad, que evita tener que reelaborar de manera orgánico-artística la «tendencia» que emerge de manera orgánica del material proporcionado por la realidad, no se halla únicamente en la mala literatura de la burguesía decadente. Por dar sólo unos ejemplos, la encontramos en la segunda parte de *Las afinidades electivas* de Goethe, en los dramas de Hebbel posteriores a 1848 o en Dostoievsky, de quien Gorky decía con razón que difamaba a sus personajes.

simplemente «arte de tendencia», G.L.). En el socialismo, la base de la sociedad la constituye la solidaridad» (por ello, un «arte puro», una «cultura auténtica» es posible, G.L.). No es, por tanto, ninguna casualidad que la herencia dejada por Mehring, asumida de modo acrítico, haya fomentado el trotskismo en nuestra teoría cultural y literaria. Igualmente poco casual es que cualquier deformación mecanicista de nuestras metas literarias (de modo consciente o inconsciente, voluntario o involuntario) hayan sido determinadas por el trotskismo.

3

Nuestra tarea no puede ser aquí analizar en su conjunto las deficiencias teóricas de estos planteamientos; esta ya ha sido realizada, de modo incluso más extenso, en la lucha contra el trotskismo. A partir de ahora habremos de referirnos simplemente a la deficiencia, decisiva respecto a la cuestión que abordamos ahora, en el marco de este complejo de cuestiones: al planteamiento erróneo y contrario a la dialéctica del «factor subjetivo». Las formulaciones dialécticas correctas son expresadas por Marx y Engels, en repetidas ocasiones y de modo inequívoco, a propósito de la dialéctica de los factores subjetivo y objetivo en el desarrollo social. Cito aquí sólo algunas que son especialmente trascendentes para la elucidación de nuestras cuestiones:

«La clase obrera [...] no tiene que introducir utopías finiquitadas por resolución popular. Ella sabe que ha soportado luchas prolongadas, una serie completa de procesos históricos mediante los cuales han sido plenamente transformados los hombres al igual que las circunstancias para profundizar en su propia liberación y, con ella, en su forma de vida más elevada, a la que propende irresistiblemente la sociedad presente por medio de su propio desarrollo económico. No tiene ideales que hacer realidad; sólo ha de liberar los elementos de la nueva sociedad que ya se han gestado en el seno de la decadente sociedad burguesa» (La Guerra Civil en Francia).

Es, pues, justamente la comprensión de la necesidad social, la que, frente a las concepciones mecanicista e idealista, determina el lugar justo (y trascendente) del factor subjetivo en el desarrollo. Y, para ser más precisos, aquella lo determina en el caso del proletariado de modo distinto a como lo hace para el resto de las clases. La frase: «la clase obrera no tiene ideales que hacer realidad» vale sólo para el proletariado. Para las demás clases (incluso para el período revolucionario de la burguesía) es válida la cita de Engels: «la ideología es un proceso que, efectivamente, es consumado conscientemente por a quien damos en llamar pensador, aunque, eso sí, merced a una consciencia mal encaminada» (Carta a Mehring del 14 de julio de 1893). Esta «consciencia mal encaminada» da como resultado que a esta actividad humana se le atribuya en el proceso histórico, o bien un significado en absoluto activo, o bien una autonomía o una función de liderazgo que resultan exageradas; lo cual se evidencia también en que el factor subjetivo se manifiesta bajo la forma de la «moral» y que sus objetivos adoptan la forma del «ideal». Hasta aquellos escritores y pensadores burgueses que están relativamente imbuidos en profundidad en la dialéctica de la historia, se pierden de esta guisa en lo mítico-nebuloso o permanecen desorientados dentro de contradicciones que les resultan insalvables. (Hegel, por ejemplo, en el que Marx constata tanto un «idealismo acrítico» como un «positivismo acrítico»). Incluso cuando ellos reconocen las fuerzas motrices objetivas, reales, del desarrollo social, lo hacen en base a una «consciencia errónea», sin un propósito claro, a menudo incluso contra su voluntad, su conciencia y su propósito. Así, Engels destaca de Balzac (*Linkskurve*, número de marzo de 1932) que su propósito consciente había sido un ensalzamiento de la clase decadente del *ancien regime* francés y que, pese a ello, se había visto «obligado, contrariamente a sus propias simpatías de clase y a sus prejuicios políticos» a ofrecer una imagen precisa y exhaustiva de la sociedad de su tiempo. Su «tendencia», pues, se encuentra en oposición a su creación, su creación es importante a pesar de su «tendencia», no como consecuencia de su «tendencia». (De modo similar ocurre a propósito de Tolstoy y de una serie de escritores notables de la burguesía.)

Esta limitación ideológica no existe para el proletariado. Ello quiere decir que su ser social posibilita al proletariado (y con él, al escritor proletario-revolucionario) superar esta limitación, reconocer con nitidez, tras las formas fetichistas de la sociedad capitalista, las relaciones de clase, el desarrollo de la lucha de clases. Comprender estas relaciones, sus leyes de desarrollo, significa al mismo tiempo comprender la trascendencia del propio proletariado, del papel del factor subjetivo en aquel, así como la definición de este factor subjetivo a través del desarrollo histórico-económico objetivo, y la función activa de este factor subjetivo en la transformación de las condiciones objetivas. Esta comprensión no es un producto mecánico-inmediato del ser social y precisa ser asimilada. No obstante, el proceso de esta asimilación es también, al mismo tiempo, producto de la estratificación interna (material e ideológica) del proletariado, a la par que es promotor del desarrollo del proletariado desde la «clase en sí» hasta la «clase para sí» (Marx: Miseria de la Filosofía) y de su organización interna para el cumplimiento de su tarea histórico-universal (nacimiento de sindicato, partido, su posterior desarrollo, etc.).

Si el factor subjetivo es concebido de esta manera en la historia (y así es cómo ha de concebirlo el escritor proletario-revolucionario que muestra dominio del materialismo dialéctico), en tal caso, todos los problemas que más arriba hemos tratado a propósito de la «tendencia» dejan de suponerle tales problemas. Este rechaza el dilema entre «arte puro» y «arte de tendencia». Pues en su exposición, que es una exposición de la realidad objetiva con sus fuerzas motrices reales, con sus tendencias de desarrollo reales, no hay espacio para un «ideal», ni moral ni estético. El escritor no incorpora exigencias «externas» a su conformación de la realidad porque su propia conformación de la realidad debe abarcar el destino de aquellas exigencias, que nacen de manera concreta y real de la lucha de clases, como momentos integrantes de la realidad objetiva, en su surgimiento a partir de ella, en su efecto sobre ella, si quiere retratar la realidad de manera cierta (o dialéctica). Con ello rechaza paralelamente, no obstante, el otro dilema de la inclusión «tendenciosa» de «tendencia» en la conformación de la confrontación desnuda y directa entre «tendencia» y reproducción de la realidad. El escritor no precisa dislocar la realidad, enderezarla, pintarla tendenciosamente de otra manera, pues su exposición, si se trata de una exposición cierta, dialéctica, se edifica precisamente sobre la comprensión de aquellas tendencias (en el legítimo sentido marxista de la palabra) que se imponen en el desarrollo objetivo. Y ninguna «tendencia» puede y debe aplicarse a esta realidad objetiva como «exigencias», porque las exigencias que el escritor representa son partes integrales de la dinámica natural de la propia realidad, al tiempo que son consecuencias y presuposiciones de aquella.

De todo ello se desprende claramente que la abjuración de la «tendencia» no hace alusión de ninguna de las maneras al «torreón elevado» freiligrathiano del escritor que se alzaría «sobre las almenas del partido» (a lo que tiende Mehring de vez en cuando a pesar de su defensa ecléctica de la «tendencia». Véase *Obras* II, 107). En el extremo opuesto, «la verdadera reproducción dialéctica y la recreación literaria de la realidad presuponen la parcialidad del escritor». Ciertamente, por otra parte, no se trata de una «parcialidad general» herweghiana, abstracta, al arbitrio subjetivista, sino de una parcialidad al servicio de la clase portadora del progreso histórico en nuestra época: la clase proletaria; una parcialidad para bien de aquel «segmento de la clase, de aquel partido cuyos miembros se diferencian sólo de los demás proletarios» en que, de una parte, ponen de relieve y hacen valer los intereses comunes, independientes de cualquier nacionalidad, de todo el proletariado en las diferentes luchas nacionales de los proletarios y, de otra parte, en que aquellos representan en todo momento los intereses del movimiento global en los distintos estadios de desarrollo que recorre la lucha entre proletariado y burguesía» (*Manifiesto comunista*, II. Proletarios y comunistas).

Esta parcialidad no se encuentra en contradicción (como «tendencia», o como «tendencioso») con la objetividad en la reproducción y recreación de la realidad. Es, antes al contrario, la «condición previa para la objetividad auténtica (dialéctica)». En oposición a la «tendencia», donde la posición favorable a algo significa su elevación idealista a los altares y, en caso contrario, su deformación, en oposición a la «imparcialidad», cuyo lema (nunca llevado a la praxis) dice: «comprenderlo todo es excusarlo todo», que implica una posición inconsciente y, por tanto, casi siempre falaz, en esta parcialidad es alcanzada trabajosamente precisamente aquella posición que hace posible la comprensión y la recreación del proceso completo como totalidad sintetizada de sus auténticas fuerzas motrices, como reproducción permanente y elevada de las contradicciones dialécticas latentes en él. Esta objetividad se refiere, no obstante, a la determinación cierta (dialéctica) de la relación de la subjetividad respecto a la objetividad, del factor subjetivo respecto al desarrollo objetivo; a la unidad dialéctica de teoría y praxis. Los análisis de Marx, Engels y Lenin nos proveen de modelos sobre cómo ha de concebirse esta unidad dialéctica. Doy sólo un ejemplo:

«Es asunto de la burguesía fomentar el monopolio, dar caza a niños y a mujeres en las fábricas, arruinarlos y explotarlos y sentenciarlos a la necesidad más extrema. No "demandamos" un desarrollo de ese tipo, no lo "amparamos", sino que luchamos contra él. Pero ¿cómo podemos luchar? Sabemos que los monopolios y el trabajo de las mujeres en la fábrica son el progreso. No queremos regresar al trabajo artesanal, al capitalismo sin monopolio y al trabajo doméstico de las mujeres. ¡Marchemos hacia adelante a través de los monopolios y todo lo demás y de ahí al socialismo!» (Gegen den Storm).

La parcialidad en este sentido no es, pues, una designación nueva para un viejo asunto. No se trata, por tanto, de que en adelante coloquemos la palabra «parcialidad» en el lugar de la palabra «tendencia» y de que, por lo demás, todo siga como antes. No. La terminología no es nunca casual. Que heredáramos la palabra «tendencia» de la teoría y la práctica de la literatura de la burguesía oponente (y que ni siquiera la tomáramos de la época de esplendor de su desarrollo revolucionario) fue, como se demostró antes, una señal de que en este ámbito también con esta palabra habíamos asumido conjunta y simultáneamente un bagaje ideológico nada despreciable. Hoy, cuando en todos los aspectos sometemos la herencia ideológica de la Segunda Internacional a una revisión fundamental en nuestra propia teoría y praxis, hemos de poner una atención rigurosa, en nuestra teoría de la literatura y en su praxis, en no seguir arrastrando con nosotros el bagaje burgués transmitido a través de la Segunda Internacional, la cual pone obstáculos a nuestra progresión.

Hemos tratado de elucidar sucintamente lo que significa la teoría de la «tendencia». Como conclusión tan sólo queremos plantear la siguiente cuestión: ¿esta teoría ha existido sin incidencia sobre nuestra praxis? Por supuesto que no. Con ello no pensamos solamente en la praxis literaria del trotskismo en todas sus variantes (conscientes o no conscientes), sino que nos referimos también a «nuestra mejor literatura hasta la actualidad». ¿Ha prosperado realmente en ella aquella ruptura encaminada a la parcialidad que hace posible una conformación dialéctico-objetiva de todo el proceso histórico de nuestra época? La formulación clara de la cuestión es sinónimo de una respuesta negativa. Nuestra literatura, también en sus mejores productos, está aún cargada de «tendencia». Pues no siempre consigue, en absoluto, conformar como disposición y como hecho propiamente dimanantes de todo ese proceso, como momentos imprescindibles inherentes a este proceso objetivo de la realidad, aquello que dispone y hace el segmento de proletariado con conciencia de clase (merced a su implicación directa en las fuerzas motrices de dicho proceso), como representante de los grandes intereses histórico-universales. El lugar de la «conformación del factor subjetivo» del desarrollo revolucionario es ocupado con demasiada frecuencia por un mero «deseo» subjetivo (por desestructurado) del autor: una «tendencia». Y cuando el autor declara ese deseo como objetivo y como satisfecho, en lugar de conformar veraz, dialécticamente el factor subjetivo con su disponer y su hacer, en tal caso la exposición deviene «tendenciosa». No tenemos ninguna razón para negar estos errores y deficiencias. Menos aún para relegarlos al ámbito de los «fallos técnicos» o de la «falta de destreza técnica». El método que desenmascara nuestros errores, que revela su raíz (la herencia todavía no saldada de la Segunda Internacional), es al mismo tiempo el método que nos ayuda a superarlos: la dialéctica materialista, el marxismo-leninismo. Parcialidad en lugar de «tendencia» es un aspecto (importante), en el que podemos y debemos completar la ruptura encaminada al aprovechamiento del marxismo-leninismo para nuestro método creativo.

COMITÉ PROVISIONAL DE LA UNIÓN DE ESCRITORES Y ARTISTAS REVOLUCIO-
NARIOS, «LLAMAMIENTO DE LA UNIÓN DE ESCRITORES Y ARTISTAS
REVOLUCIONARIOS». *El pueblo*, Valencia, 7 de mayo de 1933.[1]

A todos los escritores, artistas, intelectuales y estudiantes. A todos los que simpaticen con el movimiento intelectual revolucionario.

Un viento de tragedia sopla en el paisaje universal. Los altos edificios del capitalismo se resquebrajan y se hunden con estrépito en las cinco partes del mundo. Los propios administradores de ese caos hablan en su alfabeto técnico de crisis económica y formulan con suficiencia científicas recetas inútiles.

La sociedad capitalista que ha devenido absurda y parasitaria, ha llegado al final de sus destinos. Sus formas de convivencia obstruyen los cauces de la historia, amenazan impedir el desarrollo de la vida. De hecho, ya no cabe en este régimen del siglo XX nada vivo, optimista y humano. Los hechos están ahí, diariamente, acusando con su fría y terca objetividad: ¡Superproducción! En el Canadá se quema el trigo; en el Brasil se arroja el café al mar...

¡Paro forzoso! Miles y millones de obreros sin trabajo en los Estados Unidos, en Inglaterra, en Alemania, en España... ¡Aniquilamiento de miles y miles de vidas en las guerras de los imperialismos! El Japón despliega todo el lujo de la «civilización»; aeroplanos, tanques, ametralladoras destrozando bárbaramente las masas de obreros y campesinos hambrientos e indefensos de China. En Suramérica, los grandes imperialismos fomentan e incitan a colisiones sangrientas entre países hermanos. En la Sociedad de Naciones, las grandes potencias de la política internacional ensayan mil gestos pacifistas, demagógicos y sentimentales: mil, dos mil, veinte mil millones para los presupuestos de guerra de España, de Italia, de Francia...

...Y en medio de este mundo caduco que agoniza, acentuando lo violento del contraste, el régimen obrero de la URSS, que edifica victorioso la economía socialista –base de una sociedad sin clases– en la sexta parte del globo, rescatada al destino de miseria y ruina.

A través de los violentos embates de la tempestad, se van formando cada día más claramente los frentes históricos. De un lado la burguesía internacional deriva alteradamente hacia un régimen de terror fascista, desencadenando para su defensa todas las fuerzas de destrucción y aniquilamiento. De otro lado las clases obreras, explotadas y oprimidas, organizan su frente de defensa y lucha; un reguero de huelgas y luchas revolucionarias atraviesa el planeta.

El momento decisivo se acerca. Los dos frentes se van a jugar su existencia histórica en una violenta batalla sin cuartel.

---

1. Reimpreso en Brihuega, Jaime, *La vanguardia y la República*, Madrid, Cátedra, 1982, pp. 321-325.

En esta atmósfera social «se realiza hoy la vida de cultura». El ritmo acelerado de la crisis mundial desplaza rápidamente las clases intelectuales al campo del proletariado. En toda Europa los médicos, profesores y artistas –la base material de la cultura– son reducidos a una vida cada día más difícil. Cunde el paro y la miseria entre ellos. Al mismo tiempo, la prensa e instrumentos de la cultura pierden vigor y son envilecidos por la burguesía –que los tiene en sus manos– utilizándolos para oprimir las fuerzas espirituales del pueblo, para embrutecer las mentes de los trabajadores: un cinema desmoralizador que fabrica en serie millones de obras sentimentales y estúpidas, que degradan y pervierten la inteligencia de las masas; una literatura, un teatro pornográficos, chabacanos, sin contenido humano; una prensa podrida y rastrera al servicio de los grandes capitalistas...

Una ola de barbarie inunda la tierra. La burguesía es hostil a la cultura y no puede dejar de serlo; esta es la verdad que se desprende de la realidad burguesa, de la práctica de los estados capitalistas. Que un día reconociera como necesario cerrar todas las universidades, no tendría nada de sorprendente. En 1914 destruyó la biblioteca y la Universidad de Lovaina, y hoy los cañones del imperialismo japonés la Universidad de Tonskir, Escuela de Pesca, Universidad de Shangai, etc., sin que estos actos monstruosos indignen a los «ilustres representantes de la civilización y de la cultura».

El registro de la barbarie histórica, el final de este proceso de la clase burguesa, lo estamos viendo hoy con entera claridad y evidencia en los últimos acontecimientos de Alemania, la cabeza de la cultura moderna, donde son cerradas las escuelas en las que no se enseña religión. Donde son expulsados de la universidad los profesores que llevan apellido judío, donde se impone a la intelectualidad, con la fuerza de los rotundos razonamientos de las pistolas y las bayonetas, la «concepción del mundo» nacionalsocialista.

En medio de esta épica lucha y esta formidable agitación que hoy conmueve al mundo, los intelectuales, los artistas, los escritores, se ven condenados a venderse, a ser utilizados como instrumentos por una burguesía corrompida y sin fuerza vital, o a luchar al lado de la revolución para salvar su vida y la vida de la cultura. Cuando en estas horas universales de crisis y decadencia de la sociedad y de la cultura, todos los problemas humanos adquieren un vigor dramático y elevan la vida a tono agudo de intensidad y de energía, el desentenderse de ella, el recluirse en la soledad para producir una literatura y un arte puros y deshumanizados, es una cobarde deserción y un crimen de lesa cultura. Nosotros no queremos volver la espalda al mundo; por el contrario, intentamos sumergirnos en el espumoso torrente de la vida, y con las armas de la inteligencia y del espíritu de epopeya por abrir brecha en la historia, por la creación de nuevas formas de vida, por un nuevo mundo y por una nueva civilización más justa y más humana.

Definida nuestra posición, invitemos a todos los intelectuales, escritores, artistas, estudiantes, a todos los que simpaticen con el movimiento intelectual revolucionario, a la asamblea de constitución de la UEAR, que se celebrará en el Ateneo Científico, calle del Mar, 23, hoy a las diez y media de la mañana.

¡Por un arte, por una literatura, por un cinema, por una cultura al servicio de la revolución, acudid todos a la asamblea de la UEAR!

El Comité Provisional.

DAVID ALFARO SIQUEIROS, «PLÁSTICA DIALÉCTICO-SUBVERSIVA». *Contra*, Buenos Aires, julio de 1933.

FORMA PLASTICA

La marcha diaria por el camino de su objetivo final, el paso por el periodo de ilegalidad para la plástica revolucionaria, le dará a la plástica de agitación y propaganda el estilo dialéctico subversivo que necesita; el estilo correspondiente, su propio lenguaje, su propia metodología, SU PROPIA FORMA, es decir, la forma de la plástica de la época de lucha proletaria final contra el estado capitalista, forma que nada tendrá de común con las formas secas del pasado, ni con las formas *snobs* y excéntricas del presente. Esta forma no será ni académica ni modernista; será dialéctica y subversiva, es decir, lógicamente materialista, objetiva y dinámica. Se parecerá en esencia a la técnica que tiene que aplicar un buen conferencista marxista o un elocuente orador proletario revolucionario. La forma será el producto de las necesidades de una clara expresión y de una poderosa psicología revolucionaria.

IMPULSO CREADOR

La convicción, esa fuerza ideológica generatriz del arte dentro de las sociedades divididas en clases, es por ahora motor de acción impetuosa, solamente para el joven proletario revolucionario. La burguesía decrépita esta en plena descomposición ideológica. Su convicción es llama sin fuego. La voz cascada de su mortal escepticismo se escucha ya en todo el mundo y en todos los sectores de la vida. Por eso mismo, los pintores adictos a la lucha del proletariado tienen exclusivamente la palabra. Solamente ellos pueden producir arte emocionado y trascendentalmente representativo de la época actual. Solamente ellos pueden crear la estética del fin, de la vieja sociedad burguesa y del principio de la nueva sociedad comunista. Los otros, los adictos a la ideología burguesa, padecen la misma terrible degeneración. Su obra es el espejo de la decadencia capitalista.

PRODUCCIÓN PRESENTE Y FUTURA HOY

Plástica subversiva de ilegalidad durante el periodo actual y de asalto definitivo al poder por parte del proletariado. Plástica de proporciones materiales reducidas, de rápida ejecución, es decir, de ejecución mecánica de la mayor capacidad circulativa, es decir, de la más amplia multiejemplaridad; plástica de máxima psicología subversiva. Utilización de todas las oportunidades posibles de plástica monumental descubierta, para la formación de equipos que anticipen la técnica primordial del futuro próximo.

MAÑANA

Plástica de afirmación y edificación socialista para el periodo transitorio de dictadura proletaria. Plástica de combate definitiva, liquidadora de los residuos del poder capitalista. Plástica de captación ideológica definitiva de las grandes masas. Plástica de afirmación doctrinaria. Plástica monumental de máximo servicio público, es decir, plástica extraordinariamente mecánica-dialéctica. Plástica multiejemplar de vastas proporciones producida con los rotativos arrebatados a la especulación burguesa.

DESPUÉS

Plástica de la sociedad comunista ya edificada. Plástica integralmente humana, libre ya por completo de la opresión de las clases dominantes y de toda perturbación política. Plástica realmente pura por primera vez en la historia del mundo. Es decir: plástica bella de por sí, ajena por completo a toda intención anecdótica, descriptiva, imitativa, decorativa. Plástica de valor absoluto, intrínsecamente hablando sin nada de manía filosófica o literaria. Plástica generada por el solo placer inmenso de las texturas y de las formas y de los volúmenes y de los colores y de los ritmos de estos entre sí, por las texturas mismas y por las formas mismas y por los volúmenes mismos y por la coordinación de todos estos elementos entre sí, sin contar historias, sin pronunciar discursos, sin hablar de moral, etc., etc. Vestimenta plástica de la arquitectura, acentuadora de la anatomía de esta. Plástica PLÁSTICA, para el servicio del más fino sentimiento estético de los hombres. La realización de un alto sentido de belleza que los mejores seres de todos los tiempos anhelaron para la humanidad entera y por lo cual lucharon utópicamente, sin saber que un fruto tal solamente podía florecer en una sociedad sin lucha de clases, esto es, en un sociedad comunista integral. Sin saber tampoco que ese fruto no podía ser realidad sino mediante el sacrificio de millones de proletarios y sin la muerte total de la sociedad capitalista explotadora de los hombres y opresora de la belleza.

Luis Alonso Sender, «Por una literatura proletaria». *Octubre*, Madrid, agosto-septiembre de 1933.

> Camaradas obreros y campesinos: La revista *Octubre* no es una revista de minorías. Es una revista para vosotros. Debéis tomar parte en ella, enviándonos vuestras impresiones del campo y de la fábrica, críticas, biografías, artículos de lucha, dibujos. La cultura burguesa agoniza, incapaz de crear nuevos valores. Los únicos herederos legítimos de toda la ciencia, la literatura y el arte que han ido acumulando los siglos, son los obreros y campesinos, la clase trabajadora, que, como dice Carlos Marx, es la que lleva en sí el porvenir.

ENCUESTA
Pregunta: ¿Qué libro de cualquier clase de literatura os ha impresionado más y por qué?

Respuesta: Antes de nada, un saludo cordial y sincero a la dirección y administración de *OCTUBRE* por su orientación perfectamente clasista, que abre de par en par las columnas de tan magnífica revista a la clase obrera, que indiscutiblemente lleva en sí el germen de una sociedad infinitamente más justa que la actual.

Aparte las innumerables obras de literatura burguesa que se han producido, y descontando la impresión de distintos matices que algunas de ellas produjeron en mí, el libro que más profundamente me ha impresionado ha sido *El estado y la revolución*.

Es necesario decir que con ser esta una de las obras fundamentales de Lenin, acaso su obra maestra, seríamos más justos si dijésemos que es injusto, en cierto modo, escoger esta obra que es solamente un eslabón de la cadena de libros geniales que componen su obra, dirigida al fin concreto y glorioso de liberar totalmente a la clase obrera del mundo entero.

Me impresionó dicha obra de manera viva y real porque me dio a entender, sin falsificaciones de ninguna clase, la posición que Carlos Marx (constantemente falseado por las teorías de la Segunda Internacional) adoptó frente al estado capitalista, sacándome del confusionismo que yo tenía sobre el papel que juegan el estado y la democracia burguesa frente a los intereses del proletariado.

Porque me dio a entender también que el marxismo revolucionario considera, de forma terminante, la necesidad que tiene la clase trabajadora de establecer, como etapa transitoria, su propia dictadura de clase hasta llegar a edificar la verdadera sociedad socialista.

Siendo este tema de discusión permanente en nuestros propios medios, no es extraño que me impresionara. Además, la obra citada acabó de deshacer la influencia, perniciosa en extremo, que en mí había ocasionado la literatura burguesa en sus diferentes manifestaciones y sus concepciones embusteras sobre el papel del estado.

Fue Lenin y toda su obra, una y única, quien hizo despertar mi conciencia de clase, librándola para siempre de las falsas enseñanzas de los pedagogos y lacayos del capitalismo. ¡Al maestro del proletariado internacional que, aunque fatalmente desaparecido, vive en el corazón de millares de trabajadores, dedico estas modestísimas opiniones que tienen el gran defecto de no saber reflejar lo que siente mi corazón de proletario por su labor gigantesca y humana!

Luis Alonso Sender
Obrero de la Compañía Madrileña de Tranvías
Talleres número 272
Madrid, 30 de junio de 1933.

ANDREI ZHDANOV, *LA LITERATURA SOVIÉTICA ES LA MÁS IDEOLÓGICA, LA MÁS VANGUARDISTA DEL MUNDO*, discurso ante el Primer Congreso de la Unión de Escritores Soviéticos. Moscú, 1934.*

Camaradas, en nombre del Comité Central del Partido Comunista de los Bolcheviques de la Unión Soviética y del Congreso de Comisarios Populares de la Unión de Repúblicas Socialistas Soviéticas, permitidme dar al Primer Congreso de Escritores Soviéticos y, a través de él, a todos los escritores de nuestra Unión Soviética, con el gran escritor proletario Alexei Maximovich Gorky al frente, un fervoroso saludo bolchevique.

Camaradas, vuestro congreso se reúne en un momento en el que las principales dificultades que obstaculizaban nuestro camino hacia la construcción del socialismo han sido superadas, cuando nuestro país ha asentado ya los cimientos de la economía socialista, gracias a la victoria de la política de industrialización y de creación de granjas estatales y colectivas.

Vuestro congreso se reúne en un periodo en el que, bajo la dirección del Partido Comunista, bajo la conducción genial de nuestro gran jefe y maestro, el camarada Stalin, definitiva e irrevocablemente el régimen socialista ha triunfado en nuestro país. Sucesivamente, de etapa en etapa, de victoria en victoria, del fuego de la Guerra Civil al periodo de reconstrucción y de este al de reestructuración socialista de toda la economía nacional, nuestro partido ha conducido al país al triunfo sobre los elementos capitalistas, desplazándolos de todas las esferas económicas.

La URSS se ha convertido en un país industrial de vanguardia, en un país con la más importante agricultura socialista del mundo. La URSS se ha convertido en un país de avanzada cultura socialista, un país en el que se desarrolla y crece como una flor exuberante nuestra cultura soviética.

Como resultado del triunfo del régimen socialista, se han llevado a cabo en nuestro país la liquidación de las clases parásitas, la eliminación del desempleo, la erradicación de la miseria en las aldeas, la desaparición de los tugurios urbanos. Ha cambiado la fisonomía entera del país de los soviets. Ha cambiado de forma radical la conciencia de la gente. Para nosotros, los «personajes ilustres» son ahora los constructores del socialismo, los obreros y los campesinos de las granjas colectivas.

En íntima relación con los triunfos del socialismo en nuestro país está la consolidación de la posición externa e interna de la Unión Soviética: crecen su peso y autoridad internacionales, se fortalece su identidad como brigada de choque del proletariado mundial, como poderoso baluarte de la futura revolución proletaria mundial.

---

* Traducción y notas de Teresa Muñoz.

El camarada Stalin en el XVII Congreso del Partido ha hecho un análisis genial, insuperable, de nuestros triunfos y de las condiciones en que estos se han producido, así como de nuestra situación en el momento actual, y ha expuesto el programa de trabajo ulterior que pondrá fin a la construcción de la sociedad socialista sin clases. El camarada Stalin ha hecho un análisis concluyente de los aspectos más retrasados de nuestro trabajo y de las dificultades para cuya superación, incansablemente, día tras día, lucha nuestro partido y, bajo su dirección, la masa compuesta por millones de obreros y campesinos de las granjas colectivas.

Necesitamos superar, cueste lo que cueste, el atraso de capítulos tan importantes de la economía nacional como el transporte ferroviario, fluvial y marítimo, la circulación de mercancías, la metalurgia. Necesitamos fomentar el desarrollo de la ganadería, uno de los más importantes sectores de la economía rural socialista.

El camarada Stalin ha revelado hasta el fondo la raíz de nuestras dificultades y carencias. Estas derivan del atraso en las tareas de organización práctica, que a su vez se debe a las exigencias de la línea política del Partido y a las demandas planteadas por la ejecución del segundo plan quinquenal. Es por esto que en el XVII Congreso del Partido se ha reconocido en toda su dimensión la importancia de elevar nuestro trabajo organizativo hasta el mismo nivel que las grandes tareas políticas que aún tenemos por delante. El Partido, bajo la dirección del camarada Stalin, organizará a las masas en la lucha por la definitiva liquidación de los elementos capitalistas, por la superación de las reminiscencias del capitalismo en la economía y la conciencia de la gente, por la conclusión de la reconstrucción técnica de la economía nacional. Superar las reminiscencias del capitalismo en la conciencia de la gente significa luchar contra todo resto de influencia burguesa en el proletariado, contra la indisciplina, contra la negligencia, contra la holgazanería, contra el desenfreno pequeñoburgués y el individualismo, contra las actitudes rapaces e inconscientes frente a la propiedad común.

Tenemos en nuestras manos un arma fiel para la superación de todas las dificultades que obstaculizan nuestro camino. Este arma no es otra que la gran e invencible doctrina de Marx, Engels, Lenin y Stalin, encarnada en la vida de nuestro partido y a través de los soviets.

La gran bandera de Marx, Engels, Lenin y Stalin ha triunfado. Precisamente a esta victoria debemos el que aquí se haya reunido hoy el Primer Congreso de Escritores Soviéticos. Sin esa victoria no hubiera existido vuestro congreso. Un congreso como este no lo convoca nadie más que nosotros, los bolcheviques.

Los éxitos de la literatura soviética están determinados por los éxitos de la construcción socialista. Su progreso es la expresión de los éxitos y los logros de nuestro sistema socialista. Nuestra literatura es la más joven de todas las literaturas de todos los pueblos y países. Al mismo tiempo, es la literatura más rica en ideas, más vanguardista y revolucionaria. No existe ni ha existido nunca una literatura, salvo la soviética, que organizara a los trabajadores y a los oprimidos en la lucha por la abolición definitiva de todo tipo de explotación y del yugo de la esclavitud asalariada. No existe ni ha existido nunca una literatura que pusiera como base de la temática de sus obras la vida de la clase obrera y del campesinado y su lucha por el socialismo. No hay en ningún lugar, en ningún país del mundo, una literatura que defienda y salvaguarde la igualdad de derechos de los trabajadores de todas las naciones, que ampare la igualdad de derechos de las mujeres. No hay y no puede haber en un país burgués una literatura que sucesivamente destruya toda manifestación de oscurantismo, misticismo, clericalismo y superstición, como lo hace la nuestra.

Sólo la literatura soviética, sangre de la sangre y carne de la carne de nuestra construcción socialista, podía convertirse y en verdad se ha convertido en una literatura tan vanguardista, tan ideológica, tan revolucionaria.

Los literatos soviéticos han creado hasta ahora no pocas obras llenas de talento, que ilustran con precisión y honestidad la vida de nuestro país soviético. Existe ya una lista de nombres de los que podemos enorgullecernos con motivo. Bajo la dirección del Partido, a través de la atenta y cotidiana administración del Comité Central y del apoyo y la ayuda infatigables del camarada Stalin, ha cerrado filas en torno al poder soviético y al propio Partido toda la masa de autores soviéticos. Y así, a la luz de los éxitos de nuestra literatura soviética, cada vez más y más ostensiblemente se manifiesta el contraste entre nuestro sistema, el sistema del socialismo triunfante, y el sistema del capitalismo, corrupto y moribundo.

¿Sobre qué puede escribir, con qué puede soñar, con qué entusiasmo puede crear el escritor burgués, de dónde puede tomar prestado ese entusiasmo, si el obrero en los países capitalistas tiene un mañana incierto, si no sabe si trabajará mañana, si el campesino ignora si mañana aún trabajará en su pedazo de tierra o si se arruinará con la siguiente crisis capitalista, si el trabajador intelectual no tiene empleo hoy y no sabe si lo conseguirá mañana?

¿Sobre qué puede escribir el escritor burgués, de qué entusiasmo puede tratarse, si el mundo, si no hoy, mañana, se sumirá de nuevo en la vorágine de una nueva guerra imperialista?

El estado actual de la literatura burguesa es tal que ya no puede crear grandes obras. La decadencia y descomposición de la literatura burguesa, derivadas de la decadencia y corrupción del sistema capitalista, representan el rasgo característico, la particularidad propia de la situación en que se encuentran la cultura y la literatura burguesas en el momento presente. Atrás quedaron irremediablemente los tiempos en los que la literatura burguesa, al expresar el triunfo del sistema burgués sobre el feudalismo, podía crear grandes obras en torno al florecimiento del capitalismo. Ahora asistimos a un empequeñecimiento general, a una creciente mezquindad –también de los talentos, los autores, los héroes.

Con su pánico mortal a la revolución proletaria, el fascismo castiga a la civilización devolviendo al pueblo al periodo más siniestro y salvaje de la historia de la humanidad, reduciendo a cenizas y aniquilando bárbaramente la obra de los mejores seres humanos.

Son característicos de la decadencia y la descomposición de la cultura burguesa el desenfreno de misticismo y oscurantismo clerical, la pasión por la pornografía. Los «personajes ilustres» de la literatura burguesa, esa literatura burguesa que vendió su pluma al capital, son ladrones, detectives, prostitutas, golfos.

Todo esto es propio de ese ámbito de la literatura que intenta disimular la descomposición del sistema burgués, que en vano trata de demostrar que nada ha ocurrido, que todo va bien en Dinamarca y que nada se pudre aún en el sistema capitalista. Aquellos representantes de la literatura burguesa que más agudamente perciben el estado de cosas están absorbidos por el pesimismo, la desconfianza en el día de mañana, el elogio de la noche negra, la celebración del pesimismo como teoría y práctica del arte. Y sólo una parte pequeña, los escritores más honestos y clarividentes, intenta encontrar una salida por otros caminos, en otras direcciones, habiendo unido su destino al del proletariado y su lucha revolucionaria.

El proletariado de los países capitalistas ya está forjando un ejército de literatos, de artistas –escritores revolucionarios a cuyos representantes nos complace dar hoy la bienvenida al Primer Congreso de Escritores Soviéticos. El destacamento de escritores revolucionarios en los países capitalistas aún no es numeroso, pero se está ampliando y continuará ampliándose con cada día de intensa lucha de clases, con el incremento de las fuerzas de la revolución proletaria mundial.

Nosotros creemos firmemente que estas pocas decenas de camaradas extranjeros presentes aquí representan el núcleo y el embrión de un poderoso ejército de escritores proletarios que organizará la revolución proletaria mundial más allá de nuestras fronteras.

Así están las cosas en los países capitalistas. No en el nuestro. Nuestro escritor soviético extrae el material para sus obras artísticas, los temas, las imágenes, el lenguaje artístico y el discurso de la vida y la experiencia de la gente de Dneprostroy[1] y Magnetostroy.[2] Nuestro escritor extrae su material de la epopeya heroica de la tripulación del Chelyuskin,[3] de la experiencia de nuestras granjas colectivas, de la febril actividad creadora en todos los rincones de nuestro país.

---

1. Gran central hidroeléctrica, construida durante el primer plan quinquenal a orillas del río Dnieper.
2. Una de las mayores acerías soviéticas, construida en 1929.
3. Barco rompehielos que en diciembre de 1933 quedó atrapado entre los hielos del estrecho de Bering y fue arrastrado hacia el norte. Sus tripulantes sobrevivieron en condiciones dramáticas durante varios meses, hasta que en la primavera del año siguiente fueron rescatados desde el aire y recibidos como héroes a su llegada a Moscú.

En nuestro país, los héroes principales de las obras literarias son los activos constructores de una vida nueva: los obreros y las obreras, los hombres y las mujeres de las granjas colectivas, los miembros del Partido, los administradores, los ingenieros, los miembros de la Liga de Jóvenes Comunistas, los pioneros. Estos son los caracteres básicos y los héroes básicos de nuestra literatura soviética. Nuestra literatura destila entusiasmo y heroicidad. Es optimista y no debido a algún instinto interno de origen biológico. Es optimista en esencia puesto que es la literatura de la clase emergente del proletariado, la única clase avanzada y progresista. Nuestra literatura soviética es fuerte porque sirve a una nueva causa, la causa de la construcción socialista.

El camarada Stalin ha llamado a nuestros escritores ingenieros del alma humana. ¿Qué significa esto? ¿Qué deberes os impone esta denominación?

Esto significa, en primer lugar, conocer la vida, para saber representarla fielmente en las obras artísticas, y representarla no de modo escolástico, exánime, no simplemente como «realidad objetiva», sino como realidad en su desarrollo revolucionario.

Así, la veracidad y la concreción histórica de la representación artística deben combinarse con el deber ideológico de reformar y educar a los trabajadores en el espíritu del socialismo. Este método aplicado a la literatura y la crítica literaria es lo que nosotros llamamos método del realismo socialista.

Nuestra literatura soviética no teme a las acusaciones de tendenciosidad. Sí, la literatura soviética es tendenciosa, ya que no hay ni puede haber en una época de lucha de clases una literatura que no sea literatura de clase, tendenciosa o falsamente apolítica.

Y yo creo que cada uno de nuestros escritores soviéticos puede decir a cualquier burgués necio, a cualquier fariseo, a cualquier escritor burgués que hable de la tendenciosidad de nuestra literatura: «Sí, nuestra literatura soviética es tendenciosa y estamos orgullosos de ello, porque el objeto de nuestra tendencia es liberar a los trabajadores, a toda la humanidad, del yugo de la esclavitud capitalista.»

Ser ingeniero del alma humana significa tener ambos pies bien plantados sobre el suelo de la vida real. Y esto a su vez significa la ruptura con el romanticismo a la vieja usanza, con el romanticismo que reflejaba una vida inexistente y unos héroes inexistentes, alejando al lector de las contradicciones y la opresión de la vida real hacia un mundo imposible, un mundo de utopías. A nuestra literatura, que está plantada con ambos pies sobre una firme base material, el romanticismo no puede resultarle ajeno, siempre que sea romanticismo de un tipo nuevo, romanticismo revolucionario. Nosotros decimos que el realismo socialista es el método fundamental de la literatura soviética y de la crítica literaria y esto supone que el romanticismo revolucionario debe ser un componente de la creación literaria, ya que la vida entera de nuestro partido, la vida al completo de la clase obrera y su lucha consisten en la combinación del más riguroso y sobrio trabajo práctico con un gran espíritu heroico y unas grandiosas perspectivas de futuro. Nuestro partido siempre ha sido fuerte por el hecho de haber aunado y continuar aunando una particular eficiencia y practicidad con las más amplias perspectivas, con un constante impulso hacia delante, con la lucha por la construcción de la sociedad comunista. La literatura soviética debe saber mostrar a nuestros héroes, debe saber mirar hacia nuestro mañana. Y esto no es una utopía dado que nuestro mañana se prepara ya hoy mediante el trabajo consciente y planificado.

No se puede ser ingeniero del alma humana sin conocer la técnica del trabajo literario y debe señalarse que la técnica de la escritura posee toda una serie de peculiaridades específicas.

Poseéis muchos tipos de armas. La literatura soviética tiene todas las oportunidades para emplear estas armas (géneros, estilos, formas y procedimientos de creación literaria) en toda su diversidad y su alcance, seleccionando lo mejor que se ha creado en este ámbito en épocas precedentes. Desde este punto de vista, el dominio de los aspectos técnicos, la asimilación crítica de la herencia literaria de todas las épocas representan en sí mismos una tarea sin cuyo cumplimiento no llegaréis nunca a ser ingenieros del alma humana.

Camaradas, el proletariado, como en otros ámbitos de la cultura material y espiritual, es el único heredero de lo mejor del acervo literario mundial. La burguesía dilapidó su herencia literaria, nosotros estamos obligados a recogerla con cuidado, estudiarla y, una vez la hayamos asimilado críticamente, avanzar más allá.

Ser ingeniero del alma humana significa luchar activamente por la cultura del lenguaje, por la calidad de las obras. Nuestra literatura todavía no responde a las exigencias de nuestra época. La debilidad de nuestra literatura refleja el desfase de la conciencia con respecto a la economía, el cual, sin duda, afecta también a nuestros literatos. Por ello, la ejercitación constante de uno mismo y del propio bagaje ideológico en el espíritu del socialismo representa esa condición indispensable sin la cual los literatos soviéticos no pueden remodelar la conciencia de sus lectores ni convertirse ellos mismos en ingenieros del alma humana.

Necesitamos alcanzar una elevada maestría en el campo de la creación artística y, en este sentido, resulta inestimable la ayuda que Alexei Maximovich Gorky presta al partido y al proletariado en la lucha por la calidad literaria, por un lenguaje culto.

Así, los escritores soviéticos cuentan con todas las condiciones necesarias para crear obras, como se dice, consonantes con la época, obras de las que podrán aprender los contemporáneos y que serán el orgullo de futuras generaciones.

Se han creado todas las condiciones necesarias a fin de que la literatura soviética pueda producir obras que respondan a las exigencias culturales de las masas crecientes. Y es que sólo nuestra literatura tiene la posibilidad de estar tan estrechamente ligada a sus lectores, a la vida de los trabajadores, como sucede en la

Unión de Repúblicas Socialistas Soviéticas. El presente congreso es, en este aspecto, especialmente significativo. El Congreso no lo han preparado sólo los literatos, sino, junto a ellos, todo el país. A lo largo de esta preparación se han puesto de manifiesto el amor y la atención con los que el partido, los obreros, los campesinos de las granjas colectivas rodean a los escritores soviéticos, la delicadeza y también el grado de exigencia que demuestran la clase obrera y los campesinos de las granjas colectivas ante los literatos soviéticos. Sólo en nuestro país la literatura y los escritores son alzados hasta esas alturas.

Organizad el trabajo de vuestro congreso y la labor de la Unión de Escritores Soviéticos para que en el futuro la obra de los escritores responda al esplendor de la victoria socialista.

Lograd creaciones de elevada maestría y elevado contenido ideológico y artístico.

Sed los responsables activos de la remodelación de la conciencia popular en el espíritu del socialismo.

Manteneos en posiciones de vanguardia en la lucha por una sociedad socialista sin clases.

ANTONIO GRAMSCI, «OBSERVACIONES SOBRE EL FOLCLORE», 1935. *Quaderni del carcere*, n° 27, § 1, Einaudi, Roma, 1975.*

Giovanni Crocioni[1] (en el libro *Problemi fondamentali del folclore*, Boloña, Zanichelli, 1928) critica como confusa e imprecisa la clasificación del material folclórico propuesta por Pitrè[2] en 1897 en el prólogo a *Bibliografia delle tradizioni popolari* y propone su propia clasificación en cuatro secciones: arte, literatura, ciencia y moral del pueblo. Pero también esta clasificación es criticada como imprecisa, mal definida y demasiado vaga. Raffaele Ciampini[3] en la *Fiera letteraria* del 30 de diciembre de 1928, se pregunta «¿es científica? ¿Cómo, por ejemplo, incluir en ella las supersticiones? ¿Y qué quiere decir una moral del pueblo? ¿Cómo estudiarla científicamente? ¿Y, entonces, por qué no hablar también de religión del pueblo?» Puede decirse que, hasta ahora, el folclore ha sido estudiado como un elemento «pintoresco» (en realidad, hasta ahora sólo se han recogido materiales para la erudición y la ciencia del folclore ha consistido sobre todo en el estudio de los métodos para reunir, seleccionar y clasificar tales materiales, es decir, en el estudio de las cautelas prácticas y de los principios empíricos necesarios para desarrollar provechosamente un aspecto particular de la erudición; y con ello no se menoscaba la importancia y el significado histórico de algunos grandes estudiosos del folclore). Se debería estudiar, por el contrario, como «concepción del mundo y de la vida» implícita en gran medida en determinados estratos (determinados en el tiempo y en el espacio) de la sociedad, en contraposición (también esta en su mayor parte implícita, mecánica, objetiva) a las concepciones del mundo «oficial» (o, en sentido más amplio, de las partes cultas de las sociedades históricamente determinadas) que se han sucedido en el desarrollo histórico (por tanto, la misma relación entre folclore y «sentido común» que constituye el folclore filosófico). Concepción del mundo no sólo no elaborada y no sistemática, porque el pueblo (es decir, el conjunto de las clases subalternas e instrumentales de cualquier sociedad que haya existido hasta ahora) por definición no sólo no puede tener concepciones elaboradas, sistemáticas y políticamente organizadas y centralizadas durante su contradictorio desarrollo, sino compuestas –no ya en el sentido de diferentes, sino también en el sentido de estratificadas de lo más tosco a lo menos tosco– sino que, además, debe hablarse de un aglomerado indigesto

---

* Traducción de Juan José Gómez. La presente versión está tomada de Antonio Gramsci, *Folclore e senso comune*, Editori Riuniti, Roma, 1992.
1. Giovanni Crocioni (1870-1954). Poeta dialectal y teórico del localismo cultural, estudioso de las tradiciones populares de Las Marcas.
2. Giuseppe Pitrè (Palermo 1841-1916). Estudioso de las tradiciones populares sicilianas. Su *Biblioteca delle tradizioni popolari siciliane* (1871-1913) se considera el primer trabajo científico sobre el folclore en Italia.
3. Raffaele Ciampini (1895-1976). Historiador italiano.

de fragmentos de todas las concepciones del mundo y de la vida que se han sucedido en la historia, de la mayor parte de las cuales, sin embargo, sólo en el folclore se encuentra la documentación que ha sobrevivido, mutilada y contaminada. También el pensamiento y la ciencia moderna proporcionan nuevos elementos al «folclore moderno», en cuanto ciertas nociones científicas y ciertas opiniones, sacadas de contexto y más o menos desfiguradas, caen continuamente en poder del pueblo y se «insertan» en el mosaico de la tradición (*La scoperta dell'America* de C. Pascarella[4] muestra cómo las nociones, difundidas por los libros de texto y las «universidades populares», sobre Cristóbal Colón y sobre toda una serie de opiniones científicas, pueden asimilarse de forma extravagante). El folclore sólo puede entenderse como reflejo de las condiciones de vida cultural del pueblo, si bien ciertas concepciones propias del folclore se mantienen incluso después de que las condiciones hayan (o parezcan haber sido) modificadas, o den lugar a combinaciones extrañas.

Ciertamente, existe una «religión del pueblo», especialmente en los países católicos y ortodoxos, muy diferente de la de los intelectuales (que sean religiosos) y, especialmente, de aquélla orgánicamente producida por la jerarquía eclesiástica. –si bien puede sostenerse que todas las religiones, incluso las más pulidas y refinadas, son «folclore» en comparación con el pensamiento moderno, con la diferencia capital de que las religiones, y la católica en primer lugar, han sido, precisamente, «elaboradas y producidas» por los intelectuales y la jerarquía eclesiástica y, por tanto, presentan problemas especiales (queda por ver si tal producción no es necesaria para mantener al folclore en situación diseminada y compuesta: las condiciones de la Iglesia antes y después de la Reforma y el Concilio de Trento y el diferente desarrollo histórico-cultural de los países reformados y de los ortodoxos después de la Reforma y Trento son elementos muy significativos). Así, es verdad que existe una «moral del pueblo», entendida como un conjunto determinado (en el tiempo y en el espacio) por máximas para la conducta práctica y por costumbres que derivan o han sido producidas por ellas; una moral que está estrechamente ligada, como la superstición, a las creencias religiosas reales: existen imperativos que son mucho más fuertes, tenaces y efectivos que los de la «moral» oficial. También en esta esfera hay que distinguir estratos diversos: aquellos fosilizados que reflejan condiciones de vida pasada y, por tanto, son conservadores y reaccionarios, y aquellos que suponen una serie de innovaciones, a menudo creativas y progresistas, determinadas espontáneamente por formas y condiciones de vida en proceso de desarrollo y que están en contradicción, o son solamente diferentes, de la moral de los estratos dirigentes.

Ciampini encuentra muy justa la necesidad planteada por Crocioni de que el folclore se enseñe en las escuelas en las que se preparan los futuros enseñantes, pero después niega que se pueda plantear la cuestión de la utilidad del folclore (hay, sin

---

4. Cesare Pascarella (1858-1940). Poeta y viajero romano.

duda, confusión entre «ciencia del folclore», «conocimiento del folclore» y «folclore», es decir, «existencia del folclore». Parece que Ciampini quiere decir aquí «existencia del folclore», de modo que el enseñante no debería combatir la concepción tolemaica, que es propia del folclore). Para Ciampini, el folclore es un fin en sí mismo o sólo tiene la utilidad de ofrecer a un pueblo los elementos para un conocimiento más profundo de sí mismo (aquí el folclore debería significar «conocimiento y ciencia del folclore»). Estudiar las supersticiones para erradicarlas sería, para Ciampini, como si el folclore se matase a sí mismo ¡mientras que la ciencia no es más que conocimiento desinteresado, fin en sí misma! Pero, entonces ¿por qué enseñar el folclore en las escuelas que preparan a los enseñantes? ¿Para aumentar la cultura desinteresada de los maestros? ¿Para mostrarles lo que no deben destruir?

Según parece, las ideas de Ciampini son muy confusas e incluso internamente incoherentes ya que, en otro lugar, el propio Ciampini reconocerá que el estado no es agnóstico, sino que tiene su concepción de la vida y tiene el deber de difundirla, educando a las masas nacionales. Pero esta actividad formativa del estado que se expresa, más que en la actividad política general, especialmente en la escuela, no se desempeña en la nada y de la nada: en realidad, está en concurrencia y es contradictoria con otras concepciones explícitas e implícitas y, entre estas, el folclore no es la menor ni la menos resistente y, por tanto, debe ser «superado». Conocer el folclore significa por tanto para el enseñante conocer qué otras concepciones del mundo y de la vida operan de hecho en la formación intelectual y moral de las generaciones más jóvenes para extirparlas y sustituirlas por concepciones que se consideran superiores. De las escuelas primarias a las... cátedras de agricultura, en realidad, el folclore ya había sido sistemáticamente derrotado: la enseñanza del folclore a los maestros debería reforzar aun más esta labor sistemática. Es cierto que, para alcanzar el fin, habría que transformar el espíritu de la investigación folclórica en lugar de profundizar en él y difundirlo. El folclore no debe concebirse como una extravagancia, una extrañeza o un elemento pintoresco, sino como una cosa muy seria que hay que tomar en serio. Sólo así la enseñanza será más eficiente y determinará realmente el nacimiento de una nueva cultura en las grandes masas populares, es decir, desaparecerá la separación entre cultura moderna y cultura popular o folclore. Una actividad de este tipo, realizada en profundidad, correspondería en el plano intelectual a lo que ha sido la reforma en los países protestantes.

Filosofía y «filosofías espontáneas»

Hay que destruir el muy difundido prejuicio de que la filosofía es una cosa muy difícil por el hecho de ser la actividad intelectual de una determinada categoría de científicos especialistas o de filósofos profesionales y sistemáticos. Hay, por tanto, que demostrar preliminarmente que todos los hombres son «filósofos», definiendo los límites y el carácter de esta «filosofía espontánea», propia de «todo el mundo» y, por tanto de la filosofía que se contiene: 1) en el propio lenguaje, que es un conjunto de nociones y de conceptos determinados y no ya y sólo de palabras vacías de contenido; 2) en el sentido común o buen sentido 3) en la religión popular y también, por tanto, en todo el sistema de creencias, supersticiones, opiniones, modos de ver y de operar que están presentes en lo que generalmente se llama «folclore».

Habiendo demostrado que todo el mundo es filósofo, aunque sea a su manera, inconscientemente porque, incluso en la manifestación mínima de cualquier actividad intelectual, el «lenguaje», se contiene una concepción del mundo determinada, se pasa al segundo momento, al momento de la crítica y de la conciencia, es decir, a la cuestión. ¿Es preferible «pensar» sin tener conciencia crítica, de forma disgregada y ocasional, es decir, «participar» de una concepción del mundo «impuesta» mecánicamente por el ambiente externo y, por consiguiente, por uno de tantos grupos sociales en los cuales todos son automáticamente incluidos desde que entran en el mundo consciente (y que puede ser el propio pueblo o la provincia, que puede tener su origen en la parroquia y en la «actividad intelectual» del cura o del viejo patriarcal cuya «sabiduría» se hace ley, en la mujercilla que ha heredado el saber de las brujas o en el pequeño intelectual agriado en su propia estupidez e impotencia al actuar) o es preferible elaborar la propia concepción del mundo consciente y críticamente y, por tanto, en conexión con la actividad del propio cerebro, elegir la propia esfera de actividad, participar activamente en la producción de la historia del mundo, ser guía de sí mismo y no aceptar pasiva e ignorantemente la impronta exterior a la propia personalidad?

Nota I. Por la concepción propia del mundo se pertenece siempre a un grupo determinado, el de todos los elementos sociales que comparten el mismo modo de pensar y de actuar. Se es siempre conformista de cierto conformismo; se es siempre hombre-masa u hombre-colectivo. La cuestión es esta: ¿de qué tipo histórico es el conformismo, el hombre masa del que se forma parte? Cuando la concepción del mundo no es crítica y coherente, sino ocasional y disgregada, se pertenece simultáneamente a una multiplicidad de hombres-masa, la propia personalidad se compone de manera extraña: se encuentran en ella elementos del hombre de las cavernas y principios de la ciencia más moderna y avanzada, prejuicios de todas las fases históricas pasadas limitadamente localistas e intuiciones de una filosofía futura que será la propia del género humano unificado mundialmente. Criticar la propia concepción del mundo significa, por tanto, hacerla unitaria y coherente y elevarla al punto que ha alcanzado el pensamiento mundial más avanzado. Significa, por tanto, criticar también toda la filosofía que ha existido hasta ahora, en cuanto que esta ha dejado estratificaciones consolidadas en la filosofía popular. El comienzo de la elaboración crítica y la conciencia de lo que realmente existe, es decir, un «conócete a ti mismo» como producto del proceso histórico que ha tenido lugar hasta ahora que ha dejado en ti mismo una infinidad de trazas sin el beneficio de un inventario. Inicialmente, es necesario hacer tal inventario.

FERNAND LÉGER, «EL NUEVO REALISMO CONTINÚA». *La querelle du realisme.* París, 1936.*[1]

Cada periodo del arte tiene el suyo propio, lo inventa más o menos en relación con el de periodos precedentes. A veces reacciona en su contra, otras veces continúa en la misma línea.

El realismo de los primitivos no es el del Renacimiento y el de Delacroix es diametralmente opuesto al de Ingres.

Querer explicar por qué y cómo resulta imposible. Es algo que se siente y existe el riesgo de que las razones lo enturbien todo antes que aclararlo. Lo que sí es cierto es que no hay un periodo arquetípico de lo bello, una época de una belleza superior que pudiera servir de criterio, de base, de punto de comparación. Nada permite al artista creador, cuando la duda asalta su corazón, aferrarse a un juicio pasado. Debe apurar su fatalidad. Es la soledad más grande. Este es el drama de todos los hombres condenados a inventar, a crear, a construir.

El error de las escuelas reside en haber querido establecer una jerarquía de la calidad (el Renacimiento italiano, por ejemplo); es algo indefendible.

El realismo varía por el hecho de que el artista vive en una época diferente, en un medio nuevo y dentro de un orden de pensamiento general que domina e influencia su espíritu.

Vivimos, desde hace medio siglo, unos tiempos extremadamente rápidos, ricos en evoluciones científicas, filosóficas y sociales. Esta rapidez ha permitido, creo yo, la precipitación y la materialización del nuevo realismo, bastante diferente de las concepciones plásticas precedentes.

Fue el impresionismo el que rompió filas. Cézanne en particular; le siguieron los modernos acentuando la liberación. Hemos liberado el color y la forma geométrica. Ambos han conquistado el mundo. Este realismo nuevo ha comandado totalmente los últimos cincuenta años, tanto en la pintura de caballete como en el arte decorativo de exterior e interior.

Los lienzos originales que permitieron esta evolución han sufrido el reproche de haber sido acaparados por los marchantes y los grandes coleccionistas, no pudiendo el público acceder a ellos. ¿De quién es la culpa? Del orden social actual. Yo no voy a iniciar aquí un proceso a los marchantes que se arriesgaron comercialmente, ellos también, al ocuparse de una mercancía cuyo éxito era impredecible. En lo que respecta a los grandes coleccionistas: nos han permitido vivir y nuestras obras se han difundido gracias a ellos por el mundo entero.

---

* Traducción de Teresa Muñoz.
1. Reimpreso en Éditions Cercle d'Art, Collection Diagonale, París, 1987.

Si nuestras obras no han penetrado hasta el pueblo, es por culpa, lo repito, del orden social actual y no de que a esas obras les falte humanidad. Bajo este pretexto se querría cortar los puentes, ejecutar fríamente a toda esa pintura de libertad tan dolorosamente adquirida y espantar al diablo. Los nombres de Rembrandt, de Rubens son evocados.

Bajo el pretexto de querer conquistar enseguida a esta admirable masa popular, cuyo instinto es preciso pero se encuentra aún a la espera de poder atrapar la nueva verdad, se la quisiera embarcar de espaldas, y trasladarla hacia atrás, de siglo en siglo, primero en ferrocarril, después en carreta para darle «aspecto antiguo», y finalmente a pie.

Así se agravia a estos hombres nuevos, que sólo piden comprender y avanzar hacia adelante; así se les decreta de oficio incapaces de elevarse hasta este realismo nuevo que es su época, en la cual viven, en la que trabajan y que ellos mismos han fabricado con sus propias manos. Se les dice: lo moderno no es para nosotros, es para los ricos, arte especializado, arte burgués. Esto es archifalso.

Tenemos la posibilidad de crear y de hacer realidad un nuevo arte mural colectivo. Esperamos solamente a que la evolución social lo permita.

Nuestros gustos, nuestras tradiciones apuntan hacia los artistas primitivos y populares anteriores al Renacimiento.

Es de este Renacimiento que data el individualismo en la pintura, y no creo que sea útil mirar de ese lado si deseamos hacer realidad y renovar el arte mural colectivo y popular de hoy en día.

Nuestra época es suficientemente rica en materia prima plástica como para que nos abastezcamos de elementos en ella.

Pero, desgraciadamente, mientras las nuevas circunstancias sociales no se materialicen, el pueblo no participará de los beneficios de estas materializaciones.

Quiero hablar del ocio –la organización, la creación del ocio para los trabajadores–; este es, a mi entender, el punto capital de la presente charla. Todo depende de ello.

En ninguna época de nuestra historia los trabajadores han podido acceder a la belleza plástica, por las mismas razones por las que nunca han tenido el tiempo necesario ni la libertad de espíritu suficiente.

Liberar a las masas populares, darles la posibilidad de pensar, de ver, de cultivarse y de estar tranquilas; ellas podrán, cuando llegue su turno, disfrutar plenamente de las novedades plásticas que les ofrece el arte moderno.

Este pueblo que todos los días crea objetos fabricados en tonos puros, con formas definidas, con medidas exactas, ya ha discernido los elementos posibles y reales de dicho arte. Ya se encuentran como ornamento en las paredes de los salones de baile populares *hélices de avión*. Todo el mundo lo encuentra bello, y esas hélices de avión están muy próximas a ciertas esculturas modernas.

No hay que hacer un esfuerzo muy grande para que ellos sientan y comprendan lo que es el nuevo realismo, cuyos orígenes están en la vida moderna misma, en sus fenómenos constantes, bajo la influencia de los objetos fabricados y geométricos, en una transposición en la que la imaginación y lo real se cruzan y se entrelazan, pero en la cual se ha prohibido todo sentimentalismo literario y descriptivo, todo dramatismo que sugiera otras direcciones poéticas o librescas.

La arquitectura moderna venida al mundo junto a la pintura moderna les ofrece posibilidades de existencia infinitamente superiores y más racionales que las arquitecturas precedentes.

La escuela comunal de Villejuif de André Lurçat es, en mi opinión, un precedente favorable.

Otra vida es ahora posible para los obreros gracias a los dos grandes regalos que Le Corbusier nos ha hecho: el muro blanco y la luz.

Aprender a servirse de ella, a amarla, a no volver también atrás en este aspecto, imponiendo los chifones, los tintes y los papeles pintados de 1900.

La clase obrera tiene derecho a todo esto. Tiene derecho a tener sobre las paredes pinturas murales firmadas por los mejores artistas modernos, y si se le conceden el tiempo y el ocio, sabrá instalarse y vivir en ellos, ella también, y amarlos.

¿Qué arte representativo se quiere pues imponer a estos hombres, cuando todos los días son solicitados por el cine, la telegrafía sin hilos, los enormes montajes fotográficos y la publicidad?

¿Cómo entrar en competencia con esos enormes mecanismos modernos que ofrecen arte vulgarizado a una potencia de 1.000?

Sería indigno querer fabricar una pintura popular inferior en calidad bajo el pretexto de que ellos no comprenderán jamás nada. Al contrario, debe buscarse la calidad en un arte tranquilizador e interior. Elaborar un plan de belleza plástica completamente diferente al que acabamos de describir.

Esto no impide que los pintores estén a disposición de los organizadores de fiestas populares, por ejemplo para ordenar el color y desencadenarlo si así se desea –el color puro dispuesto dinámicamente puede destruir visualmente una pared. El color da alegría, también puede volver loco. Puede curar en el hospital polícromo. Es una materia prima –una fuerza indispensable para la vida como el agua y el fuego. Puede exaltar los sentimientos de acción hasta el infinito, está a la altura del reto del altavoz, tienen la misma talla. Es infinitamente dosificable, desde el matiz hasta el estallido.

En este dominio donde se trata de manifestar la intensidad de la vida bajo todos los ángulos, existen posibilidades completamente nuevas: escena, música, color, movimiento, luz, canto, no han sido todavía conjuntados y orquestados en su máxima expresión. Este sentimiento de belleza el hombre del pueblo lo tiene bajo la piel al venir al mundo. El jornalero que prefiere un cinturón azul a uno rojo lleva a cabo un acto de elección. Su primera consideración sobre los objetos modernos fabricados es de orden estético. Dirá «una bonita bicicleta», «un bonito coche» antes de saber si funcionan. Entra ya en la acepción del hecho: realismo nuevo. Los escaparates de las tiendas donde el objeto aislado detiene y seduce al comprador: nuevo realismo.

Todos los hombres, incluso los más frustrados, tienen por sí la posibilidad de acercarse a lo bello. Pero ante la obra de arte, lienzo o poema, si el ocio –vuelvo a ello una y otra vez– no permite cultivar esta posibilidad, no pasarán en toda su vida del juicio por comparación. Preferirán a Bouguereau antes que a Ingres porque Bouguereau se imita mejor. El juicio por comparación no tiene valor, toda obra artística vale por ella misma. Es un todo independiente; si se les ayuda, ellos también llegarán a esta conclusión. Las masas humanas que reclaman su lugar, el hombre del pueblo, no olvidemos que son el gran refugio de la poesía.

Es él quien inventa esta forma móvil y siempre nueva, el lenguaje popular. Ellas viven en esta atmósfera de invención verbal constante.

Mientras sus manos engarzan una tuerca, su imaginación vuela e inventa nuevas palabras, nuevas formas poéticas.

A lo largo y ancho del mundo la gente ha inventado su lengua, que es su propio realismo. Es de una riqueza increíble. Es el *argot*, la poesía más bella y la más viva que existe. Sus actores populares, sus cantores la utilizan en sus teatros de barrio, son sus maestros y sus inventores. Esta forma verbal es también una alianza entre realismo y transposición imaginativa, es un nuevo realismo perpetuamente en movimiento.

¿Y se pretende que esta clase de hombres no tenga derecho a las alegrías y las satisfacciones que comporta la obra moderna? Se les pretende hurtar «su oportunidad» de elevarse al nuevo plano plástico cuando ellos inventan una lengua totalmente nueva cada día... Esto no es defendible y ellos tienen el derecho de querer y de exigir que los tiempos estén revueltos para, en su momento, entrar en el dominio de lo bello que hasta ahora les ha sido siempre vedado.

A. SÁNCHEZ BARBUDO, ÁNGEL GAOS, ANTONIO APARICIO, A. SERRANO PLAJA, ARTURO SOUTO, EMILIO PRADOS, EDUARDO VICENTE, JUAN GIL-ALBERT, J. HERRERA PETERE, LORENZO VARELA, MIGUEL HERNÁNDEZ, MIGUEL PRIETO, RAMÓN GAYA, «PONENCIA COLECTIVA» LEÍDA POR ARTURO SERRANO PLAJA ANTE EL II CONGRESO INTERNACIONAL DE ESCRITORES, Madrid y Valencia, julio de 1937. *Hora de España,* nº 8, Valencia, agosto de 1937, pp. 81-95.*

Tal vez resulte extraño o lo que es peor, artificial y forzado ante vosotros, que tanto significáis y tanto significa vuestra noble actitud al venir a España; tal vez resulte extraño o artificial, repetimos, el hecho de que queramos manifestarnos como lo hacemos, en grupo, en común. Por eso antes de seguir adelante queremos explicar con toda claridad el cómo y el por qué de esa serie de nombres que aparecen encabezando estas palabras.

Y resulta que, cuando hubimos de reunirnos para decidir o no nuestra participación activa en el congreso, independientemente de que esta participación, luego de acordada por nosotros, fuese o no aceptada; cuando pensamos discutir quién de entre nosotros podría, llegado el caso, representarnos; cuando buscábamos, en fin, la forma más coherente y adecuada para sentirnos representados como era nuestro propósito y aspiración en este congreso, que tanta importancia ha de tener para la cultura, en general, y, en particular, creemos, para la cultura española, surgió de un modo absoluto y literalmente espontáneo este criterio de hacerlo colectivamente, ya que colectivos y comunes eran nuestros puntos de vista en todas las cuestiones que nos parecieron más esenciales y objetivas.

Siendo así, como real y verdaderamente ha sido, nada se oponía a que en común fijásemos y discutiésemos nuestros puntos de vista, a que en común trazásemos las directrices que cada uno de nosotros, individualmente, había pensado como fundamentales en torno a los problemas de nuestra cultura, amenazada por el fascismo y a que, común y colectivamente, en fin, se manifestase nuestra voz en este congreso.

Hecha esta aclaración, nadie puede pensar –si acaso había alguien que lo pensaba– que nuestro propósito ha sido inspirado en otro torpe, fácil y demagógico, de querer presentar externamente unido, por originalidad, por falso colectivismo hábilmente preparado, lo que interiormente era disgregado y distinto.

Y esto que es así, este hecho de sentir verídicamente unido ante algo y para algo lo que pudo ser o ha sido tan distinto y disperso en otras ocasiones, saltando por encima de nuestro personalismo, es ya alguna de las muchas cosas que la revolución, la extraordinaria lucha que mantiene nuestro pueblo, del que nos sentimos inefablemente orgullosos, nos regala y nos afirma como un

---

* Derechos de reproducción cedidos por la Fundación Gustavo Bueno.

primer punto de exaltada preferencia. Porque lo que menos importa ya es el hecho en sí mismo de que este grupo, esté total, absolutamente integrado, no sólo por distintos significados de sensibilidad, no sólo por distintas concepciones de nuestra profesión y decidida vocación de artistas, escritores y poetas, sino por individuos que, como procedencia social, puedan marcar distancias tales como las que hay entre el origen enteramente campesino de Miguel Hernández, por ejemplo, y el de la elevada burguesía refinada que pueda significar Gil-Albert; lo que importa verdaderamente, es la profundísima significación que muy por encima de nosotros tiene ese mismo hecho referido a la totalidad española y que es el siguiente: ante la guerra, ante la lucha de nuestro pueblo por mantener como enunciado primordial de su contenido su independencia nacional, todo cuanto no es contra-español, todo cuanto no sea traición malvendida al capitalismo sin patria, todo cuanto no sea bursátilmente contrahumano, diríamos se siente hoy, en España, uno y lo mismo, ante el hecho mismo de la Revolución.

Pero, además, aparte este hecho que hoy no sólo nos une para problemas estrictamente culturales, «si es que es posible entender por cultura una categoría definida, *estrictamente cultural* y al margen de los hechos vivos, reales y diarios», humanamente pretendemos que hay entre nosotros otros nexos de unión de tal índole, que son los que verdaderamente nos autorizan, por más que no sean por entero producto de nuestra propia voluntad para hablar hoy aquí. En su conjunto podríamos expresarlos al decir: somos distintos y aspiramos a serlo cada vez más, en función de nuestra condición de escritores y artistas, pero tenemos de antemano algo en común: la Revolución Española que, por razones de coincidencia histórica, nace y se desarrolla simultáneamente con nuestra propia vida. O mejor: nacemos y nos desarrollamos simultáneamente con el nacimiento y desarrollo de esa Revolución. En las trincheras se bate, de seguro, la gente que tiene nuestra misma edad, en mucha mayor proporción que otra cualquiera. Y si por el momento nosotros mismos no estamos allí, no quiere esto decir que no hallamos estado unos, que no vayamos a estar de modo inmediato otros, y que no hayamos vivido, todos, en plena, consciente, disciplinada e incondicional actividad, los dramáticos momentos de nuestra lucha. No queremos con esto hacer, ni hacemos, naturalmente, monopolio de la heroica voluntad de lucha *de todo* el pueblo español. Pero sí queremos decir, con todas esas razones, que tenemos, no ya un derecho, sino que nos consideramos con el deber ineludible de interpretar, con nuestro pensamiento y sentimiento, el pensar y el sentir de esa juventud que se bate en las trincheras y que ardientemente reclamamos, por *nuestra*, en la misma medida, y con la misma pasión con que nosotros nos consideramos suyos: de esa juventud, y listos para estar con ella dónde, cómo y cuando sea, sin alardes inútiles, sin prematuro heroísmo, sino serenamente, como esa misma juventud a la que por destino pertenecemos.

De esa juventud que, en ese sentido, es la nuestra (y que podríamos determinar como la juventud de la República, la juventud que en más o menos presta su servicio militar en el histórico período en que se proclama por segunda vez la República Española), tomamos alto ejemplo e inolvidable lección, y sólo estimaremos nuestro fin conseguido en la medida en que sepamos devolver a esa juventud, cuando ya no lo sea, en nuestra obra futura, en forma de creación artística y literaria, los mismos valores humanos que con su acción enaltecedora, en su caliente sangre generosa nos afirma hoy en la actuación, ya que no podemos decir aún *obra* que nos defina.

Porque al decir antes que tenemos algo en común –la Revolución–, no aludimos solamente a la lucha actual del pueblo español, a la lucha armada que comienza el 18 de julio de 1936, sino a la totalidad histórica del fenómeno, que alcanza sus máximas dimensiones, su dramática plenitud, en la lucha actual del pueblo español contra el fascismo internacional. Pero esta lucha, naturalmente, no se produce, como nada en la historia, de un modo súbito, casual e inesperado, sino que ha venido fraguándose lentamente.

La lucha actual tiene su pasado inmediato en todo un proceso que, si por fuerza tiene que haber influido en toda la *vida española* –si acaso la vida española no es, en sí misma, por lo menos a partir del año 17, ese mismo proceso–, con mucho mayor motivo tiene que haber influido en lo que por definición era su resultado social: la juventud, entonces adolescencia, que paralela y simultáneamente *procedía a desarrollarse*. Aquella adolescencia era esta juventud ya reiteradamente aludida.

Y aquel proceso, que no intentaremos caracterizar totalmente, por entenderlo innecesario, sino en un solo aspecto, es el que precisa y rigurosamente nos define. Más angustiosamente que nunca ese proceso implicaba un problema que, en muy distintas formas, viene rodando por el suelo, con diversos nombres, desde hace, por lo menos, cuatro siglos: desde que Martín Lutero, razonablemente, plantea la necesidad de hacer el libre examen de los textos sagrados.

Si verdaderamente la colisión comienza fundamentalmente ahí, la fe y la razón, o la voluntad y la razón, como luego ha de enunciar Dostoievsky, se excluyen, se oponen violentamente; la razón *exige categóricamente*, y la voluntad *quiere apasionada, divinamente*. No hay manera de conciliarla. Y la tesis teológica de que la fe, de origen divino, puede y debe ser contenida en una razón que procede igualmente de la divinidad, no llega a ser sino una tesis.

El choque es cada vez más violento: la razón no se *explica la voluntad*, y, a su vez, la voluntad *no quiere la razón*. Y, volviendo a nuestros días, que ya, y cada vez más afortunadamente, son *aquellos días*, el problema sigue latente.

Intentaremos, para poder mantenernos dentro de las obligadas dimensiones de esta líneas, limitar el enunciado del problema al último período de España. Precisamente a ese que por cogernos en medio de dos, como bandos en lucha, ha determinado en todos nosotros, por instinto de conservación, angustiosamente, una necesidad de soluciones a las múltiples ecuaciones dramáticas que por el hecho de nacer teníamos planteadas. Y ese periodo es, por un lado, el de los comentaristas y los puros; por otro, el de un confuso revolucionarismo. No había soluciones comunes; las que satisfacían por entonces la cultura negaban la vitalidad, y a la inversa. En el pueblo veíamos el impulso, pero solamente el impulso y este creíamos no bastaba.

Poéticamente, diríamos, los signos que se nos ofrecían desde ese lado no podían satisfacer todo un perfeccionamiento rápido; por ejemplo, las últimas consecuencias de todo un mundo: el subrealismo.

Una serie de contradicciones nos atormentaban. Lo puro, por antihumano, no podía satisfacernos en el fondo; lo revolucionario, en la forma, nos ofrecía tan sólo débiles signos de una propaganda cuya necesidad social no comprendíamos y cuya simpleza de contenido no podía bastarnos. Con todo, y por instinto tal vez, más que por comprensión, cada vez estábamos más del lado del pueblo. Y hasta es posible que política, social y económicamente, comprendiésemos la Revolución. De todos modos, menos de un modo total y humano. La pintura, la poesía y la literatura que nos interesaba no eran revolucionarias; no eran una consecuencia ideológica y sentimental, o si lo eran, lo eran tan sólo en una tan pequeña parte, en la parte de una consigna política, que el problema quedaba en pie. De manera que, por un lado, habíamos abominado del escepticismo, mas por otro, no podíamos soportar la ausencia absoluta y total.

En definitiva, cuanto se hacía en arte, no podía satisfacer un anhelo profundo, aunque vago, inconcreto, de humanidad, y por otro lado, el de la Revolución, no alcanzaba tampoco a satisfacer ese mismo fondo humano al que aspirábamos, porque precisamente no era totalmente revolucionario. La Revolución, al menos lo que nosotros teníamos por tal, no podía estar comprendida ideológicamente en la sola expresión de una consigna política o en un cambio de tema puramente formal.

El arte abstracto de los últimos años nos parecía falso. Pero no podíamos admitir como revolucionaria, como verdadera, una pintura, por ejemplo, por el solo hecho de que su concreción estuviese referida a pintar un obrero con el puño levantado, o con una bandera roja, o con cualquier otro símbolo, dejando la realidad más esencial sin expresar. Porque de esa manera resultaba que cualquier pintor reaccionario —como persona y como pintor— podía improvisar, en cualquier momento, una pintura que incluso técnicamente fuese mejor y tan revolucionaria, por lo menos, como la otra, con sólo pintar el mismo obrero con el mismo puño levantado. Con sólo pintar un símbolo y no una realidad.

El problema era y debía ser de fondo; queríamos que todo el arte que se produjese en la Revolución, apasionadamente de acuerdo con la Revolución, respondiese ideológicamente al mismo contenido humano de esa Revolución, en la misma medida, con la misma intensidad y con igual pasión con que se han producido todos los grandes movimientos del espíritu. Porque incluso en la música, la más abstracta de las artes, la única que ni directa ni indirectamente puede referir conceptos, se ha logrado una tan perfecta adecuación en momentos determinados de la historia como la que supone Bach para el cristianismo; Chopin, para el romanticismo, etc. Y todo lo que no fuese creado con esa misma relación absoluta de valores, todo cuanto fuese «simbología revolucionaria» más que «realidad revolucionaria», no podía expresar el fondo del problema.

La revolución no es solamente una forma, no es solamente un símbolo, sino que representa un contenido vivísimamente concreto, un sentido del hombre, absoluto, e incluso unas categorías, perfectamente definidas como puntos de referencia de su esencialidad. Y así, para que un arte pueda llamarse, con verdad, revolucionario, ha de referirse a ese contenido esencial, implicando todas y cada una de esas categorías en todos y cada uno de sus momentos de expresión; porque si no, hay que suponer que el concepto mismo de la revolución es confuso y sin perfiles y sin un contenido riguroso. Si no es así, si apreciamos sólo las apariencias formales, caeríamos en errores que, en otro cualquier plano, resultan groseramente inadmisibles. Cómo, por ejemplo, decir que es revolucionario dar limosna a un pobre. Todo eso sería tomar el rábano por las hojas y sólo por las hojas. Y, en último término, sabemos que, muy comúnmente, en esa piedad del limosnero hay no poca hipocresía y, «siempre», una concepción del mundo, según un tal orden preestablecido, «que, como pobre que no va nunca a dejar de serlo, hay que ayudarle».

Pues bien; en el terreno de la creación artística y literaria, no es posible tampoco que lo más rico objetivamente, lo que tiene más posibilidades en el porvenir, admita una limosna, por más que sea bien intencionada en cuanto a voluntad personal. No queremos –aunque lo admitamos en cuanto a las necesidades inmediatas que para nada subestimamos, ya que de ellas dependen todas– una pintura, una literatura, en las que, tomando el rábano por las hojas, se crea que todo consiste en pintar o en describir, etcétera, a los obreros buenos, a los trabajadores sonrientes, etcétera, haciendo de la clase trabajadora, la realidad más potente hoy por hoy, un débil símbolo decorativo. No. Los obreros son algo más que buenos, fuertes, etc. Son hombres con pasiones, con sufrimientos, con alegrías mucho más complejas que las que esas fáciles interpretaciones mecánicas desearían. En realidad, pintar, escribir, pensar y sentir, en definitiva, de esa manera, es tanto como pensar que hay que emperifollar algo que realmente no necesita de afeites, es pensar y sentir que la realidad es otra cosa.

Pues bien; nosotros declaramos que nuestra máxima aspiración es la de expresar fundamentalmente esa realidad, con la que nos sentimos de acuerdo poética, política y filosóficamente. Esa realidad que hoy, por las extraordinarias dimensiones dramáticas con que se inicia, por el total contenido humano que ese dramatismo implica, es la coincidencia absoluta con el sentimiento, con el mundo interior de cada uno de nosotros.

Decimos, y creemos estar seguros de ello, que, por fin, no hay ya colisión entre la realidad objetiva y el mundo íntimo. Lo que no es ni casual ni tampoco resultado sólo de nuestro esfuerzo para lograr esa identificación, sino que significa la culminación objetiva de todo un proceso. En la medida en que el pueblo español, por «la fuerza de la sangre», recobra sus valores tradicionales (esto es, aquella parte de su tradición que es un valor, aquella tradición que es positiva), esa integración se produce espontáneamente, como un regalo, cosa que no podía suceder en tanto que no llegase este mismo momento; porque hasta él había tan sólo, por un lado, la lucha, la guerra, pero sin los altos valores que puede tener y que tiene hoy nuestra guerra; y por otro, la sola esperanza.

Sólo a partir de un hecho mayor, como es hoy la guerra de la independencia; sólo a partir de una realidad con categoría de realidad, de entidad real y humana, podía producirse una integración mayor, una identificación absoluta, una adecuación total del pensamiento y de la acción del mundo íntimo y de la realidad objetiva, de la realidad y de la razón. Porque hoy, al menos así lo entendemos nosotros, la voluntad quiere exactamente aquello que la razón exige, porque, a su vez, la razón, precisamente por razón, sólo exige la voluntad, la buena voluntad de Sancho Panza, cuando esta está ya quijotizada, cuando ya también Sancho quiere aventuras. Si es cierto que esa misma oposición a que nos venimos refiriendo se ha encarnado en Don Quijote y Sancho, hoy en España queremos entender la razonabilidad de Sancho implicando y coincidiendo con la caballerosa voluntad de Don Quijote.

Porque hoy la Revolución Española lucha por la nada desdeñable —contra lo que creen ciertos apasionados— organización racional de su existencia, por el acoplamiento, conforme a razón, de un mundo que excluya el desorden racionalmente capitalista, inhumanamente monopolista, pero, además, lucha con toda su voluntad, con todo el esfuerzo de su mayor pasión posible: la pasión que se sabe consciente y razonable, la pasión que sabe que tiene razón. Y por eso la voluntad nuestra —que más o menos también es nuestra— tiene razón, es congruente con la razón. Hoy en España —y no es esta la victoria menos importante alcanzada sobre el fascismo—, nuestra lucha en todos sus matices, responde a un contenido de pensamiento con una expresión de voluntad. Los hechos, cada vez más, son asumidos y resumidos en formas coherentes de pensamiento. Se produce una poesía poética, absoluta, en cuanto a calidad, y una pintura y una creación intelectual en suma, cada vez más apasionada y cada vez más inteligible.

Pensamos en la función del artista, del escritor, íntima y forzosamente ligada al ambiente que la rodea y en posesión, por el hecho de nacer de un cúmulo de experiencias que el hombre ha conseguido, en otras ocasiones, de un modo definitivo, para el resto de la humanidad.

Y hoy en España, junto a esa experiencia que late como en potencia en todos los instantes de todo el mundo, nos hallamos ante un hecho de tan alto valor humano que enriquece esta misma experiencia y que permite, además, la plena, positiva y consciente incorporación de aquellos valores que en otro momento, sin este movimiento de espíritu, hubieran permanecido latentes, verdaderos, pero inoperantes, como dormidos, y la Revolución Española es el despertar, no sólo a la historia, sino a la vida misma de esos valores. «El hombre se ha perdido a sí mismo», dice Marx. Y lo que hoy hace revolucionariamente es encontrarse a través de la intrincada maraña de perdición que es el capitalismo, que el hombre mismo había inventado precisamente, por terrible paradoja, para, en otro atolladero de su historia, poder continuar su camino.

La revolución se decide, en el fondo, por la actualización de los valores eternos del hombre, y precisamente por esto éramos revolucionarios antes de poseer una concepción concreta de la revolución: porque más que nada esperábamos eso, deseábamos ese «sacudimiento extraño que agita las ideas», esa verdadera y vivísima inspiración histórica que viene a coincidir absolutamente con la definición becqueriana de la inspiración poética.

Esos valores eternos se concretan hoy en unas categorías humanas perfectamente decidibles y absolutamente reales. Son la opresión más elemental y, por lo tanto, más hondamente verdadera de todo un mundo en actividad o poniéndose o imponiéndose a otro, cuya fundamental característica es la de cultivar todo aquello que permita conservar su pasividad fundamental. La serie: campesinos, trabajadores, heroísmo, solidaridad, etc., tiene, del otro lado, su contrapartida, al decir: guardias civiles, señoritos, terror coactivo, ayuda financiera, etc., y en la misma medida en que aquellos valores poéticos y, por lo tanto, esencialmente humanos, determinaban en nosotros su ambición, esto es, la irrenunciable ambición de hacerlos verdaderos, en esa misma medida estuvimos dispuestos a conseguirlo realmente, de toda una política que condujese a ellos. Si ese esfuerzo implicaba o no esos valores, si la política entendida en ese sentido implica o no la poesía, es cosa que no nos importa demasiado desentrañar. Para nosotros, efectivamente, la implica, la lleva consigo, por lo que no es, en sí misma, la misma poesía.

De ahí nuestra actitud ante el arte de propaganda. No lo negamos, pero nos parece, por sí solo, insuficiente. En tanto que la propaganda vale para propagar algo que nos importa, nos importa la propaganda. En tanto que es camino para llegar al fin que ambicionamos, nos importa el camino, pero como camino. Sin olvidar en ningún momento que el fin no es, ni puede ser, el camino que conduce a él. Lo demás, todo cuanto sea defender la propaganda como un valor absoluto de creación, nos parece tan demagógico y tan falto de sentido como pudiera ser, por ejemplo, defender el arte por el arte o la valentía por la valentía. Y nosotros queremos un arte por y para el hombre y una valentía miedosa, que sólo es valentía en tanto que tiene un motivo para serlo, en tanto que tiene un comienzo esforzado, para llegar a un fin victorioso. El valiente de otra manera, corre el peligro de la chabacana valentía sin objeto, de la valentía profesional.

Esa valentía y ese esteticismo y ese propagandismo puros, ya que se ha dicho, son tan nocivos como el agua pura, como el agua químicamente pura, y pertenecen a un pasado que para nada interesa perpetuar. La revolución ha acabado con él. Y, además, tan generosamente, que no distingue ni quiere distinguir de cuanto se produce hoy en España, de lo que es producto de un esfuerzo perseverante y consciente y de lo que es mera coincidencia espacial. Hoy se comienza todo. Lo que tenga vida vivirá y lo muerto quedará muerto. Pero la revolución no pone trabas, y el heroísmo del pueblo español es hoy tema por igual para todos e igualmente legítimo. Sólo los que ahora no hagan el esfuerzo necesario de comprender la verdad, de tener conciencia verdadera de las cosas de la sangre, se hundirán en su propia comunidad de coincidencia en la frase, pero no en el contenido.

Por nuestra parte, de esa revolución que rompe con el pasado, queremos ir a la tradición. Queremos aprovecharnos de todo cuanto en el mundo ha sido creado con esfuerzo y clara conciencia, para, esforzadamente, enriquecer, siquiera sea con un solo verso, con una sola pincelada, con una sola idea que en nuestro convivir logremos, esa claridad creciente del hombre. Porque, efectivamente, somos humanistas, pero del humanismo este que se produce en España hoy. Del que recoge la herencia del humanismo burgués, menos lo que este último tiene de utopía, de ilusión engañosa sobre el hombre y la sociedad, de pacifismo, de idealismo en desuso y casi pueril; no podemos fiarnos de un progreso que se hiciera por sí sólo; no podemos admitir el pacifismo en esta época de guerra, que sólo nos permite entrever el fin de las guerras capitalistas y el advenimiento efectivo de la paz, por la revolución. Entendemos el humanismo como aquello que intenta comprender al hombre, a todos los hombres, a fondo. Entendemos el *humanismo* como el intento de restituir al hombre la conciencia de su valor, de trabajar para limpiar la civilización moderna de la barbarie capitalista que:

> «En la práctica –dice Unamuno en su ensayo *La dignidad humana*– ha trazado una escala de gradación para estimar el trabajo humano y se ha fijado en ella un punto cual cero de la escala, un punto terrible en el que empieza la congelación del hombre, en el que el desgraciado o el adscrito va lentamente deshumanizándose, muriendo poco a poco, en larga agonía de hambre corporal y espiritual, entretejida». «Y así sucede que el proceso capitalístico actual –sigue Unamuno–, despreciando el valor absoluto del trabajo y con él el del hombre, ha creado enormes diferencias en su justipreciación. Lo que algunos llaman individualismo, surge de un desprecio absoluto, precisamente de la raíz y base de toda individualidad, del carácter específico del hombre, de lo que nos es a todos común. Los infelices que no llegan al coro de la escala, son tratados cual cantidades negativas, se les deja morir de hambre y se les rehúsa la dignidad humana».

El humanismo que defendemos, el que nace ahora en España, es, por excluir todo eso, más amplio que el otro, y, por su lucha, verídico, viril, renovador, heroico. Es un humanismo, en todo caso, cuya definición exacta y, por así decirlo, teórica, no puede hacerse sino en la medida misma en que se producen ciertos hechos empíricos, vivos y diarios que son los que realmente decimos. Porque vive de realidades y no de supuestos, su existencia misma depende de la existencia del hombre como hombre, esto es, liberado de todo cuanto no sea una confección del mundo en la que el hombre es, ciertamente, el valor esencial. Hecho hoy tan ligado a la batalla del pueblo español, que podríamos decir que este humanismo es, existe, en tanto que el pueblo español, como expresión de voluntad razonable, tiene existencia y cuyo mayor o menor desarrollo se podrá establecer y discutir sólo con el triunfo definitivo de nuestro pueblo. De ese humanismo implicado así en nuestra lucha, nos consideramos nosotros activos militantes. Y ponemos a contribución, para afirmarlo, cuanto nos es dable: desde nuestra voluntad a nuestra juventud, entendida esta última, no como una abstracción parada, estática; no como juventud afirmada tan sólo en un hecho cronológico y por lo tanto anacrónico, viejo, sino como posibilidad de esfuerzo y de acción. En sí mismo no hay razón para que la juventud sea preferible a otra edad, a la hombría o a la infancia. Sólo por su capacidad, si lo consigue, de mayor esfuerzo consciente, es, puede ser, una edad preferible a otra; cosa que suele ocurrir en la llamada de la juventud. Y nosotros, que ahora somos jóvenes, pero que *vamos viviendo*, que tenemos y pretendemos tener la conciencia de nuestro tiempo, no queremos perderlo pensando tan sólo que somos jóvenes; porque mañana no lo seremos, y si no hemos realizado esas posibilidades por las que se suele definir la juventud, no habremos tenido juventud. Porque no queremos ser en su día esos viejos, viejos desde su nacimiento, que no se han dado cuenta de *cómo se iba el tiempo*, esos viejos que han perdido siempre el tiempo, su tiempo, el que debieron haber definido con su acción y que, por su omisión, los define a ellos tristemente.

Para no incurrir en ese anacronismo, queremos dar sentido a nuestra juventud. Y queremos dárselo con sólo darnos a nuestro pueblo, con sólo interpretar su lucha como participantes en ella. Porque esa lucha encierra, en sí, las mayores posibilidades, las más grandes perspectivas, los más apasionados contenidos de conciencia. Con sólo ganar la guerra –nada más y nada menos– la revolución más formidable y positiva se habrá operado en el mundo; porque, claro, con sólo ganar la guerra, una serie de hechos objetivos, tangibles, quedarían afirmados y afirmando todo un orden distinto y mejor en una nueva ordenación social; con sólo ganar la guerra, y esto es lo más importante, la conciencia de todos y cada uno de los hombres, partiría de unos supuestos, no nuevos, sino eternos, pero eternamente inactivos, teóricos, abstractos.

Basta haber vivido en España. Basta, por ejemplo –y como ejemplo lo citamos solamente, ya que podían elegirse otros innumerables–, haber estado en Madrid durante los dramáticos días de noviembre para saber que todo lo que ocultaba al hombre en cada hombre, todo lo que solamente era costumbre doméstica, hábito empequeñecido, mezquindad cotidiana, ha sido superado por las necesidades de la lucha. Cada mujer, cada hombre, cada niño, se han sentido, en Madrid, con la muerte tan a su lado, que todo cuanto no fuese lo más elevado y noble de su conciencia, le resultaba un peso muerto, sin sentido. El hombre ha despertado y tiene conciencia de su despertar; sólo negándose, en la derrota puede perderse esa conciencia y dejar de ejercerse; sólo con ganar la guerra se afirmará y proseguirá un camino para el que pone impulso ganado en la lucha.

Por eso, cuando se oye hablar de felicidad como aspiración, uno sabe perfectamente que, entre nosotros, la ambición es mucho mayor: ganar la guerra, que es conquistar la categoría de hombre, la dignidad humana, cosa mucho más importante y mucho más difícil. Porque no es posible creer que al hombre le bastase, caso de que fuera posible, con ser feliz, so pena de dejar de ser hombre; en realidad, por esa felicidad, ya sería el hombre, limitado, *un infeliz*, como dice nuestro pueblo.

Por eso nosotros, jóvenes escritores, artistas y poetas, para conquistar esa categoría humana a que aludimos, no sólo, claro está, para nosotros, sino para todos los hombres, declaramos aquí, en un congreso de escritores, precisamente, que como escritores y artistas y como hombres jóvenes, luchamos, disciplinada, serena y altivamente, sin demagogia, sin truculencia, allí donde el pueblo español, del que lo esperamos todo, nos diga, a través de sus órganos de expresión democrática, allí donde nos diga el Gobierno Español, que es hoy algo mucho más importante que un gobierno.

Y como jóvenes, precisamente para tener el derecho de intentar la interpretación de toda una juventud heroica, disciplinada y consciente, que se bate en nuestras trincheras, ligándose a lo que hoy, en España, es verdadera y concretamente joven: La Alianza de la Juventud, en la que nos sentimos real y verdaderamente interpretados en todo cuanto se refiera a las necesidades de la lucha, que, para nosotros, son hoy los fundamentos, los cimientos del hombre.

Y de una manera general, por fin, queremos excluir de nosotros, como forma de actuación, todo cuanto no sea un sentido de estricta, rigurosa y concretísima responsabilidad, exigida y defendida, simultáneamente, como una necesidad y una garantía: una garantía, la que significa poder apelar a esta responsabilidad, cuando algo o alguien pretenda actuar fuera de ella. Una necesidad, la de actuar en nombre de algo más importante que nuestro propio, personal y exclusivo criterio.

Así, con una responsabilidad serena y muy consciente y voluntaria disciplina, queremos colaborar con nuestro pueblo a ganar la guerra, a conquistar por ese único hecho, sólo y sencillamente: el hombre.

DIEGO RIVERA, ANDRÉ BRETON, LEÓN TROTSKY, «MANIFIESTO POR UN ARTE LIBRE Y REVOLUCIONARIO», México, 25 de julio de 1938. *Partisan Review*, Vol. IV, nº 1, Nueva York, otoño de 1938.*

No exageramos al afirmar que nunca ha estado la civilización tan amenazada como ahora. Los vándalos, empleando medios bárbaros y comparativamente inútiles, han abandonado la cultura de la antigüedad en una esquina de Europa. Vemos la civilización mundial, unida en su destino histórico, tambalearse bajo los golpes de fuerzas reaccionarias armadas con todo el arsenal de la tecnología moderna. No sólo estamos pensando en la guerra mundial que se acerca. Incluso en tiempos de «paz», la situación del arte y de la ciencia se ha hecho intolerable.

Desde el momento en que se origina en el individuo, desde el momento en que pone en juego talentos subjetivos para producir un crecimiento objetivo de la cultura, cualquier descubrimiento filosófico, sociológico, científico o artístico parece ser el fruto de una oportunidad preciosa, es decir: la manifestación más o menos espontánea de la necesidad. Estas creaciones no se pueden ignorar, ni desde el punto de vista del conocimiento general (que interpreta el mundo existente), ni desde el punto de vista del conocimiento revolucionario (el cual, si quiere cambiar el mundo, necesita un análisis exacto de las leyes que gobiernan su movimiento). Específicamente, no podemos permanecer indiferentes ante la condición intelectual bajo la cual tiene lugar la actividad creativa, ni tampoco podemos dejar de considerar las leyes particulares que gobiernan la creación intelectual.

Debemos reconocer que, en el mundo contemporáneo, se están destruyendo todas las condiciones que posibilitan la creación intelectual. A esto sigue necesariamente un proceso de degradación cada vez más evidente, no sólo de la obra de arte, sino también de la personalidad específicamente «artística». El régimen de Hitler, que se ha librado de todos los artistas que expresaban la menor simpatía por la libertad, aunque fuese superficial, ha reducido a aquellos que todavía consienten en tomar una pluma o un pincel a la categoría de sirvientes domésticos del régimen, con la misión de glorificarlo cuando se lo ordenen, de acuerdo con las peores convenciones estéticas posibles. Si hemos de creer las noticias, sucede lo mismo en la Unión Soviética, donde la reacción thermidoriana está en todo su auge.

No hace falta decir que nosotros no nos identificamos con la máxima de moda: «¡Ni fascismo ni comunismo!», una mera convención típica del temperamento de los necios, los conservadores y los miedosos, que ahora quisieran estar en otro sitio y se aferran a los restos descompuestos del pasado «democrático». El arte verdadero, que no se contenta con producir variaciones de esquemas, sino que insiste en expresar las necesidades interiores del hombre y de la humanidad de su tiempo, *no* puede dejar de ser revolucionario, *no* aspirar

---

* Traducción y nota de Juan José Gómez.

a una reconstrucción radical de la sociedad. Esto lo hace al librar a la creación intelectual de sus cadenas y al propiciar que toda la humanidad se eleve a alturas donde sólo genios aislados llegaron en el pasado. Pensamos que sólo la revolución social puede despejar el camino a una cultura nueva. Si, no obstante, rechazamos a la burocracia que ahora controla la Unión Soviética, es porque, a nuestros ojos, no representa al comunismo, sino que es su enemigo más traicionero y peligroso.

El régimen totalitario de la URSS, trabajando mediante las llamadas organizaciones culturales que controla en otros países, ha extendido por todo el mundo un profundo anochecer hostil a todo tipo de valor espiritual; un anochecer de impudicia y sangre en el que se bañan aquellos que, disfrazados de intelectuales y artistas, han hecho del servilismo su carrera, de la mentira por dinero una costumbre y del excusar el crimen una fuente de placer. El arte oficial del stalinismo, con una desvergüenza sin parangón en la historia, emula sus esfuerzos de dignificar su profesión de mercenarios.

La repugnancia que inspira en el mundo del arte semejante negación de sus principios –una negación que ni siquiera los estados esclavistas se han atrevido a llevar tan lejos– debería provocar una condena activa y decidida. La oposición de los escritores y los artistas es una de las fuerzas que pueden contribuir al descrédito y al derrocamiento de regímenes que están destruyendo, junto con el derecho del proletariado de aspirar a un mundo mejor, todo sentimiento de nobleza e incluso de dignidad humana.

La revolución comunista no teme al arte. Se percata de que el papel del artista en una sociedad capitalista decadente viene determinado por el conflicto entre el individuo y las diferentes formas sociales que le son hostiles. Este hecho solamente, en la medida en que el artista es consciente de él, lo convierte en el aliado natural de la revolución. El proceso de sublimación, que entra en juego aquí y que ha analizado el psicoanálisis, intenta restaurar el equilibrio entre el «ego» integral y los elementos exteriores que este rechaza. Esta restauración beneficia al «ideal del yo», que controla, contra la insoportable realidad presente, todos los poderes del mundo interior, del «ello», los cuales son comunes a todos los hombres y florecen y se desarrollan constantemente. La necesidad de emancipación que siente el espíritu individual sólo tiene que seguir su curso natural para unir su curso con esta necesidad primordial –la necesidad de la emancipación del hombre.

Merece la pena recordar aquí la concepción de la función del escritor del joven Marx.

«Naturalmente, el escritor», dice él, «debe hacer dinero para vivir y para escribir […]. El escritor nunca considera su obra un medio. A sus ojos y a los ojos de otros, es un fin en sí misma, hasta el punto de que sacrifica su propia existencia por la existencia de su obra […]. La primera condición de la libertad de prensa es que no sea una actividad comercial.»

Esta declaración es pertinente ahora más que nunca contra quienes pretenden controlar la actividad intelectual para fines ajenos a ella misma y prescriben los temas al arte por supuestas razones de estado. La libre elección de esos temas y la ausencia de toda restricción en su actividad y en el uso de sus obras son algo que el artista tiene derecho a reclamar como inalienables. En el ámbito de la creación artística, la imaginación debe escapar de toda limitación y bajo ningún pretexto puede ponerse bajo un reglamento. Expresamos nuestro claro rechazo a aquellos que nos exhortan, hoy o mañana, a consentir poner el arte bajo una disciplina radicalmente incompatible con su naturaleza y repetimos que estamos conscientemente resueltos a defender la fórmula de la completa libertad para el arte.

Por supuesto, reconocemos que el estado revolucionario tiene derecho a defenderse contra el contraataque de la burguesía, incluso cuando este se cubre con la bandera de la ciencia o del arte. Pero existe un abismo entre esas medidas forzadas y temporales de autodefensa revolucionaria y el intento de dar órdenes a la creación intelectual. Si bien, con vistas al mejor desarrollo de las fuerzas de producción material, la revolución debe construir un régimen socialista centralizado, para desarrollar la producción intelectual se debe establecer desde un primer momento un régimen anarquista de libertad individual. ¡No a la autoridad, no al dictado, no a la mínima traza de órdenes desde arriba! Sólo sobre una base de cooperación amistosa, sin imperativos externos, podrán realizar su tarea los académicos y los artistas, y lo harán mejor que nunca en la historia.

Debe estar ya claro que, al defender la libertad de pensamiento, no tenemos intención de justificar la indiferencia política y que está lejos de nuestra intención el revivir el llamado arte puro, el cual generalmente sirve a los fines extremadamente impuros de la reacción. No, nuestra concepción del papel del arte es demasiado alta para negarle su influencia en el destino de la sociedad. Creemos que la tarea suprema del arte en nuestra época es la de tomar parte activa y consciente en la preparación de la revolución. Pero el artista no puede servir a la lucha por la libertad a menos que asimile subjetivamente el contenido social del arte; a menos que sienta en su interior su significado y su drama y busque encarnar libremente en su obra su propio mundo interior.

En el periodo presente de agonía del capitalismo, tanto democrático como fascista, el artista se ve amenazado con la pérdida de su derecho a vivir y seguir trabajando. Ve todas las vías de comunicación bloqueadas por los escombros del colapso del capitalismo. Es natural que se acerque a las organizaciones stalinistas, las cuales le ofrecen la posibilidad de escapar de su aislamiento. Pero, si quiere evitar la desmoralización completa, no puede permanecer en ellas, por la imposibilidad de enviar su propio mensaje y por el servilismo degradante que le exigen esas organizaciones a cambio de ciertas ventajas materiales. Debe entender que su sitio es otro, no entre los que traicionan la causa de la revolución y de la humanidad. Sino entre aquellos cuya fidelidad inamovible da testimonio de la revolución; entre los que, por esa razón, son los únicos capaces de realizarla y, con ella, la expresión más libre y perfecta de todas las formas de genialidad humana.

El objetivo de esta convocatoria es encontrar un espacio común en el que se puedan reunir todos los escritores y los artistas del mejor modo para servir a la revolución mediante su arte y para defender la libertad del propio arte contra los usurpadores de la revolución. Pensamos que las tendencias estéticas, filosóficas y políticas más dispares pueden encontrar aquí una base común. Aquí pueden marchar los marxistas junto a los anarquistas, si ambos partidos rechazan sin paliativos el espíritu reaccionario y policial representado por José Stalin y su acólito García Oliver.[1]

Sabemos muy bien que, hoy en día, hay miles y miles de pensadores y artistas aislados repartidos por todo el mundo, con sus voces ahogadas por los coros ruidosos de mentirosos bien disciplinados. Cientos de pequeñas revistas locales intentan reunir voces jóvenes a su alrededor, buscando nuevos caminos y no subsidios. Las tendencias progresistas en arte son destruidas por los fascistas por «degeneradas». Las creaciones libres son llamadas «fascistas» por los stalinistas. El arte independiente y revolucionario debe ahora unir sus fuerzas contra la persecución de los reaccionarios. Debe proclamar en alto su derecho a existir. Semejante unión de fuerzas es el objetivo de la Federación Internacional del Arte Independiente Revolucionario, la cual creemos necesario constituir.

No queremos insistir en ninguna de las ideas presentadas en este manifiesto, que sólo consideramos el primer paso en esa dirección. Instamos a hacerse oír a todos los amigos y defensores del arte, que no pueden sino darse cuenta de la necesidad de este llamamiento. Hacemos el mismo llamamiento a aquellas publicaciones de izquierdas que deseen participar en la creación de la Federación Internacional y fijar sus tareas y sus líneas de acción.

Cuando se establezca una relación internacional preliminar mediante la prensa y la correspondencia, procederemos modestamente a la organización de congresos locales y nacionales. El paso final será la asamblea de un congreso mundial que declarará oficialmente la fundación de la Federación Internacional.

Nuestros objetivos:
La independencia del arte –por la revolución.
La revolución –¡por la liberación completa del arte!

---

1. Juan García Oliver (Reus, 1901-Guadalajara, México, 1980). Miembro de la CNT desde 1920 y uno de los creadores de la Federación Anarquista Ibérica (FAI) en 1927. A pesar de su oposición inicial al Frente Popular, participó como Ministro de Justicia en el gobierno de Largo Caballero. Tras la Guerra Civil se exilió en Suecia y, después, en México, donde creó el Partido Obrero del Trabajo.

CLEMENT GREENBERG, «LA VANGUARDIA Y EL *KITSCH*». *Partisan Review*, VI, nº 5, Nueva York, otoño de 1939, pp. 34-39.•*

La misma civilización produce simultáneamente dos cosas tan diferentes como un poema de T.S. Eliot y una canción *Tin Pan Alley*,[1] o una pintura de Braque y una portada de *The Saturday Evening Post*. Estas cuatro cosas pertenecen al orden de la cultura y, ostensiblemente, todas las partes de una cultura son productos de la misma sociedad. Sin embargo, aquí parece acabarse la conexión. Un poema de Eliot y un poema de Eddie Guest– ¿qué concepción de la cultura es lo suficientemente amplia como para poner ambos en relación de manera esclarecedora? ¿significa esto que semejante disparidad, en el contexto de una única tradición cultural que se ha presupuesto y se presupone? ¿significa esto que la disparidad es parte del orden natural de las cosas? ¿o es algo completamente nuevo y característico de nuestra época?

La respuesta implica algo más que una investigación estética. Me parece necesario examinar más de cerca y de manera más original que hasta ahora la relación entre la experiencia estética del individuo específico –no su generalización– y los contextos históricos y sociales en los que tiene lugar dicha experiencia. Lo que se va a descubrir aquí podrá responder, además de a la cuestión de arriba, a otras cuestiones que, tal vez, son más importantes.

I

A medida que una sociedad, durante su desarrollo, se vuelve más y más incapaz de justificar la inevitabilidad de sus formas particulares, tienden a desmoronarse las nociones comunes de las cuales dependen en gran parte los artistas y los escritores para comunicarse con sus audiencias. Resulta difícil dar algo por sentado. Se cuestionan las verdades religiosas, la autoridad, la tradición, el estilo. Y el escritor y el artista ya no son capaces de prever la respuesta de su audiencia a los símbolos y referencias con los que trabaja. En el pasado, esta situación se resolvía mediante un alejandrinismo inmóvil, un academicismo que deja de considerar lo realmente importante porque causa controversias y convierte la actividad creativa en virtuosismo del pequeño detalle formal, dejando que las grandes cuestiones las decida el precedente de los grandes maestros. Los mismos temas varían mecánicamente en cientos de obras diferentes, pero no se

---

• Derechos cedidos por Janice van Horne.
* Traducción y notas de Juan José Gómez.
1. En la época anterior a la producción masiva de grabaciones, la popularidad de una canción venía determinada por el número de partituras vendidas. «Tin Pan Alley» era el nombre popular de la calle 28 Oeste de Manhattan, donde se concentraba la mayoría de editoriales dedicadas a la publicación de partituras de música ligera. El nombre se aplicaba, por extensión, a este tipo de música.

hace nada nuevo: Statius,[2] el verso mandarín, la escultura romana, la pintura *Beaux-Arts*, la arquitectura neorrepublicana.

Entre las señales de esperanza, en medio de la decadencia de nuestra sociedad presente, está el hecho de que nosotros –algunos de nosotros–, no hemos querido aceptar esta última fase de nuestra propia cultura. Buscando superar el alejandrinismo, una parte de la cultura burguesa ha producido algo inédito hasta ahora: la cultura de vanguardia. Esto lo ha hecho posible una conciencia superior de la historia –más precisamente, la aparición de un nuevo modo de crítica social, una crítica histórica. Esta crítica no ha contrapuesto nuestra sociedad a utopías atemporales, sino que ha examinado de manera más sobria, en términos históricos y de causa y efecto, los antecedentes, las justificaciones y las funciones de las formas que sirven de base a todas las sociedades. Así nuestro orden social presente se ha mostrado, no como una condición de la vida que es eterna, «natural», sino como lo último en la sucesión de órdenes sociales. Las nuevas perspectivas de este tipo, que comenzaron a formar parte de la conciencia intelectual más avanzada de la quinta y sexta década del siglo XIX, fueron absorbidas pronto, aunque en su mayoría inconscientemente, por los artistas y los poetas. No es casualidad, por tanto, que el nacimiento de las vanguardias coincidiese cronológicamente –y también geográficamente– con el primer avance importante del pensamiento científico revolucionario europeo.

Es verdad. Los primeros bohemios –que entonces eran los mismos que los vanguardistas– no estaban para nada interesados en política. Pero, si no hubiesen circulado ideas revolucionarias entre ellos, nunca habrían podido aislar el concepto de «burgués» para dejar claro lo que ellos *no* eran. Tampoco habrían tenido el coraje de enfrentarse del modo en que lo hicieron a las pautas sociales sin el apoyo moral de las actitudes políticas revolucionarias. Hacía falta mucho coraje para eso, porque la migración de las vanguardias de la sociedad burguesa a la bohemia también supuso emigrar del mercado capitalista al que habían sido lanzados los artistas y escritores al decaer el mecenazgo aristocrático. Claramente, como mínimo, significaba esto –significaba pasar hambre en una buhardilla– aunque, como se verá después, las vanguardias permanecieron ligadas a la sociedad burguesa porque necesitaban su dinero.

Sin embargo, es cierto que, una vez que las vanguardias consiguieron «separarse» de la sociedad, comenzaron a repudiar tanto la política revolucionaria como la burguesa. La revolución era un asunto social, una parte del embrollo de la lucha ideológica que el arte y la poesía encontraban tan inconveniente, desde el momento en que comenzó a implicar aquellas «preciosas» creencias axiomáticas sobre las que había descansado hasta ahora la cultura. Por eso se terminó por asumir que la tarea más verdadera e importante de la vanguardia no

---

2. Publius Papinius Statius (45-96 d.C). Poeta latino.

consistía en «experimentar», sino en encontrar un camino por el cual sería posible mantener a la cultura en *movimiento*, en medio de la confusión ideológica y la violencia. Al retirarse completamente de lo público, el poeta o el artista de vanguardia intentaba mantener el alto nivel de su arte estrechando su ámbito y elevándolo a la categoría de expresión de un «absoluto» donde los relativismos y las contradicciones serían resueltos, o bien estarían fuera de lugar. Así aparecen el «arte por el arte» y la «poesía pura» y el tema o el contenido se convierten en algo a evitar como una plaga.

La búsqueda de lo absoluto ha conducido a las vanguardias al arte «abstracto» o «no-objetivo» –también en poesía. El poeta o artista de vanguardia intenta imitar a Dios creando algo que sólo es válido en función de sí mismo, de la misma manera en que es válida la propia naturaleza, del mismo modo en que un paisaje –no su pintura– es estéticamente válido; algo *dado*, no creado, independiente de significados, parecidos y originales. El contenido debe ser disuelto tan completamente en la forma que la obra de arte o de literatura no pueda reducirse, ni por completo ni parcialmente, a algo que no es ella misma.

Pero lo absoluto es absoluto y el poeta o el artista, siendo lo que es, da más valor a ciertos valores relativos que a otros. Los propios valores en cuyo nombre él invoca lo absoluto son valores relativos, los valores de la estética. Y entonces resulta que no está imitando a Dios –aquí uso «imitar» en el sentido aristotélico– sino las propias disciplinas y procesos del arte y la literatura. He aquí la génesis de lo «abstracto». Al desplazar la atención del tema de la experiencia común, el poeta se concentra en el médium de su propio oficio. Lo no representacional o «abstracto», si tiene validez estética, no puede ser arbitrario y accidental, sino que debe ajustarse a parámetros válidos o a un original. Estos parámetros, una vez que se ha renunciado al mundo de la experiencia común, sólo pueden encontrarse en los propios procesos de las disciplinas de las cuales el arte y la literatura han ya imitado los mencionados parámetros. Estos se convierten en el tema del arte y la literatura. Si, continuando con Aristóteles, todo arte y literatura es imitación, entonces, lo que tenemos aquí es imitación de la imitación. Por citar a Yeats:

«Tampoco hay escuela de canto, sino estudio
De monumentos en su magnificencia»

Picasso, Braque, Mondrian, Miró, Kandinsky, incluso Klee, Matisse y Cézanne toman principalmente su inspiración del medio con el que trabajan. Lo interesante de su arte parece estar, sobre todo, en su preocupación pura por la invención o el arreglo de espacios, superficies, formas, colores, etc., hasta excluir lo que no se implica necesariamente en esos factores. La atención de poetas como Rimbaud, Mallarmé, Valéry, Éluard, Pound, Hart Crane, Stevens, e incluso Rilke y Yeats, parece concentrarse en el esfuerzo de crear poesía y en los propios «momentos» de conversión poética, más bien que en la conversión de una experiencia en poesía. Por supuesto, esto no excluye otras preocupaciones de su obra, porque la poesía trabaja con palabras y las palabras deben comunicar. Algunos poetas, como Mallarmé y Valéry, son más radicales en esto que otros –dejando aparte a aquellos poetas que han intentado componer poesía del sonido puro exclusivamente. Sin embargo, si fuese fácil definir la poesía, la poesía moderna sería mucho más pura y «abstracta». En cuanto a otros campos de la literatura, la definición de la estética de vanguardia que se avanza aquí no es la cama de Procrustes.[3] Pero, dejando a un lado el que la mayoría de nuestros mejores novelistas contemporáneos han ido a la escuela con las vanguardias, es significativo que la obra más ambiciosa de Gide sea una novela sobre la escritura de una novela, y que el *Ulises* y *Finnegan's Wake* de Joyce parezcan ser, sobre todo, como dice un crítico francés, la reducción de la experiencia a la expresión por la expresión, importando más la expresión que lo que se expresa.

El hecho de que la cultura de vanguardia sea la imitación de la imitación –el hecho en sí– no requiere ni aprobación ni rechazo. Es verdad que esta cultura contiene algo de ese mismo alejandrinismo que pretende superar. La cita de Yeats se refiere a Bizancio, que está muy cerca de Alejandría, y, en cierto sentido, esta imitación de la imitación es una forma superior de alejandrinismo. Pero hay una diferencia muy importante: las vanguardias se mueven, mientras que el alejandrinismo permanece quieto. Y esto es, precisamente, lo que justifica los métodos de las vanguardias y los hace necesarios. La necesidad está en que, hoy en día, no existen otros medios para crear arte y literatura elevados. El luchar contra la necesidad disparando con términos como «formalismo», «purismo», «torre de marfil», etc. es, o bien estúpido, o bien deshonesto. Esto no quiere decir que las vanguardias vayan a obtener alguna ventaja *social* de lo que son. Más bien al contrario.

La especialización de las vanguardias en sí mismas, el hecho de que sus mejores artistas son artistas de artistas y sus mejores poetas, poetas de poetas, ha producido el extrañamiento de aquellos que antes eran capaces de disfrutar y apreciar el arte y la literatura ambiciosos, pero que ahora no quieren o no pueden iniciarse en los secretos de este modo de hacer arte. Las masas han permanecido siempre más o menos indiferentes a la cultura en desarrollo, pero, hoy, a esa cultura la están abandonando aquellos a los que pertenece propiamente –nuestra clase dirigente. Porque las vanguardias pertenecen a esta última. Nin-

---

3. La cama de Procrustes se refiere a un esquema arbitrario al que todo debe conformarse exactamente, incluso de modo violento. Procrustes, o «el ajustador», era el apodo de Damastes, un bandido del Ática que obligaba a sus víctimas a tenderse en una cama de hierro. A los más bajos, los estiraba hasta que se ajustasen a las dimensiones de la cama mientras que, a los más altos, les cortaba los miembros con el mismo objetivo. Damastes fue finalmente derrotado y muerto por Teseo, y sus huesos llevados al Oráculo de Delfos.

guna cultura puede desarrollarse sin base social, sin una fuente estable de ingresos. Y, en el caso de las vanguardias, estos ingresos los proporcionaba una élite de la clase dirigente de esa sociedad de la cual la propia vanguardia reconoce que se ha separado, pero a la que siempre ha estado ligada por un cordón umbilical de oro. La paradoja es real. Y ahora esta élite está decayendo rápidamente. Dado que las vanguardias son la única forma de cultura viva que existe en estos momentos, la existencia de la cultura en un futuro próximo está amenazada.

No debemos dejarnos engañar por fenómenos superficiales o éxitos puntuales. Las exposiciones de Picasso todavía arrastran masas y T.S. Eliot se enseña en las universidades, los marchantes de arte modernista aún hacen negocio y los editores todavía publican poesía «difícil». Pero las vanguardias, que ya perciben el peligro, se vuelven más tímidas cada día que pasa. Academicismo y comercialismo aparecen en los lugares más extraños. Esto sólo puede significar una cosa: que las vanguardias no están seguras de la audiencia de la que dependen –los ricos y los cultos.

¿Tienen las vanguardias la única responsabilidad por el peligro en que se encuentran? ¿O lo anterior es sólo una peligrosa amenaza? ¿Intervienen aquí otros factores, quizá más importantes?

II

Donde hay una vanguardia, generalmente encontramos también una retaguardia. Es cierto –al mismo tiempo que entraron en escena las vanguardias, apareció un segundo fenómeno cultural nuevo en el Occidente industrializado. Eso a lo que los alemanes dan el maravilloso nombre de «Kitsch»: el arte y la literatura popular con sus cromotipos, portadas de revistas, ilustraciones, anuncios, ficción espectacular o amarilla, comics, música ligera, baile de claqué, películas de Hollywood, etc., etc. Por alguna razón, la existencia de esta criatura extraña y gigantesca siempre se ha asumido. Es el momento de analizar sus porqués y sus razones.

El *kitsch* es un producto de la revolución industrial, que urbanizó las masas de Europa Occidental y América y produjo lo que se llama alfabetización universal.

Antes de esto, el único mercado de cultura formal, a diferencia de la cultura popular, se dirigía a aquellos que, además de saber leer y escribir, gozaban del tiempo libre y la comodidad que siempre van asociadas a cualquier tipo de proceso educativo. Hasta entonces, estos procesos se han asociado inextricablemente a la alfabetización. Pero, con la introducción de la alfabetización universal, la capacidad de leer y escribir se convirtió casi en una facultad menor, casi como conducir un coche, y ya no servía para hacerse una idea de las inclinaciones culturales de un individuo, puesto que ya no era sinónimo de un gusto refinado.

Los campesinos que se trasladaban a las ciudades como proletarios y pequeñoburgueses aprendieron a leer y a escribir por motivos de eficiencia, pero no llegaron a gozar del tiempo libre y la comodidad necesarios para disfrutar de la cultura tradicional de la ciudad. Al perder, sin embargo, el gusto por el folclore, cuyo espacio es el campo, y, al mismo tiempo, descubrir una nueva capacidad de aburrirse, las nuevas masas urbanas presionaban a la sociedad para que las proveyese de una cultura adecuada para su consumo. Se inventó un nuevo producto para satisfacer la demanda del nuevo mercado: pseudocultura, *kitsch*, destinada a aquellos que, siendo insensibles a los valores de la cultura genuina, demandaban, sin embargo, la diversión que proporciona la cultura.

El *kitsch*, que usa como materia prima un simulacro devaluado y profesoral de la cultura genuina, recibe con agrado y cultiva esta insensibilidad. Es la fuente de sus ingresos. El *kitsch* es mecánico y procede según fórmulas. El *kitsch* es experiencia de segunda mano y falsas sensaciones. El *kitsch* cambia de acuerdo con el estilo, pero siempre permanece igual. El *kitsch* es el paradigma de todo lo que es insincero en la vida contemporánea. El *kitsch* no pide nada a sus clientes que no sea dinero –ni siquiera su tiempo.

La condición necesaria para que exista el *kitsch*, una condición sin la cual el *kitsch* sería imposible, es la disponibilidad de una tradición cultural totalmente madura cuyos descubrimientos, adquisiciones y completa autoconciencia pueda utilizar para sus propios fines. Toma prestado de ella mecanismos, trucos, estratagemas, procedimientos y temas que convierte en un sistema, descartando el resto. Toma su vitalidad por decirlo de algún modo, de esta reserva de experiencia acumulada. Eso es lo que significa el dicho de que el arte y la literatura populares de hoy fueron una vez el arte y la literatura arrojados y esotéricos del ayer. Por supuesto, no es verdad. Lo que esto quiere decir es que, cuando pasa suficiente tiempo, lo nuevo se saquea para nuevos «giros» y después se sirve descafeinado como *kitsch*. Es autoevidente que todo lo *kitsch* es académico y, al revés, que todo lo académico es *kitsch*. Porque lo que se llama académico como tal ya no tiene existencia independiente, sino que se ha convertido en la fachada encopetada y formal del *kitsch*. Los métodos industriales desplazan a la artesanía.

Dado que puede producirse mecánicamente, el *kitsch* se ha convertido en una parte integral de nuestro sistema productivo de un modo en que nunca podrá serlo la verdadera cultura, excepto accidentalmente. Se ha capitalizado mediante una tremenda inversión que debe proporcionar ganancias proporcionales. Está obligado a extenderse y a mantener su mercado. A pesar de que, esencialmente, se vende a sí mismo, se ha creado para él un formidable aparato de publicidad que ejerce presión sobre todos los miembros de la sociedad. Se ponen trampas incluso en aquellas áreas que son del dominio de la cultura genuina. Hoy no es suficiente inclinarse por esta última en un país como el nuestro. Hay que tener verdadera pasión por ella para poder resistir las imitaciones que rodean y presionan a uno desde el momento en que es lo suficientemente mayor para leer revistillas. El *kitsch* es engañoso. Tiene muchos niveles diferentes y algunos de ellos son lo bastante altos como para ser peligrosos para el buscador ingenuo de la verdadera luz. Una revista como *The New Yorker*, que es fundamentalmente *kitsch* de clase alta dedicado al comercio de lujo, convierte y desvirtúa gran cantidad de material de las vanguardias para sus propios objetivos. Tampoco es que todo el *kitsch* carezca de valor. Produce algunas cosas meritorias, con verdadero sabor popular, y esos elementos accidentales y aislados han engañado a gente que no debería haberlo permitido.

Los enormes beneficios económicos del *kitsch* son fuente de tentación para las propias vanguardias y sus miembros no siempre se han resistido. Escritores y artistas ambiciosos ajustan su trabajo a las presiones del *kitsch*, si no sucumben ante él completamente. Y entonces aparecen todos esos híbridos que nos confunden, como el novelista popular del tipo de Simenon, en Francia, y Steinbeck en este país. El resultado neto va, en cualquier caso, en detrimento de la cultura.

El *kitsch* no se ha limitado a las ciudades en las que nació, sino que se ha extendido por el campo arrasando al folclore. Tampoco se ha dejado intimidar por fronteras geográficas y nacionales-culturales. En su calidad de un producto más de masas del industrialismo occidental, ha dado una vuelta triunfal alrededor del mundo, dominando y desprestigiando a las culturas nativas en un país colonizado tras otro, de modo que ahora tiende a convertirse en cultura universal, la primera cultura universal que ha existido nunca. Hoy en día, el nativo de China, lo mismo que el indio sudamericano, el hindú, lo mismo que el polinesio, prefieren las portadas de revistas, las secciones de los rotativos y las chicas de calendario a los productos de su arte nativo. ¿Cómo puede explicarse esta virulencia del *kitsch*, su atractivo irresistible? Naturalmente, el *kitsch* hecho con máquinas puede venderse más barato que artículo artesanal nativo, a lo que también ayuda el prestigio de Occidente, pero ¿porqué el *kitsch* es un artículo de exportación que produce más beneficios que Rembrandt? Después de todo, ambos pueden reproducirse por el mismo precio.

En su último artículo sobre cine soviético en la *Partisan Review*, Dwight Macdonald afirma que el *kitsch* se ha convertido en la cultura dominante en Rusia durante los últimos diez años. Él culpa de esto al régimen político –no sólo porque el *kitsch* es la cultura oficial, sino también porque es la dominante, la más popular, y cita lo siguiente de *The Seventh Soviet Art*, de Kurt London:

«[...] la actitud de las masas ante el arte nuevo y el arte pasado probablemente depende esencialmente de la naturaleza de la educación que les suministran sus propios estados.» Macdonald continúa diciendo que: «después de todo ¿por qué unos campesinos ignorantes prefieren a Repin (un exponente importante del *kitsch* académico ruso en pintura) que a Picasso, cuya técnica abstracta es, como mínimo, tan relevante para su arte popular primitivo como el estilo realista del primero? No. Si las masas se agolpan en el Tretyakov (el museo de arte contemporáneo ruso de Moscú: *kitsch*), es, en gran medida, porque han sido inducidas a ignorar el "formalismo" y a admirar el "realismo socialista"».

En primer lugar, no es una cuestión de elección entre lo viejo y lo nuevo, como parece pensar London –sino de elección entre lo malo, lo viejo actualizado, y lo genuinamente nuevo. La alternativa a Picasso no es Miguel Ángel, sino el *kitsch*. En segundo lugar, ni en la Rusia atrasada ni en el Occidente avanzado prefieren las masas el *kitsch* simplemente porque las inclina el gobierno. Cuando los sistemas educativos estatales se molestan en mencionar el arte, nos dicen que respetemos a los viejos maestros y no al *kitsch* y, aún así, nosotros vamos y colgamos a Maxfield Parrish, o su equivalente, en nuestras paredes, en vez de a Rembrandt o a Miguel Ángel. Además, como dice el propio Macdonald, cuando el régimen soviético apoyaba el cine de vanguardia, alrededor de 1925, las masas de Rusia seguían prefiriendo el cine de Hollywood. No. «La inducción» no explica la potencia del *kitsch*.

Todos los valores son valores humanos, valores relativos, tanto en arte como en lo demás. Sin embargo, parece haber acuerdo general entre los cultos de la humanidad a lo largo de la historia sobre lo que es arte bueno y arte malo. El gusto ha variado, pero no más allá de ciertos límites. Los expertos contemporáneos están de acuerdo con los ilustrados japoneses del siglo dieciocho en que Hokusai era uno de los artistas más grandes de su tiempo. Incluso estamos de acuerdo con los egipcios antiguos en que el arte de la tercera y la cuarta dinastías es el más merecedor de tomarse como modelo para los que vinieron después. Podemos preferir a Giotto antes que a Rafael, pero, aun así, no negamos que Rafael era uno de los mejores pintores de su tiempo. Ha habido acuerdo, por tanto, y este acuerdo se basa, creo yo, en una distinción constante entre los valores del arte y los otros valores. El *kitsch* ha eliminado esta distinción en práctica mediante una técnica racional suministrada por la ciencia y la industria.

Veamos, por ejemplo, qué sucede cuando un campesino ruso ignorante como el que menciona Macdonald se sitúa libremente enfrente de dos pinturas, una de Picasso y la otra de Repin. Digamos que, en la primera, él ve un juego de líneas, colores y espacios que representan a una mujer. La técnica abstracta –por aceptar la suposición de Macdonald, de la cual yo dudo– le recuerda en algo a los iconos que ha dejado en el pueblo y siente la atracción de lo familiar. Incluso supondremos que atisba algunos de los valores del gran arte que los cultos encuentran en Picasso. Después mira la pintura de Repin y ve una escena de batalla. La técnica no le es tan familiar –como técnica. Pero eso le importa poco, porque, de repente, descubre valores en la pintura de Repin que le parecen muy superiores a los valores que él está acostumbrado a encontrar en el arte de los iconos y, propiamente, lo que le parece extraño es una de las fuentes de esos valores: los valores de lo claramente reconocible, lo milagroso y lo humanitario. El campesino reconoce y ve cosas en el cuadro de Repin de la misma manera que las reconoce y las ve fuera de los cuadros –no hay discontinuidad entre el arte y la vida, ni la necesidad de aceptar una convención y decirse a uno mismo que ese icono representa a Jesús porque pretende representar a Jesús, incluso si no me recuerda mucho a un hombre. Es milagroso que Repin pinte de modo tan realista, que las identificaciones sean inmediatamente autoevidentes sin que le cueste ningún esfuerzo al espectador. El campesino también se congratula del valor de esos significados autoevidentes que encuentra en la pintura: «cuenta una historia». En comparación, Picasso y los iconos son demasiado áridos y austeros. Lo que es más, Repin eleva la realidad al dramatismo: la puesta de sol, proyectiles que explotan, hombres corriendo y cayendo. Ya no hay duda sobre Picasso y los iconos. Lo que quiere el campesino es Repin y nada más que Repin. Y suerte para Repin porque el campesino está a salvo de los productos del capitalismo americano, pues no tendría ninguna oportunidad contra una portada de *The Saturday Evening Post* hecha por Norman Rockwell.

En el fondo, puede decirse que el espectador culto percibe los mismos valores en Picasso que el campesino en Repin, ya que, en cierto modo, lo que este último ve en Repin también es arte, aunque a escala menor. Además él ha ido a ver pinturas movido por los mismos instintos que el espectador culto. Pero los valores últimos que el espectador culto extrae de Picasso los extrae en un segundo momento, como resultado de la reflexión sobre la impresión inmediata que le causan los valores plásticos. Sólo entonces entran en escena lo reconocible, lo milagroso y lo humanitario. Estos valores no están presentes en la obra de Picasso de forma inmediata o externamente, pero pueden ser proyectados en ella por un espectador lo bastante sensible como para reaccionar suficientemente ante las cualidades plásticas. Son el resultado de la «reflexion». En Repin, por otra parte, el resultado «reflexionado» ya va incluido en la pintura para que el espectador lo disfrute sin reflexionar. Donde Picasso pinta la *causa*, Repin pinta el *efecto*. Repin digiere arte para el espectador y le ahorra esfuerzo, le proporciona un atajo hacia el placer del arte que lo desvía de lo que hay de necesariamente difícil en el arte genuino. Repin, o el *kitsch*, es arte sintético.

Lo mismo puede decirse de la literatura *kitsch*: suministra a los insensibles una experiencia de segunda mano con una inmediatez a la que jamás podrá aspirar la ficción seria. Y Eddy Guest y la *Lírica amorosa india* son más poéticos que T.S. Eliot y Shakespeare.

III

Si las vanguardias imitan el proceso del arte, ahora vemos que el *kitsch* imita sus efectos. La claridad de esta antítesis es más que artificial; corresponde y define la tremenda fractura entre dos fenómenos culturales simultáneos: las vanguardias y el *kitsch*. Esta fractura, que es demasiado grande como para ser reparada por las infinitas gradaciones del «modernismo» popular y del *kitsch* «modernizante», corresponde a su vez a la fractura social, una fractura social que siempre ha existido en la cultura formal y en todos los ámbitos de la sociedad civilizada y cuyos términos convergen y divergen en relación proporcional a la mayor o menor estabilidad social. Han existido siempre, por un lado, la minoría de los poderosos –y, por tanto, los cultos– y, por el otro, la gran masa de explotados y pobres –y, por tanto, los ignorantes. La cultura formal siempre ha pertenecido a los primeros, mientras los últimos han tenido que contentarse con el folclore o la cultura rudimentaria, o el *kitsch*. En una sociedad estable que funciona lo bastante bien como para solucionar las contradicciones de clase, la dicotomía cultural se vuelve difusa. Los axiomas de unos pocos son compartidos por la mayoría, los últimos creen supersticiosamente lo que los primeros creen sobriamente. Y, en momentos históricos como este, las masas son capaces de maravillarse y admirar la cultura de sus dominadores, no importa a qué altura. Esto es así al menos en el caso de la cultura plástica, que es accesible a todos.

En la Edad Media, los artistas plásticos tomaban en consideración el mínimo común denominador de la experiencia, al menos en teoría. Esto continuó así, al menos en parte, hasta el siglo dieciocho. Siempre había una realidad conceptual universalmente válida que imitar cuyo orden no podía ser manipulado por el artista. Los temas del arte los prescribían quienes encargaban las obras y no se basaban en la especulación, como ocurre en la sociedad burguesa. El artista podía concentrarse en su medio precisamente porque el contenido se determinaba de antemano. No necesitaba ser un filósofo o un visionario, sino sólo un artífice. Siempre que hubiese acuerdo general sobre cuáles eran los temas más importantes para el arte, el artista estaba exento de tener que ser original y mostrar su inventiva, pudiendo emplear su energía en cuestiones formales. Para él, el medio se convertía, de manera privada, profesional, en el contenido del arte, igual que hoy el medio es el contenido público del arte de los pintores abstractos –con la diferencia, sin embargo de que el artista medieval tenía que ocultar su inquietud profesional en público– tenía siempre que suprimir y subordinar lo personal y lo profesional en la obra acabada, oficial. Si, como miembro ordinario de la comunidad cristiana, sentía cualquier emoción personal respecto al tema, esto sólo contribuía a enriquecer el significado público de la obra. Sólo se llegan a legitimar las inflexiones personales a partir del Renacimiento y sólo si se mantenían dentro de los límites de lo simple y universalmente reconocible. Y los artistas solitarios, solos con su arte, nada más que aparecen con Rembrandt.

Pero, incluso durante el Renacimiento, mientras el arte occidental se afanaba en perfeccionar su técnica, las victorias en este ámbito sólo lo eran en cuanto contribuían al éxito de la representación realista, ya que no había otro criterio a mano. Por eso las masas todavía podían sentir admiración o maravillarse por el arte de sus dominadores. Incluso el pájaro que picotea la fruta en la pintura de Zeuxis podría aplaudir.

Ya se sabe que el arte se convierte en caviar para la gente común, en algo fuera de su alcance, cuando la realidad que imita deja de corresponder, ni siquiera aproximadamente, a la realidad que reconoce la gente común. Incluso entonces, no obstante, el resentimiento que puede experimentar el hombre común queda silenciado por el sentimiento de respeto y admiración que conserva por los mecenas de ese arte. Sólo comienza a criticar su cultura cuando deja de estar satisfecho con el orden social que ellos administran. Entonces, el plebeyo encuentra el valor para expresar abiertamente su opinión. Todos los hombres, desde el concejal de Tammany[4] al pintor de casas austriaco, creen tener derecho a opinar. La mayor parte de las veces, el resentimiento hacia la cultura emerge cuando la insatisfacción con la sociedad es una insatisfacción reaccionaria que se expresa mediante el revivalismo o el puritanismo y, últimamente, el fascismo. Entonces, comienza a hablarse de revólveres y de antorchas a la vez que de cultura. En nombre de lo divino o de la pureza de sangre, en nombre de lo sencillo y de las virtudes sólidas, comienzan a derribarse estatuas.

IV

Volviendo un momento a nuestro campesino ruso, supongamos que, después de elegir Repin en vez de Picasso, aparece el aparato educativo del estado y le dice que está equivocado, que debería de haber elegido a Picasso, y le muestra por qué. Es muy posible que el Estado Ruso haga esto. Pero, tal y como están las cosas en Rusia, y en todos sitios, el campesino siente muy pronto la necesidad de trabajar duro durante todo el día para vivir y las rudas e incómodas circunstancias en las que vive no le permiten disfrutar de tiempo libre, energía y comodidad para cultivarse de forma que disfrute de Picasso. Después de todo, lo anterior requiere que se den un buen número de «condiciones». La alta cultura es una de las creaciones humanas más artificiales y el campesino no siente ninguna urgencia «natural» que le empuje hacia Picasso a pesar de las dificultades. Al final, el campesino volverá al *kitsch* cuando tenga ganas de ver cuadros, porque el *kitsch* lo disfruta sin esfuerzo. El Estado no puede hacer nada ante esto, ni podrá hasta que no se resuelva el problema de la producción en sentido socialista. En el caso de los países capitalistas ocurre igual y hace que todo lo que se diga del arte para las masas no sea nada más que demagogia.

Hoy en día, siempre que un régimen político dicta una política cultural oficial, lo hace por demagogia. Si el *kitsch* es la tendencia oficial de la cultura en Alemania, Italia y Rusia, no es porque sus gobiernos respectivos estén controlados por necios, sino porque, en esos países, el *kitsch* es la cultura de las masas, como lo es en todos sitios. La promoción del *kitsch* es simplemente otra de las maneras baratas por la cual los regímenes totalitarios buscan el beneplácito de sus súbditos. Dado que esos regímenes no pueden elevar el nivel cultural de las masas –incluso si quisieran– sin rendirse al socialismo internacional, lo que

---

4. El Tammany Hall era el comité ejecutivo del Partido Demócrata en Nueva York, famoso por sus escándalos de corrupción. «El concejal de Tammany» parece referirse a William Tweed, su dirigente principal a partir de 1868.

harán será halagar a las masas bajando la totalidad de la cultura a su nivel. Por eso las vanguardias están fuera de la ley y no ya porque la cultura superior es, inherentemente, una cultura más crítica (la cuestión de si las vanguardias podrían florecer o no bajo un régimen totalitario no es pertinente en este momento). Es un hecho que el problema principal de las vanguardias, desde el punto de vista de los fascistas y los stalinistas, no consiste en que sean demasiado críticas, sino en que son demasiado «inocentes», es decir: es demasiado difícil inyectar propaganda efectiva en ellas, mientras que el *kitsch* es más permeable a este fin. El *kitsch* mantiene a los dictadores en estrecho contacto con el «alma» del pueblo. Si la cultura oficial estuviese por encima del nivel general de la masa, existiría el peligro del aislamiento.

Sin embargo, si, hipotéticamente, las masas demandasen arte y literatura de vanguardia, Hitler, Mussolini y Stalin no dudarían mucho en intentar satisfacer su petición. Hitler es un enemigo acérrimo de las vanguardias, tanto doctrinal como personal, aunque no evitó que Goebbels cortejase sin descanso a artistas y escritores de vanguardia durante 1932 y 1933. Cuando Gottfried Benn, un poeta expresionista, se acercó a los nazis, fue recibido con trompetas al viento, aunque, al mismo tiempo, Hitler denunciaba el expresionismo como *kulturbolschevismus*. Eran tiempos en que los nazis pensaban que podrían beneficiarse del prestigio que disfrutaban las vanguardias entre el público culto alemán y, siendo políticos avezados, las consideraciones prácticas de este tipo primaban sobre las inclinaciones personales de Hitler. Más tarde, los nazis se apercibieron de que, en asuntos culturales, era más práctico acceder a los deseos de las masas que a los de sus patronos, y estos últimos, ante la cuestión de preservar su poder, aceptaron sacrificar tanto su cultura como sus principios morales. Mientras tanto, a las masas se les estaba sustrayendo el poder, por lo que había que contentarlas de alguna manera. Había que promover un estilo mucho más grandioso que el de las democracias, para que pareciese que gobernaban realmente. La literatura y el arte que ellas disfrutan y entienden debían proclamarse los únicos arte y literatura verdaderos y cualquier otro tipo debía suprimirse. En estas circunstancias, gente como Gottfried Benn se convirtió en un problema, por muy ardientemente que apoyase a los nazis, y ya no se volvió a hablar de ella en la Alemania nazi.

Vemos que aunque, desde cierto punto de vista, la necedad personal de Hitler y Stalin no es accidental con respecto a los papeles que representan, desde otro punto de vista es sólo un factor casual a la hora de determinar las políticas culturales de sus regímenes respectivos. Su necedad personal sólo añade brutalidad y aún más oscuridad a las políticas que ellos no tendrían más remedio que apoyar en cualquier caso, debido a las presiones de las políticas que siguen en los otros ámbitos –incluso si, como individuos, fuesen devotos de la cultura de vanguardia. Lo mismo que tiene que hacer Stalin debido al aislamiento de la Revolución Rusa, tiene que hacerlo Hitler por su aceptación de las contradicciones del capitalismo y su intento de congelarlas. En cuanto a Mussolini, –su caso es un ejemplo perfecto de la *disponibilité* de un realista en estos asuntos. Él ha mirado con benevolencia a los futuristas durante años y ha construido estaciones de ferrocarril modernistas y casas de apartamentos estatales. Todavía puede ver uno en las afueras de Roma más apartamentos modernistas que en cualquier otro sitio del mundo. Quizá el fascismo pretendía mostrar su actualidad para ocultar su carácter regresivo, quizá intentaba adecuarse al gusto de la élite de ricos a los que sirve. Por lo menos, Mussolini parece haberse dado cuenta últimamente de que le sería más útil satisfacer los gustos culturales de las masas italianas que los de sus dueños. A las masas hay que suministrarles objetos de admiración y de asombro, mientras que los dueños pueden pasarse sin ellos. Y por eso encontramos a Mussolini anunciando un «nuevo estilo imperial». Marinetti, De Chirico, et al. han sido mandados a la oscuridad exterior y la nueva estación de ferrocarril de Roma no será modernista. El que Mussolini llegase tarde a esta conclusión sólo demuestra, otra vez, el titubeo relativo con el cual el fascismo italiano ha descubierto las necesarias implicaciones del papel que representa.

El capitalismo en declive se percata de que todas las cosas de calidad que aún hace se convierten casi invariablemente en una amenaza para su propia existencia. Los avances en cultura, como los avances en ciencia e industria, corroen la sociedad bajo la cual han sido posibles. Aquí, como en otros asuntos de hoy, se hace necesario citar a Marx al pie de la letra. Hoy en día ya no aspiramos al socialismo para que aparezca una nueva cultura –que aparecerá inevitablemente, una vez que tengamos socialismo. Hoy en día aspiramos al socialismo *simplemente* para que sea preservado lo culturalmente vivo que tenemos ahora.

Pablo Picasso entrevistado por Paul Galliard, «Por qué me he adherido al Partido Comunista». Entrevista a Picasso para la revista americana «New Masses». *L'Humanitè*, Órgano Central del Partido Comunista de Francia, nº 64, París, 29-30 de octubre de 1944.*

Hace diez días, *L'Humanité* recibía de Nueva York el siguiente cablegrama: «PETICIÓN ENTREVISTAR PARA NOSOTROS PICASSO SOBRE ADHESIÓN AL PARTIDO COMUNISTA. EXPEDIR POR CABLE NEW MASSES».

De este modo, uno de los grandes semanarios de Estados Unidos no duda en preguntarnos, por cable, acerca de los motivos de la adhesión de Picasso a nuestro partido, seguro del interés que suscitarán estas declaraciones entre todos los artistas y los hombres de progreso americanos. ¿Se atreverá alguien a afirmar después de esto que la exposición Picasso en el Salón de Otoño daña el prestigio de Francia?

Fuimos pues al encuentro de nuestro gran camarada en su taller y he aquí la declaración que nos hizo para *New Masses*. Nosotros podemos publicarla hoy, toda América la conoce ya:

«Yo preferiría responderles con un cuadro», nos dice él: «no soy escritor, pero puesto que no es fácil enviar mis colores por cable, trataré de explicárselo...

Mi adhesión al Partido Comunista es la consecuencia lógica de toda mi vida, de toda mi obra. Y es que nunca, y estoy orgulloso de decirlo, he considerado la pintura como un arte de simple satisfacción, de distracción: he querido, a través del dibujo y del color, porque ésas eran mis armas, penetrar siempre más allá en el conocimiento del mundo y de los hombres, a fin de que este conocimiento nos libere a todos cada día más; he intentado decir, a mi manera, lo que yo consideraba más cierto, más justo, lo mejor, y esto era siempre, naturalmente, lo más bello, los más grandes artistas lo saben bien.

Sí, tengo conciencia de haber luchado siempre a través de mi pintura, como un verdadero revolucionario. Pero ahora he comprendido que esto no basta; estos años de represión terrible me han demostrado que debo combatir no solamente con mi arte, sino con todo mi ser...

Y así, me he acercado al Partido Comunista sin dudar un instante, pues, en el fondo, he estado con él desde siempre. Aragon, Éluard, Cassou, Fougeron, todos mis amigos lo saben bien; si no me he adherido oficialmente antes ha sido por algo parecido al "candor", porque yo creía que mi obra, mi adhesión de corazón eran suficientes, pero ya entonces era mi partido. ¿No es este el que más trabaja a favor de conocer y construir el mundo, de hacer a los hombres de hoy y de mañana más

---

*Traducción de Teresa Muñoz.

lúcidos, más libres, más felices? ¿No son los comunistas quienes han mostrado mayor coraje tanto en Francia como en la URSS, o en mi España? ¿Cómo habría podido dudar? ¿Miedo a comprometerme? ¡Si, al contrario, nunca me he sentido más libre, más completo! Y además, tenía tanta urgencia por reencontrar una patria: siempre he sido un exiliado, ya no lo soy más: a la espera de que España pueda por fin acogerme, el Partido Comunista Francés me ha abierto los brazos, y allí he encontrado a cuantos más estimo, los más grandes sabios, los más grandes poetas, y todos esos rostros de insurgentes parisinos, tan bellos, que vi durante las jornadas de agosto, ¡estoy de nuevo entre mis hermanos!»

Será fácil percibir, bajo sus bellas palabras, la simplicidad y la emoción con las que Picasso nos habló.

Ciertamente, como comunistas no pretendemos tomar partido por una u otra escuela de poetas o pintores; la admiración que muchos entre nosotros experimentan ante los lienzos de Picasso, donde tras el asombro inicial descubren tantas bellezas nuevas, no compromete más que a su gusto. Pero estamos muy orgullosos de contar entre nuestras filas, al lado de Langevin y Joliot-Curie, de Aragon y Éluard, con un hombre cuyo genio reconocen los más grandes pintores del mundo: al servicio del prestigio intelectual y artístico de Francia, como en cualquier otro terreno, los comunistas son los primeros.

Renato Guttuso, «Crisis de renovación». *Cosmopolita*, 30 de diciembre de 1944.*

Desde hace algunos años, tres o cuatro antes de que se derrumbase el fascismo, meditaba yo una polémica sobre el arte que hoy he estado madurando rápidamente.
El propio fascismo, para su provecho, mantenía abierta una polémica no libre sobre las artes. Su resultado fue la imposibilidad de plantear realmente una discusión útil que se fundase en razones profundas, de modo que todo fermento vivo y progresista, toda justificada ambición de renovación, fueron constreñidos a formar un bloque (y no sólo por razones tácticas) precisamente con las fuerzas de aquella cultura contra las cuales aquellos fermentos y aquellas ambiciones se revolvían de forma natural.
De proteger y enderezar las artes se preocupaban Farinacci y Bottai.[1] Uno, siguiendo el ejemplo de Munich, quería y pedía, mediante amenazas y chulerías, un arte de propaganda, instrumento explícito del estado fascista. El otro quería, por el contrario, un arte libre y rico de los fermentos más modernos de la cultura burguesa europea, tanto más fascista, decía, cuanto más independiente y libre de preocupaciones propagandísticas.
Las botellas de Morandi y las velas de Carrà son pinturas fascistas –gritaba Bottai. Morandi y Carrà son antinacionales y bolchevizantes –gritaba Farinacci. Se trataba de dos de tantas contradicciones típicas del fascismo.
Para aclarar esto, quizá haría falta comenzar a aclarar qué es el fascismo; cuánto y hasta qué punto expresa la sociedad capitalista o, más exactamente, qué fracción de esta expresa el fascismo. Y haría falta aclarar las razones profundas, los intereses precisos que están en la base de su fanatismo asesino, las razones y los intereses que están en la base de su demagogia social, etc., pero esta no es mi tarea.
Aquí tratamos de problemas de arte. En lo que respecta a tales problemas, puede decirse que el punto de vista de Farinacci respondía al aspecto más obtuso y demagógico del fenómeno fascista. Tras él se atrincheraban muchos descontentos con la política de Bottai y tras él sonreían con ironía Oietti, los críticos oiettianos y las viejas voces que la historia (y no el fascismo), había hecho callar. Pedía un arte verista en la forma y que celebrase en el contenido las «nuevas verdades»; si es que eran «nuevas verdades» sus reuniones bufonescas, las muecas que hacía Mussolini en el balcón, los falsos campesinos con los

---

* Traducción y notas de Juan José Gómez.
1. Roberto Farinacci (1893-1945). Secretario General del Partito Nazionale Fascista; Giuseppe Bottai (1895-1959). Fundador de la organización protofascista Arditi y Ministro de Educación del régimen entre 1936 y 1943.

«zenith» en la muñeca, o las heroicas agresiones a Abisinia o a la España democrática, o el bandolerismo a paso romano, con las águilas doradas en la cabeza, por las calles de nuestras bellas ciudades echadas a perder por su bandolero urbanismo. Quería que los artistas transmitiesen a la historia la crónica fotográfica de aquel régimen de mentira y asesinato, una crónica verística y naturalista. ¿Qué verdad podía salir a la luz? ¿Qué posibilidad había, con aquellos contenidos, de alcanzar alguna «verdad» artística? ¿Eran quizá verdaderos aquellos campesinos que ayudaban al Duce a trillar el grano? ¿Eran quizá verdaderos los mineros que lo acompañaban en las minas de azufre? ¿Eran acaso empresas heroicas las masacres de aquellos pobres abisinios inermes o los campesinos, trabajadores, intelectuales españoles y de todas las partes del mundo que defendían en el suelo español la causa de la justicia y de la libertad? ¿Qué arte realista podría nacer de tanta vergüenza sino un arte que, precisamente, denunciase la vergüenza, que se rebelase y se opusiese a esa vergüenza?

Un arte realista habría debido celebrar esta Italia, habría debido hablarnos de esta verdad y transmitir a la historia esta verdad como un testimonio más justo.

(La llamada de Farinacci encontró, en honor a la verdad, ausentes a todos los artistas italianos dignos de este nombre, pero digo igualmente que el arte italiano no tenía la fuerza de oponerse al fascismo y de denunciar sus culpas).

Bottai, por el contrario, adoptó el bagaje ideológico de la estética idealista (y, por tanto, antifascista, decía Farinacci, que lo acusaba públicamente de «frondismo»[2]). Proclamaba la universalidad del espíritu, la libertad de la creación artística, teorizando sobre estas premisas, y abandonándose a su manía de las interpretaciones originales, terminó por decir que había más fascismo en un cuadro de Morandi que en las tablas de Sironi, o de Carpanetti, o del académico Gaudenzi.

Y esto no es verdad, al igual que no es verdad, como muchos malintencionados intentan hacer creer, que Morandi y todos los demás artistas italianos a los cuales Bottai manifestaba su simpatía se habían dejado corromper. En realidad, ellos han continuado por su camino, que era y es el camino de la ausencia, del cerrarse cada vez más en la búsqueda de una poética cuyo fin es ella misma, de perseguir abstracciones, de trabajar para círculos restringidos de seguidores. Los pintores *pompiers* de Francia, de Inglaterra, de América, de los países balcánicos, etc., países en guerra contra el fascismo, se han puesto de parte de la historia del arte moderno, que es exactamente lo que le ha pasado a los pintores (y a los escultores) *pompiers* de Italia. Y en estos países no había ningún fascismo en el poder. Aquí acusaban al fascismo (o encontraban un Farinacci que asumiese su defensa), allí acusaban a la civilización mecanizada,

---

2. De la revista *La fronda*, fundada en Palermo en 1905 por Federico De Maria, considerada precursora del futurismo, aunque de carácter pacifista e internacionalista.

la corrupción y el dinamismo de la vida moderna o cualquier otra cosa que se les ocurría. Pero no se daban cuenta ni remotamente de que, igual aquí que allí, con o sin fascismo, el arte seguía y expresaba, entre tantas convulsiones disparatadas, con impulsos revolucionarios rápidamente truncados o transformados o absorbidos por las leyes inflexibles de la misma sociedad en la que nacían, la crisis en la que se debate la sociedad capitalista burguesa.

Nosotros pensamos, y no somos los primeros ni los únicos en pensarlo, que la cultura en su conjunto no puede ser otra cosa que la expresión de la clase dominante y obedece a sus leyes.

Nosotros creemos con Marx que, si una clase detenta el monopolio en el campo de los medios de producción detenta del mismo modo el monopolio en todos los demás campos, incluido el de la cultura. De esta cultura se sirve como de un instrumento de lucha. Así sucedió en la era pagana, en el cristianismo, en la edad feudal, así en el capitalismo de la era burguesa. El capitalismo y sus filosofías han dado al arte toda la libertad pero, pensándolo bien, se trata de libertades bien miserables; la libertad de pintar dos ojos de frente en una cabeza de perfil o de pintar un caballo verde o un desnudo azul. Habría que preguntarse si el artista es más libre hoy o si lo era mas cuando (y entonces el artista se llamaba Giotto o Tiziano o Velázquez) se le imponía el tema y las dimensiones del cuadro, número de las figuras y, a veces, incluso dimensiones de las figuras, tipo de paisaje de fondo, etc. (y, que yo sepa, ni Giotto ni Tiziano se han lamentado nunca de estar limitados en su libertad creativa).

Quizá el discurso ha ido un poco lejos, pero era necesario esbozar, aunque sea tan confusamente y de pasada, los pensamientos y las ideas que, desde hace algún tiempo, van madurando en la mente de aquellos jóvenes artistas y críticos que se declaran en «crisis de renovación». Era necesario esbozar aquellas situaciones contingentes que se refieren a nosotros aquí en Italia, y de las cuales acabamos de salir, o las ideas más generales hacia las cuales se van orientando con mayor conciencia muchos jóvenes, debido a su contacto doloroso con la pura realidad. Era necesario esbozarlas para dar el tono de una crisis que es la crisis de toda una generación de jóvenes artistas, desarrollada en un determinado clima, educada, formada, envenenada por este clima; una generación que ha contribuido en parte a la vida de este clima de ausencia, de intelectualismo, de formalismo, y que desde hace tiempo manifiesta su insatisfacción, que desde hace tiempo busca una vía de salida real y auténtica, porque es demasiado consciente como para caer en soluciones simplistas. Una generación que debía defender las botellas de Morandi, a pesar de que sentía que debía resolver problemas bien distintos; una generación que estaba ávida de experimentos y buscó asimilar como suyas muchas de las experiencias europeas, que, aunque huía de las abstracciones, les debía dar crédito y confianza; una generación que se sentía aliada de Picasso, quien con el inolvidable *Guernica* en el escuálido y glorioso pabellón de la España roja en la Exposición de París de 1937, levantaba la bandera de la cultura en defensa de la civilización contra la barbarie fascista. Una generación que fue precisamente la que dio a la obra de Picasso un significado de verdadera revolución y sabía bien que Picasso no es un pintor del porvenir (y Picasso lo sabe mejor que nosotros); pero veía en él la expresión de la sociedad en que vive y la revuelta contra aquella sociedad.

Estos jóvenes artistas se aliaron, por tanto, con una cultura que no les satisfacía, pero que, al mismo tiempo, mantenía aquellos elementos de revuelta y transformación necesarios para toda renovación futura.

Hoy es como si se hubiesen quemado muchas etapas, como si nos hubiésemos librado de un peso con el que el fascismo nos había cargado; hoy, en los artistas jóvenes más conscientes, la crisis de renovación está ya en acto. ¿Pero cómo salir de ella? ¿Cómo poner en práctica tal renovación? No podemos olvidar que formamos parte de esa misma cultura de la cual somos, y de la que seremos, cada vez más abiertamente, los elementos contradictorios. Por otra parte, la renovación no puede partir de una *tabula rasa*.

Lenin nos enseña que la cultura proletaria no nace de una tabula rasa, no nace de improviso del cerebro de no se qué especialista en «cultura proletaria». Él dice que la «cultura proletaria deberá aparecer como el resultado natural de todo el conocimiento adquirido por la humanidad bajo la situación capitalista y la situación feudal.»

Nosotros nos guardamos con todas nuestras fuerzas de un simplismo que no ayudaría a resolver nada. Por eso no hacemos programas. Nosotros, por el momento, denunciamos una crisis enraizada profundamente en nosotros y tampoco nos basta nuestra insatisfacción, que entraba en conflicto con el deber para con la cultura y con la defensa de determinados principios. Y declaramos la voluntad, interior, necesaria voluntad, de una acción que no termine por convertirse en academia. Pedimos vivir (y nos lo pedimos a nosotros mismos) trabajando en nuestra profesión de pintor, de escultor, de escritor, como los otros hombres, combatiendo al viejo mundo y ayudando a edificar el nuevo. Queremos, finalmente, trabajar, no para nosotros mismos, o para unos pocos amigos, sino para ayudar a vivir a aquellos que nos ayudan a vivir a nosotros. Porque si el mundo se transforma, el arte no puede situarse de espectador pasivo frente al desarrollo de aquellas fuerzas que, mediante la lucha, llevan a cabo la transformación del mundo. Esto es lo que hemos aprendido, y es verdad que no es mucho, pero nos hace sentir con ventaja respecto a los que no lo han aprendido todavía.

CARLA ACCARDI, UGO ATTARDI, PIETRO CONSAGRA, PIERO DORAZIO, MINO GUERRINI, ACHILLE PERILLI, ANTONIO SANFILIPPO, GIULIO TURCATO, «MANIFIESTO DE FORMA 1». *Forma*, Roma, 15 de marzo de 1947.*

Nosotros nos proclamamos «formalistas» y «marxistas», convencidos de que los términos marxismo y formalismo no son «irreconciliables», sobre todo hoy, cuando los elementos progresistas de nuestra sociedad deben mantener una posición «revolucionaria» y «vanguardista» y no permanecer en el equívoco de un realismo agotado y conformista, que en sus más recientes experiencias de pintura y escultura ha demostrado qué vía tan limitada y angosta es.

La necesidad de llevar al arte italiano al plano del lenguaje actual europeo nos empuja a una clara toma de posición contra toda superficial y previsible ambición nacionalista y contra la provincia cotilla e inútil que es el arte italiano de hoy.

Por eso afirmamos que:
1. En arte existe sólo la realidad tradicional e inventiva de la forma pura.
2. Reconocemos en el formalismo el único medio para sustraerse a las influencias decadentes, psicológicas, expresionistas.
3. El cuadro, la escultura, presentan como medios de expresión: el color, el diseño, las masas plásticas, y como fin una armonía de formas puras.
4. La forma es medio y fin; el cuadro debe poder servir también como complemento decorativo de una pared desnuda, la escultura, también como mobiliario de una habitación –el fin de la obra de arte es la utilidad, la belleza armoniosa, la no-pesadez.
5. En nuestro trabajo adoptamos las formas de la realidad objetiva como medios para alcanzar formas abstractas objetivas, nos interesa la forma del limón, y no el limón.

Nosotros renegamos:
1. De toda experiencia tendente a insertar en la libre creación de arte hechos humanos a través de deformaciones, psicologismos y otros hallazgos; lo humano se determina a través de la forma creada por el hombre-artista y no de sus preocupaciones a posteriori de contacto con los otros hombres. Nuestra humanidad se activa a través del hecho vida y no a través del hecho arte.
2. La creación artística que toma como punto de partida la naturaleza se aprehende sentimentalmente.
3. Todo lo que no nos interesa para los fines de nuestro trabajo. Cada afirmación nuestra se origina en la necesidad de dividir a los artistas en dos categorías: los que interesan y son positivos, los que no interesan y son negativos.
4. Lo casual, lo aparente, lo aproximativo, la sensiblería, la falsa emotividad, los psicologismos, como elementos espurios que perjudican la creación libre.

---

* Traducción de Juan José Gómez.

Palmiro Togliatti (con el pseudónimo Roderigo di Castiglia), «La batalla de las ideas. Orientación del arte». *Rinascita*, año VI, nº 10, Roma, 1949, pp. 453-454.*

Massimo Mila –lo cual deja estupefacto, viniendo de él– en una nota bibliográfica de la *Rassegna musicale* se alinea con la propaganda de los Comités Cívicos[1] y encuentra la manera de decir que Zhdanov es un «ignorante», que la discusión de Moscú de 1949 sobre la música soviética ha sido «un penoso espectáculo de incompetencia», donde se han exhibido a sí mismos «compositores mediocres carentes de originalidad y de éxito», «perrillos que rechinan los dientes» llenos de «envidia» y de «ambición» quienes, sostenidos únicamente por la autoridad política, se habrían colocado por encima de Prokofiev, Shostakovich, Khachaturyan, etc.

Pero el primer ignorante es él, Massimo Mila, que para escribir estas cosas ha necesitado pescar en un libro inglés, y es ridículamente constreñido a excusarse diciendo que el autor de este libro, del que rumia los juicios, se ha expresado, sin embargo, con cierta simpatía, en su momento, por los defensores de Leningrado contra Hitler, lo cual daría prueba de su buena fe. Se trata, para ser precisos, de un corresponsal de Radio Londres. No obstante, faltaría más que, mientras Leningrado estaba asediada, resistía y vencía, también en beneficio de Londres, este señor se hubiese expresado contra Leningrado a favor de Hitler. Pero ahora todo se reduce a esto: para criticar a la Unión Soviética, sirve cualquier pelagatos y cualquier pelagatos se convierte en la boca de la verdad a condición de que no haya sido un hitleriano declarado. Un paso más, querido Mila, y te encontrarás en compañía de Benedetto Croce,[2] juzgando al marxismo con los criterios racistas de Adolfo Hitler.

Si alguno se interesa por la cuestión y no quiere ser tachado de ignorante ¿por qué no se procura los textos del congreso de Moscú sobre los problemas musicales, textos ampliamente publicados, reproducidos y comentados en toda la prensa soviética? Y, consultados los textos, ¿por qué no reconocer, antes que nada, que nos encontramos ante un hecho grande, positivo e instructivo: una discusión libre y desprejuiciada. Los «condenados» han disfrutado de plena

---

* Traducción y notas de Juan José Gómez.
1. Los Comités Cívicos fueron instituidos en Italia por la Iglesia y la Democracia Cristiana con motivo de las elecciones de 1948, para frenar el avance del Frente Democrático Popular de comunistas y socialistas.
2. Benedetto Croce: filósofo y político italiano (Pescasseroli 1886-Nápoles 1952). Miembro del senado en 1910 y Ministro de Educación entre 1920 y 1921 y en 1944. Fue el máximo exponente del antifascismo del interior, declaradamente anticomunista, a pesar de que, en su juventud, había recibido la influencia del pensador marxista Antonio Labriola. Entre 1902 y 1917 redactó cuatro volúmenes de «filosofía del espíritu» de impronta neohegeliana, divididos en estética, lógica, ética y filosofía de la historia. Presidió el Partito Liberale Italiano de 1943 a 1947.

libertad de hablar y los críticos, si no otra cosa, iban contra la corriente que hasta ahora era la dominante, donde, junto a las voces de los técnicos, de los especialistas, de los virtuosos, se ha escuchado la voz del que entiende el arte como expresión de la vida social y pone frente a los artistas las exigencias de esa vida, llamándolos a realizar la tarea que siempre ha realizado el arte, cuando era verdadero arte y no mero ejercicio y descomposición intelectualista? ¿Y quién ha dicho que deberían ocuparse de los problemas artísticos sólo los «competentes» que, en este caso, serían los iniciados en la jerga cabalística que pequeños grupos de compositores, o de críticos, o de filósofos, han introducido en sus propios círculos? El día que ocurriese esto terminaría la misión del artista y del propio arte.

En cuanto a la sustancia, seguimos en las mismas. Lo que se ha criticado en la reunión de Moscú es esa degeneración particular de la música que critica y rechaza hoy la gran mayoría de hombres normales: ¿O no se ha dado cuenta Massimo Mila de que, incluso en los conciertos para finolis, en Italia se empieza a abuchear a Schönberg y a pitar a Malipiero? Parece que hay un restringido número de elegidos que comprende y exalta esta degeneración, pero hablad con ellos y obligadles a expresarse con sinceridad, dejando a un lado la jerga que han fabricado para no dejar a nadie entender nada, y cada uno os dirá una cosa diferente, incoherente, inconsistente. Al final, concluiréis que tenéis razón vosotros cuando pensáis que esas llamadas músicas son sólo un medio de que se os ponga la carne de gallina y que, incluso los que os contradicen, en sustancia, están de acuerdo con vosotros y buscan pretextos para no declararlo abiertamente.

¿Somos nosotros los ignorantes, los primitivos, y está compuesta de ignorantes y primitivos la mayoría del género humano? Mientras tanto, constatamos que esta degeneración formalista del arte ha sido y es un fenómeno que también ha tenido lugar en otros tiempos y en otros campos de la expresión artística, y que nunca ha creado otra cosa que lamentables paréntesis de tinieblas, que han desaparecido sin dejar rastro. El genio, o incluso sólo el talento artístico, han hecho borrón y cuenta nueva, comenzando de nuevo a marchar por la gran avenida del contacto con la realidad de la vida de los hombres normales. ¿Qué buscaba el combatiente de Leningrado, que prefería una cancioncilla de gramófono a la *Séptima* de Shostakovich? Buscaba, simplemente, arte, es decir, algo que estuviese próximo a él, que le hiciese pensar, agitarse, sufrir. No era arte, estamos de acuerdo, la cancioncilla en la que buscaba refugio; pero los artificios de Shostakovich, además de no ser arte, se convierten en timo y deshonestidad cuando alguien los intenta presentar como las palabras que nos deberían decir hoy el arte de Mozart, de Bellini, y también de Rakhmaninov. Y Shostakovich, por lo demás, tampoco ha sido criticado en Moscú por ignorante, sino por ser un artista que ha errado la gran avenida del arte.

Si los artistas quieren buscar hoy un nuevo «lenguaje», eso es problema suyo, además de la confusión que introduce el término, porque los lenguajes los crean los pueblos en el crisol de su historia, y no se hacen con receta en los cenáculos de los disgregadores de la forma. ¡De este modo se hace un volapuk, no la lengua de Dante! Que estos investigadores actúen de manera que su investigación no les lleve a ver una obra de arte en la tapa rota de una lata de sardinas, o a descubrir armonías misteriosas en los sonidos estridentes de un gallinero. De otro modo, e inevitablemente, nos convertiremos todos en gente pomposa, no querremos admirar otros cuadros que los de Giacomo Grosso,[3] ni deleitarnos con noches que no sean «de aquella pira», ni leer cuentos que no sean de Carolina Invernizio.[4]

¿Somos nosotros los que debemos enseñar a los artistas su arte? No nos corresponde a nosotros, hombres corrientes, hombres de cultura, políticos, ni esta fue la intención de los organizadores de la reunión de Moscú. Pero sí somos libres de decir que el camino que toman estas manifestaciones, llamadas formalistas, que nosotros condenamos y los hombres normales rechazan, no es el camino del arte. Esto es lo que ha dicho Zhdanov a los músicos rusos y, con esto, no queremos minusvalorar las cualidades de Prokofiev o de Shostakovich, ni reconocer a quien no tiene méritos. Massimo Mila no entiende que el dirigente de un partido haya asumido esta función. Pero el partido que dirige la obra gloriosa de reconstrucción de una sociedad nueva, de una sociedad socialista, es responsable, en cuanto organiza la parte mejor de la sociedad, también de los desarrollos culturales y artísticos. No dispone ni puede disponer la creación de obras de arte, como dispone la creación de las fábricas, las transformaciones de los campos, las propuestas de una política de paz, sino que es portador, en forma adecuada, también de la aspiración de la sociedad y del pueblo a un arte que esté a la altura de la vida social y que no degenere por el sendero del impotente intelectualismo formalista. Es indicio de escasa cultura el negar que, en todas las épocas históricas, haya habido quien orientase y dirigiese la creación artística –en la medida, se entiende, que esto sea posible– según sus propias aspiraciones. En una sociedad socialista, también esta función se ejercita de modo nuevo, consciente, abierto, moralmente superior, aunque sea sólo porque afronta un debate colectivo.

Pero lo dejamos aquí porque el tema es demasiado amplio. Que intente, sin embargo, el amigo Massimo Mila, si quiere comprender estas cosas, no hacerse enseñar por un anticomunista de lengua inglesa, ni por un comité cívico, o por cualquiera de los que, sólo por deber de oficio, no han aplaudido a los hitlerianos que asaltaban la inexpugnable Leningrado.

---

3. Giacomo Grosso (Cambiano, 1860-Turín, 1938). Pintor antiacadémico de temas fantásticos y mitológicos.
4. Carolina Maria Invernizio (Voghera, 1858-Cuneo, 1916). Prolífica y popular escritora de novelas amorosas.

Massimo Mila, «La batalla de las ideas. Desorientación del arte». *Rinascita*, año V, nº 11, Roma, 1949, pp. 500-501.*

Una recensión mía del libro de Alexander Wert *Musical Uproar in Moscow*, en el nº 3 de la *Rassegna musicale*, pág. 247, ha dado lugar a una réplica de Roderigo di Castiglia titulada «Orientación del arte» y publicada en el nº 10 de *Rinascita*, pág. 453, en la rúbrica «La batalla de las ideas»; y en la edición turinesa de *L'unità*, 25 de noviembre de 1949.

Mi recensión trataba exclusivamente de algunos documentos soviéticos citados por Wert en su libro, naturalmente en su traducción inglesa, y, particularmente, sobre el más extenso de ellos, el registro taquigráfico del congreso de músicos que tuvo lugar en Moscú en enero de 1948 bajo la presidencia de Zhdanov. Mi recensión omitía completamente las escasas observaciones marginales con las que Wert pretendía encuadrar tales documentos porque, efectivamente, carecen de importancia.

Ahora, Roderigo di Castiglia me recrimina ásperamente el haberme referido a hechos de la vida musical en Rusia tratados en un libro inglés, escrito por un corresponsal de Radio Londres: «Si alguno se interesa por la cuestión y no quiere ser tachado de ignorante ¿por qué no se procura los textos del congreso de Moscú sobre los problemas musicales, textos ampliamente publicados, reproducidos y comentados en toda la prensa soviética?» Muy sencillo: no lo he podido hacer porque no sé ruso (y acepto de buen grado, en este punto, la calificación pública de «ignorancia»), y los textos en cuestión no se han reproducido, que yo sepa, en ninguna edición de las revistas soviéticas que se publican en una de las cinco lenguas modernas a las que tengo acceso.

El estilo de esta primera parte de la nota de Roderigo di Castiglia podría hacer suponer que la relación del congreso de músicos que he examinado a través de la traducción inglesa de Wert sea falsa. Si fuese así, yo sería el primero en alegrarme; haría examen de conciencia por haber prestado atención a un texto adulterado y no habría ningún motivo para seguir discutiendo, o, si se quiere, para batallas de las ideas.

Sin embargo, después de haberme recriminado por haber confundido con la Boca de la Verdad a un pelagatos como Wert, Roderigo di Castiglia, con poca coherencia, dedica toda la segunda parte de su nota a la defensa de las posiciones y las afirmaciones que yo critico con relación sobre el congreso de músicos de Moscú, que reproduce Wert en su libro. «En primer lugar, no es verdad y, además, no eran amapolas», como responde la campesinilla al novio que la recriminaba «eh, te he visto el domingo con Tonio, tumbados en aquel campo de amapolas. ¿Qué estabais haciendo?»

---

* Traducción de Juan José Gómez.

Entonces, si aquel documento es verdadero, no sólo mantengo punto por punto todos los juicios expresados en mi recensión (incluido aquel sobre la ignorancia de Zhdanov, «en cuestiones de música», y el espectáculo de penosa incompetencia ofrecido por el congreso de músicos), aunque, desgraciadamente, los veo dolorosamente confirmados por la intervención de Roderigo di Castiglia. Por ejemplo, me increpa «¿O no se ha dado cuenta Massimo Mila de que, incluso en los conciertos para finolis, en Italia se empieza a abuchear a Schönberg y pitar a Malipiero?»

¿Dónde vive Roderigo di Castiglia? Quizá en Castilla, quizá en Rusia; en Italia seguro que no. Según su punto de vista, parece que Schönberg y Malipiero hayan gozado de un periodo favorable entre nosotros y ahora «comiencen» a ser desaprobados. Infórmese, Roderigo di Castiglia. Aprenderá que la verdad es exactamente la contraria: *en Italia se deja de abuchear a Schönberg y de pitar a Malipiero*. Es cierto que, en lo que se refiere a Schönberg, todavía hay mucha resistencia: incluso, hace dos años, un espectáculo que incluía *Pierrot lunaire* –ese *Pierrot lunaire* silbadísimo en 1920– y la *Ode a Napoleone*, escrita por Schönberg en 1944 para saludar la caída inminente de la pesadilla nazi, pasó por veinte ciudades de Italia, con un éxito más o menos caluroso, pero siempre incuestionable.

En cuanto a nuestro buen Malipiero, recibía grandes pitos cuando el Ministerio de la Cultura Popular, por la intervención directa de Mussolini, se dedicaba a organizar el fracaso clamoroso de sus obras: como pasa en Roma con *La favola del figlio cambiato* en 1934. Ahora, una obra suya que hace veinte años no conseguía nunca terminar de interpretarse, las *Sette canzoni*, ha vuelto, desde hace algunos años, a ser incluida en las temporadas de ópera de nuestras ciudades sin que nadie del público la critique.

Según Roderigo di Castiglia, la *Sinfonía de Leningrado* de Shostakovich es un «artificio», si no un «timo y una deshonestidad». Podría citar docenas de artículos de *Literatura soviética* –en las ediciones francesa, inglesa, española y alemana– en los cuales se nos invitaba, hace cuatro años, a admirar la *Sinfonía de Leningrado* como una de las sumas realizaciones del arte musical soviético. El hijo menor de Gramsci, que es diplomado en piano y estudiante de Composición Musical en el Conservatorio de Moscú, me dijo que consideraba a Shostakovich como el músico ruso vivo más grande y la *Sinfonía de Leningrado* como una de sus mejores composiciones.

Ahora, Roderigo di Castiglia salta diciendo lo contrario, haciéndose fuerte en este argumento: «¿Quién ha dicho que deberían ocuparse de los problemas artísticos sólo los "competentes"?» En respuesta, le pregunto yo a él: «¿Quién ha dicho que se deban ocupar los incompetentes?»

En su nota, hace un gran discurso sobre los Comités Cívicos y sobre el racismo hitleriano, que no tenían nada que ver con el asunto. Pero, sin embargo, nos llega algo que nos recuerda, desgraciadamente, al racismo hitleriano y al histerismo de su desfogarse indiscriminadamente contra la pretendida «degeneración» de todo el arte de nuestro tiempo, la *verfehmte Kunst*, como la llamaban los nazis. En la escuela, antes del fascismo, nos enseñaban a admirar a Euclides, quien «negó al tirano que hubiese, en la geometría, un camino particular para los reyes.» Hoy, si amamos el arte y estimamos al pueblo, debemos tener la lealtad de decirle al pueblo que el arte es difícil y requiere devoción, humildad, dedicación y sacrificio. Hago el trabajo de reconocer el valor artístico en las composiciones musicales desde hace veinte años y, cuando me pasa que escucho una música por primera vez, es raro que me sienta capaz de expresar un juicio inmediatamente. Sé por experiencia lo mucho que pueden modificarse las primeras impresiones por el conocimiento profundo y la meditación. Por eso, no puedo tomar en consideración la ligereza de quien, sin haber dedicado en su vida una reflexión particular a los problemas específicos de la música, y quizá tampoco a los más generales de la naturaleza y del arte, porfía cuando la radio le ofrece por casualidad un fragmento de una sinfonía de Shostakovich o de Malipiero. Quisiera gastarle una broma y hacerle escuchar, atribuyéndola a Shostakovich o a Malipiero, la *Gran fuga*, op. 133 de Ludwig van Beethoven: estoy seguro de que porfiaría igual.

Discutamos, por tanto, sobre la cuestión, y no digo que discutamos pacíficamente, serenamente, porque es natural que las discusiones sean agitadas. Pero discutamos de verdad, ciñéndonos al tema y sin gesticular, sin meter por medio a los Comités Cívicos y, si es posible, sin que se deba recordar la sombra de Hitler. Ya se había empezado a plantear en la llamada polémica sobre el arte que tenía lugar en las páginas de *L'unità* (edición de Turín en los meses de mayo y junio de 1949), una polémica que, iniciada por Marcato, por mí, por Calvino y por Guerratana, había alcanzado ya un prometedor punto de clarificación, gracias a las intervenciones de Fedele D'Amico y de Valentino Bucchi. Esa es la base para una discusión seria: retomémosla y, por mi parte, me comprometo ahora a contribuir con una serie de artículos que espero que sean acogidos en el periódico en el cual, desde hace más de tres años, me honro en colaborar.

ANÓNIMO, «FUERZAS JÓVENES DE LA PINTURA ITALIANA». *Il calendario del popolo,* Suplemento, Milán, enero de 1951, p. 33.*

También en Italia, a partir de la última guerra, se da un movimiento serio de jóvenes pintores que pretenden abandonar los ejercicios estériles y gratuitos de la forma por la forma del arte abstracto y surrealista para intentar expresar con su arte las cosas de la vida, las cosas que interesan a todos los hombres, las cosas a las cuales ellos mismos se sienten ligados como hombres.

Estos pintores están persuadidos de que nada les confiere el derecho a considerarse superiores, en su calidad de intelectuales y artistas, a los millones de hombres sencillos que luchan por mejorar la sociedad y de los cuales se reconocen hermanos. Por eso quieren acercarse a ellos, también con sus obras. Y este deseo supone para ellos la tarea de perfeccionar y mejorar su arte.

Este camino no está libre de aspereza. En primer lugar, la formación espiritual y estilística del artista moderno, desde hace cincuenta años, es decir: desde principios de siglo, se orienta por completo al concepto del arte por el arte, al abandono de la narración de hechos, incluso al abandono del concepto de «contenido», para atribuir todo el significado y el valor de la obra a su parte formal. En segundo lugar, y esta no es la consideración de menor peso, la atención de la crítica «oficial», las compras, el interés del público que sigue la moda, el parecer de los críticos que otorgan notoriedad a determinados artistas y a determinadas corrientes estéticas y, por tanto, el valor comercial de determinadas obras, favorece en su totalidad al arte abstracto y al surrealismo, al arte formalista, en definitiva.

Por eso, estos jóvenes deben hoy afrontar también dificultades de orden práctico y todo el mundo sabe lo difícil que es la vida del artista.

Sin embargo, debemos decir que la clase trabajadora ya ha empezado a ayudar a sus artistas de forma concreta, a encargar sus cuadros y murales para las sedes de los organismos democráticos, los círculos recreativos, las cooperativas, etc.

En Medicina y en Vignola, por ejemplo, los trabajadores han encargado a Borgonzoni la ejecución de las témperas murales de la Casa del Pueblo.

Además, otro organismo democrático de Pavía ha llamado a dos jóvenes artistas, Gasperini y Nobile, a pintar a témpera los lunetos de un gran salón.

Además, las cámaras del trabajo de los ayuntamientos democráticos adquieren cuadros y dibujos y también organizan premios y exposiciones de importancia nacional sobre temas dedicados al trabajo y a la paz, como el conocido Premio Suzzara, el Premio Ciudad de Melengano, el Premio de Asti, el del semanario *Vie nuove* y muchos más.

---

* Traducción de Juan José Gómez.

Y este es el gran acontecimiento novedoso del arte en Italia: el viejo mecenas está cambiando; el comerciante de arte y los coleccionistas de viejo cuño han comenzado a decaer. Les está sustituyendo un nuevo mecenas que ofrece al artista nuevos contenidos y nuevos sujetos para representar; contenidos y sujetos históricamente válidos y progresistas.

De este encuentro del pueblo con el artista, que ya no es ficticio o vagamente sentimental, sino directo y completo, han de nacer resultados positivos, y esa renovación profunda del arte figurativo que es tan urgente y necesaria.

Comité Central del Partido Socialista Unificado de Alemania, *La lucha contra el formalismo en arte y literatura. Por una cultura alemana de progreso.* Resolución, 15-17 de marzo de 1951.*

Notas preliminares.

En el V Congreso del Comité Central del Partido Socialista Unificado de Alemania, celebrado del 15 al 17 de marzo de 1951 en la Casa de la Unidad, bajo la presidencia de Wilhelm Pieck y Otto Grotewohl, se discutieron en el último punto del orden del día cuestiones relativas a la política cultural. Se trataron de manera especial los ámbitos de la literatura, la escultura, las artes plásticas, la arquitectura, la música, el cine, el teatro y la danza. El transcurso de este debate político-cultural ha quedado reflejado en el *Comunicado sobre el V Congreso del SED*[1] del modo siguiente:

«El camarada Hans Lauter expuso sus opiniones acerca del tema "La lucha contra el formalismo en el arte y en la literatura, por una cultura alemana de progreso". El camarada Lauter confrontó el alza del arte y la literatura en la República Democrática Alemana con la decadencia de la cultura en Alemania Occidental causada por el imperialismo anglo-americano. A continuación, disertó detalladamente acerca de las tendencias formalistas en el arte y la literatura, y de cómo estas dificultan la rápida expansión de una cultura alemana de progreso, amenazando la herencia nacional cultural. La superación del formalismo y el desarrollo de una cultura de progreso ligada al pueblo son de vital importancia en la lucha del pueblo alemán por la paz, la unidad y la prosperidad.

En el debate en torno a este punto del orden del día, tomaron la palabra un buen número de reputados escritores y artistas, invitados por el Comité Central para discutir al respecto. Así:

Arnold Zweig, Fred Oelßner, Axen, Helene Weigel, Wandel, el catedrático Sr. Nagel, Ernst Hoffmann, el Dr. Liebknecht, el Dr. Maetzig, Winzer (Cuba), Wünschmann, Lohagen, Becher, Kebler, Rodenberg, el catedrático Sr. Meyer, Girnus.

Acto seguido, el Comité Central aceptó en principio la resolución *La lucha contra el formalismo en el arte y en la literatura, por una cultura alemana de progreso*, y lo remitió al Politburó para su redacción definitiva y publicación.

La ponencia del camarada Hans Lauter, el debate y la resolución están contenidos en este impreso. Estos materiales representan una guía para que todos los funcionarios y funcionarios culturales del Partido y de las organizaciones de masas, e igualmente todos los intelectuales en la empresa, la administración, la escuela y el campo, sepan actuar.

---

* Traducción y notas de Juan Pablo Larreta y Víctor Manuel Borrero.
1. Siglas de Sozialistische Einheitspartei Deutschlands (Partido Socialista Unificado de Alemania), del cual no existe una traducción autorizada. Esta es la versión que proponemos.

Para edificar una cultura alemana nacional de progreso es indispensable el estudio sistemático y profundo de estos documentos, así como su manejo colectivo.»

Sección Cultural del Comité Central del SED.

La lucha contra el formalismo en el arte y en la literatura, por una cultura alemana de progreso.

Resoluciones del Comité Central del Partido Socialista Unificado de Alemania en el congreso celebrado entre el 15 y el 17 de marzo de 1951.

La aniquilación del fascismo de Hitler y la liberación del pueblo alemán por parte del glorioso Ejército Soviético crearon las condiciones para los cambios democráticos fundamentales, los cuales posibilitaron importantes resultados en todos los ámbitos de la vida económica, política y cultural. Con la disposición de 31 de marzo de 1949 sobre preservación y desarrollo de la ciencia y la cultura alemanas, la consiguiente mejora de la situación de la inteligencia y el impulso de su papel en la producción y en la vida pública, y con la disposición de 16 de marzo de 1950 para el desarrollo de una cultura democrática de progreso del pueblo alemán y para la ulterior mejora de las condiciones de vida y de trabajo de la inteligencia, fueron creadas las condiciones necesarias para la expansión de una auténtica cultura democrática en Alemania.

El cometido principal en el ámbito político-cultural fue formulado en las resoluciones de las III Jornadas del Partido Socialista Unificado de Alemania sobre «La situación actual y los cometidos del SED» como sigue:

«También en el ámbito de la política cultural se encuentra en el eje de toda nuestra labor la lucha por la paz, por la unidad democrática de Alemania y por la afirmación de un orden antifascista y democrático. Gracias a la política cultural, los hombres serán educados para ser auténticos demócratas, ciudadanos activos, autónomos y conscientes de su responsabilidad, especialistas que ponen toda su capacidad al servicio de la paz, del progreso y de la democracia.

Esta educación sólo puede prosperar en la lucha implacable contra las doctrinas imperialistas caníbales de los instigadores a la guerra. Cada tentativa de hacer una presentación objetiva de estas ideologías implica su difusión, y con ello, su amparo. Por ello, es tarea primordial de la política cultural conseguir dar un giro radical en todos los ámbitos de la vida cultural y acabar de modo inclemente con la indolencia y el exceso de transigencia.»

La resolución de los grandes cometidos del Plan Quinquenal exige esfuerzos redoblados para la consiguiente elevación del nivel cultural de la población urbana y agrícola, y la creación de un estrecho vínculo entre la ciencia, el arte y la literatura con el pueblo obrero.

La lucha contra el rearme, para la creación de nuevas condiciones para la unidad de Alemania sobre bases democráticas y a fin de alcanzar en este año 1951 un tratado de paz con Alemania, es el cometido más importante de todo el pueblo alemán. Este cometido sólo puede consumarse por la lucha decidida contra el imperialismo americano, ávido de guerra, el cual ya ha transitado por el camino de las provocaciones abiertas y brutales.

Logros culturales en la República Democrática Alemana.

El Comité Central del Partido Socialista Unificado de Alemania hace constar que en la República Democrática Alemana se obtuvieron resultados en el ámbito del arte y de la literatura de los que, con razón, los alemanes progresistas se sienten orgullosos.

Estos corresponden a las obras de los escritores y poetas Arnold Zweig, Johannes R. Becher, Bertolt Brecht, Anna Seghers, Bernhard Kellermann, Friedrich Wolf y Willy Bredel, Erich Weinert, Hans Marchwitza, Bodo Uhse, Stephan Hermlin, Kurt Bartel (Cuba), Alfred Kontorowicz, escritas durante la emigración o después de 1945 y publicadas en los últimos años. Estas obras han contribuido de modo significativo al cambio de mentalidad operado en el pueblo alemán. Cuentan entre ellas el *Himno nacional alemán* y una serie de canciones populares y juveniles compuestas por Johannes R. Becher y Hanns Eisler.

En el arte cinematográfico hubo resultados destacados, como *Unser täglich Brot, Die Buntkarierten, Der Rat der Götter* y *Die Sonnenbrucks.*

Existen igualmente algunas buenas puestas en escena en el género del teatro y de la ópera, así como resultados dramatúrgicos extraordinarios. Entre las tentativas más logradas para la representación sobre el escenario de la problemática contemporánea son destacables las piezas dramáticas *Du bist der Richtige* y *Golden fließt der Stahl.*

Con el *Mansfelder Oratorium*, sus creadores han logrado una obra que ocupa un lugar destacado en la vida cultural en la República Democrática Alemana.

Forma parte de los éxitos en arte y en literatura la organización de festivales, premios y celebraciones conmemorativas del año de Goethe en 1949 y del año de Bach en 1950.

Situación y tareas pendientes en la Alemania Occidental.

En contraposición a los logros culturales en la República Democrática Alemana, la vida cultural en Alemania Occidental y en Berlín Oeste ha alcanzado un nivel ínfimo y catastrófico como consecuencia de la influencia perniciosa del capitalismo monopolizador americano. La fobia cultural del americanismo cobra expresión en la limitación de la libertad de la creación artística, en la persecución de científicos y artistas progresistas, en el boicot y en los pogromos contra ellos.

Aunque la mayoría de los intelectuales en el oeste de nuestra patria rechaza el rearme, muchos artistas centran su quehacer artístico en poner su arte al servicio del enemigo del pueblo alemán. Por ejemplo, algunos pintores tomaron parte en un concurso de carteles para la popularización del Plan Marshall.

El cometido de los intelectuales germano-occidentales progresistas consiste en fomentar con todo su empeño la consulta al pueblo contra el rearme y a favor de la resolución de un tratado de paz con Alemania en este año 1951, e igualmente consiste en asumir la oposición al rearme y el favorecimiento de la fundación de una Alemania unificada, democrática, pacifista e independiente, no sólo como una postura personal determinante, sino también como argumento de su propia creación artística. Todo ello depende de que los intelectuales pacifistas y patriotas de la Alemania Occidental sean conscientes de la responsabilidad compartida por las dos Alemanias de intensificar la lucha contra la barbarie cultural americana y de involucrarse a favor de la conservación de la herencia cultural nacional y del desarrollo de una cultura democrática al servicio del pueblo.

Debilidades y deficiencias de la labor cultural.
A pesar de todos los logros obtenidos, los grandes resultados en el ámbito cultural no han seguido el mismo curso en los terrenos económico y político.
El camarada Johannes R. Becher manifestó en nuestro III Congreso del Partido:

> «Sería tan insensato como malsano pretender negar, u ocultar bajo cualquier género de incriminación que nosotros, los intelectuales, no hemos respondido en nuestros resultados artísticos a los retos de hoy, a los retos del momento. ¿Qué hemos ofrecido nosotros, salvo contadas excepciones, frente a los logros del movimiento de activistas?»

La causa principal del atraso en el arte respecto a los retos del momento es consecuencia del dominio del formalismo en el arte, así como de la falta de claridad de la creación artística respecto a la orientación y a los métodos en la República Democrática Alemana.

Muchos de los mejores representantes del arte alemán moderno se encuentran, en el momento de crear, ante la gran incompatibilidad entre un contenido nuevo y los medios inútiles del arte formalista. Para conformar un nuevo contenido es preciso superar el formalismo.

El formalismo implica la descomposición y destrucción del propio arte. Los formalistas niegan que el significado decisivo resida en el contenido, en la idea, en el pensamiento presente en la obra. Según su concepción de la misma, el significado de una obra de arte no consiste en su contenido, sino en su forma. Pero, por encima de todo, allí donde la cuestión de la forma obtiene un significado autónomo, el arte pierde su carácter humanístico y democrático. La forma del arte que no viene determinada por el contenido de la obra artística conduce a la abstracción. Una forma dada que contraviene la realidad objetiva no puede mediar el conocimiento de la realidad objetiva. Si el conocimiento de la realidad no es mediado a través del arte, el arte tampoco cumple, pues, su elevada misión, habida cuenta de que según Karl Marx, el arte es, en todas las etapas de evolución de la humanidad, el método práctico artístico para asimilar el mundo o, con otras palabras, es una forma de conocimiento de la realidad.

La negación del significado fundamental del contenido de una obra artística no es una señal de atraso por la que no pueda haber redención para un artista verdadero, antes bien conduce a la destrucción de la forma artística. La negación del contenido y la destrucción de la forma artística implican la descomposición y la destrucción del propio arte.

El rasgo más importante del formalismo consiste, bajo el pretexto o incluso la intención errónea de desarrollar algo «completamente nuevo», en el esfuerzo por completar la ruptura total con la herencia cultural clásica. Ello lleva al desarraigo de la cultura nacional, a la destrucción de la conciencia nacional, favorece el cosmopolitismo y conlleva el apoyo explícito de la política belicista del imperialismo americano.

Los representantes de los intereses de los imperialistas ponen todo el empeño en destruir la dignidad y la conciencia nacionales con la intención de preparar a los pueblos de los estados satélites americanos para que les saquen las castañas del fuego a estos imperialistas en caso de una Tercera Guerra Mundial; y se esfuerzan en bloquear la oposición de los pueblos que se encuentran acantonados en el terreno de la democracia y de la paz.

Un arma ideológica decisiva del imperialismo para la consecución de este fin criminal es el cosmopolitismo. En el arte, el formalismo cumple en primera línea y en todas sus manifestaciones la tarea de socavar y destruir la conciencia nacional de los pueblos. Por este motivo, uno de los cometidos más importantes del pueblo alemán consiste en salvaguardar su herencia cultural nacional. A nuestros artistas y escritores alemanes se les plantea desde entonces la tarea de desarrollar una nueva cultura democrática alemana vinculada a la herencia cultural.

Es asimismo característico del formalismo su distanciamiento respecto a lo humano, a la idiosincrasia de la cultura, y el abandono del principio en virtud del cual el arte debe estar al servicio del pueblo.

La función del arte formalista.

La producción capitalista es enemiga de ciertas vertientes productivas humanísticas como el arte y la poesía (Karl Marx: Teoría de la plusvalía). En la época imperialista, el capitalismo destruye el arte verdadero.

Los potentados imperialistas impiden, a través de posiciones económicas y estatales, que el arte medie el conocimiento de la realidad, al tiempo que abusan del arte bajo la pretensión de conservar sus posiciones, y al objeto de mantener a obreros y oprimidos a distancia de la lucha por la libertad y por la emancipación, y a los hombres de la lucha por la paz.

Todas las orientaciones y concepciones en el arte que separan el arte de la vida y que conducen a la abstracción consisten en un apoyo objetivo al imperialismo.

Dado que el arte formalista no procura el conocimiento de la realidad, separa el arte del pueblo y conduce a la abstracción, aquel sirve, objetivamente, al imperialismo. El aislamiento del arte y del artista respecto del pueblo, la glorificación de lo «místico» y de lo «arcano», de lo «sobrenatural», son manifestaciones de descomposición del arte en la época imperialista del capitalismo. A estas pertenecen igualmente la glorificación de la fe en la fuerza bruta, el enaltecimiento de lo reaccionario y lo banal, del asesinato, la brutalidad y la pornografía.

Muestras de formalismo.
Una muestra de formalismo en pintura fue el mural de Horst Strempel en la estación ferroviaria Friedrichsstraße en Berlín. Las personas retratadas en él carecían de los rasgos característicos de nuestros mejores hombres lealmente entregados a la causa del progreso: en este sentido, estas personas estaban proporcionadas de manera informe y resultaban repulsivas.

También en los trabajos de Max von Ligner aparecen rasgos del formalismo, como en el sobre del *Calendario del pueblo* del año 1951.

Especialmente en el ámbito de las artes plásticas hay muchos artistas parcialmente capacitados cuyos trabajos son formalistas. Cuentan también entre estos una extensa nómina de docentes en escuelas y escuelas superiores de arte que preparan a sus estudiantes según el principio formalista.

En la arquitectura, que tiene ante sí grandes cometidos en el marco del Plan Quinquenal, principalmente el llamado estilo «Bauhaus» y la actitud de base constructivista, funcionalista de muchos arquitectos, nos impiden el desarrollo de una arquitectura que exprese las nuevas relaciones sociales en la República Democrática Alemana. En obras arquitectónicas como el bloque de viviendas de la Avenida de Stalin en Berlín, la colonia residencial de la Facultad de Obreros y Agricultores de la Escuela Técnica Superior de Dresde y en distintos edificios administrativos, queda de manifiesto que la idea artística de un arte arraigado al sentimiento del pueblo está atrofiada.

La mayoría de los arquitectos parten de manera abstracta y privativa del aspecto técnico de la construcción, desprecian la conformación artística de la obra arquitectónica y rechazan la sujeción a modelos del pasado.

En la misma situación se encuentra el diseño arquitectónico de interior de viviendas, los edificios administrativos, los casinos, los cines y los teatros. Igualmente sucede con los proyectos para la construcción en serie de muebles y otros objetos de consumo para la vida diaria. La producción de loza y porcelana no resulta artística ni práctica y no se corresponde con las exigencias legítimas que nuestro pueblo demanda de la producción artística.

En la música, la ópera *Antígona*, representada en Dresde en este año 1951, constituye un ejemplo típico del formalismo. Su música era monótona, carente de melodía, en lo fundamental replicada por instrumentos de percusión altamente ruidosos y pobres en fuerza compositiva musical real. La música de la ópera *Das Verhör von Lukullus* es también formalista.

El formalismo y la decadencia en la música se ponen de manifiesto en la destrucción de auténticos valores sentimentales, en la deficiencia de los contenidos sobre sentimientos humanos y de una atmósfera de decadencia desesperada, que adquiere expresión en mística evasionista, armonía desgarrada y melodía marchita.

Un ejemplo de cómo el formalismo se pone en evidencia a través de una escenificación errónea de una ópera clásica que cuenta en principio con buenas condiciones artísticas, fue la representación de la ópera *Ruslan und Ludmilla* de Miguel Glinka en la Ópera Estatal Alemana de Berlín.

Cuando en una ópera o en otra obra escénica se representa la vida del pueblo los personajes deben ser arquetípicos del pueblo y de la época en que se desarrolla la acción y deben corresponder a las ideas del autor.

Errores parecidos fueron cometidos igualmente en otras obras escénicas, como la ópera *Undine* y el ballet *Don Quixote*. Más allá de estos ejemplos, el formalismo se manifiesta también en el género escénico a través de la configuración ininteligible, enigmática, tendente hacia lo irreal de muchas escenografías.

Las mismas deficiencias son válidas para el ballet, que se encuentra por término medio en un nivel inferior y sólo en una reducida proporción recurre a las tradiciones. La danza expresiva cultivada por nosotros significa el deslizamiento hacia formas de expresión inconcebibles, la ininteligibilidad, el misticismo y, consecuentemente, hacia el formalismo.

En lo que atañe al teatro, desde 1943 han sido representadas muchas buenas escenificaciones de piezas de actualidad tanto clásicas como progresistas. En este caso, las deficiencias consisten en la insuficiente selección de obras desde el punto de vista del apoyo y la admiración de nuestro pueblo respecto a la solución de sus grandes cuestiones vitales (como la ejecución del Plan Quinquenal, la lucha por la libertad, la unidad de Alemania, etc.), y en la debilidad parcial de ciertas puestas en escena.

La renovación de la opereta y de la comedia y su ejecución con un contenido progresista tampoco se ha consumado aún de manera satisfactoria. La situación de los géneros pequeños es decepcionante, los cuales apenas han desarrollado nuevas orientaciones y formas expresivas y se han dirigido retrospectivamente hacia el pasado dando muestras de poca calidad. El cabaret, el teatro de variedades y el teatro de marionetas precisan de una renovación urgente mediante temas progresistas que deben ser conformados artísticamente.

Contra lo kitsch.
Los destructores imperialistas de la cultura aplican el arma de lo *kitsch* para envenenar la conciencia y para embrutecer el gusto de la amplia masa popular. Lo *kitsch* es pseudoarte. Lo *kitsch* es también forma artística con contenido falaz. Todo ello adquiere expresión en la difusión masiva de revistas pornográficas, novelas policíacas y de *kolportage* de la peor especie y en la producción de películas *kitsch* y policíacas. Por otra parte, el cosmopolitismo de las canciones de moda es un medio importante para el embrutecimiento del ser humano y tiende asimismo a destruir la herencia cultural nacional de los pueblos.
El formalismo y lo *kitsch* cumplen una función concreta en el interés del imperialismo misantrópico y de su política de propagación de guerras.

Contra Proletkult.
Un peligro añadido que sofrena el desarrollo de nuestra creación artística es Proletkult, la cual desprecia completamente la forma artística y sólo tiene en consideración el contenido como norma. La idea de que sólo se pueden realizar nuestras tareas político-culturales con temas que traten nuestros cometidos actuales, llámese Plan Quinquenal, etc., y para cuya realización la forma artística es completamente subsidiaria, soslayando la herencia cultural clásica, es básicamente errónea.
Ya Lenin en 1920 afirmaba a este respecto:

> «Sin una clara comprensión de que sólo por medio de un conocimiento exacto de la cultura concebida en el desarrollo completo de la humanidad, de que sólo a través de su adaptación puede constituirse una cultura proletaria –sin tal comprensión no podremos resolver esta tarea.
> La cultura proletaria no cae del cielo, no es un invento de hombres que tienen el título de especialistas en cultura proletaria. Esto es un completo sinsentido. La cultura proletaria debe ser el desarrollo ulterior de aquella suma de conocimientos que la humanidad ha asimilado bajo el yugo de la sociedad capitalista, de la sociedad de terratenientes, de la sociedad de funcionarios.»

El vínculo con los grandes logros del pasado, con la herencia cultural clásica, es la cuestión fundamental para el desarrollo ulterior de la creación artística en la República Democrática Alemana.

La situación en la literatura.
También en la literatura ha de constatarse que ha defraudado las exigencias del momento, esto es, el tratamiento de cuestiones como la lucha por la libertad, por la unidad de Alemania, por la ejecución del Plan Quinquenal.
El Comité Central del Partido Socialista Unificado de Alemania considera necesario crear una literatura que constituya un poderoso apoyo a la solución

de las grandes cuestiones vitales del pueblo alemán a partir de los escritos decisivos en esta línea que han tomado forma en los trabajos de Willy Bredel: *Fünfzig Tage*, de Claudius: *Johannes im Feuerofen* y de Hauptmann: *Das Geheimnis von Sosa*.

La disputa en torno al realismo en el arte y en la literatura.
Para superar el dominio del formalismo en el arte es necesario desarrollar un arte realista.

«Según mi opinión, realismo significa, además de la fidelidad al detalle, la reproducción fiel de caracteres arquetípicos en situaciones arquetípicas.» (Engels a Margaret Harkness, abril de 1883)

Para desarrollar un arte realista nos orientamos siguiendo el ejemplo de la gran Unión Soviética, instauradora de la cultura del progreso en el mundo.

El camarada Zhdanov lo formuló en el año 1934 de la siguiente manera:

«El camarada Stalin ha llamado a nuestros escritores ingenieros del alma humana. ¿Qué significa esto? ¿Qué deberes os impone esta denominación?

Esto significa, en primer lugar, conocer la vida, para saber representarla fielmente en las obras artísticas, y representarla no de modo escolástico, exánime, no simplemente como "realidad objetiva", sino como realidad en su desarrollo revolucionario.

Así, la veracidad y la concreción histórica de la representación artística deben combinarse con el deber ideológico de reformar y educar a los trabajadores en el espíritu del socialismo. Este método aplicado a la literatura y la crítica literaria es lo que nosotros llamamos método del realismo socialista.»

¿Qué enseñanzas debemos extraer nosotros para el conocimiento intelectual en la República Democrática Alemana? Para desarrollar un arte realista «que [...] dé expresión a las nuevas relaciones sociales en la República Democrática Alemana» (Resolución del Tercer Congreso del SED) nuestros artistas tienen que representar la vida de modo verdadero, en su desarrollo hacia el futuro. Para ello, el conocimiento del desarrollo de la vida real es imprescindible. Las circunstancias típicas de nuestra época, bajo las cuales debe tener lugar esa representación fiel de los caracteres arquetípicos, son las nuevas relaciones sociales de la República Democrática Alemana. Ahí está la lucha por la solución de las cuestiones vitales de nuestro pueblo.

En correspondencia con estas nuevas relaciones, la representación históricamente concreta, artística y fiel de la realidad debe relacionarse con la tarea de educar a los hombres en el espíritu de la lucha por una Alemania unida, democrática, pacífica e independiente y por el cumplimiento del Plan Quinquenal; en definitiva, en la lucha por la paz.

El arte realista proporciona el conocimiento de la realidad y despierta en el hombre aspiraciones adecuadas para materializarse en una actividad progresista y creativa respecto a las cuestiones vitales de nuestro pueblo.

El realismo y la herencia cultural clásica.
La veracidad y el realismo son propios del arte clásico, el cual tuvo la capacidad de alcanzar la unidad entre un sentimiento más profundo y una forma artística brillante. Todos los grandes artistas de la herencia cultural clásica eran amigos de la paz, realistas y humanistas.

«No sabemos de mundo alguno si no es en unión con el hombre: no queremos ningún arte que no sea una reproducción de esa unión.»
(Johann Wolfgang von Goethe)

Es sobre todo necesario reconocer la honda importancia de la herencia clásica, estudiarla y continuar desarrollándola bajo las nuevas condiciones, desde la perspectiva de la lucha por la paz y la unidad democrática de Alemania, desde la perspectiva del cumplimiento de las grandes tareas en el marco del Plan Quinquenal, para lo cual hay que establecer una compenetración profunda y orgánica con el pueblo.

Crítica y autocrítica en el arte.
Reforzar la prosecución del debate en todos los ámbitos del arte y la literatura es de gran importancia para la superación del atraso en el arte. Este debate, así como la mención pública de todos los fallos y deficiencias, será de la mayor utilidad para todos nuestros artistas y escritores. El debate abierto, unido a una crítica objetiva, es una premisa básica para que el arte pueda seguir desarrollándose. Quien tema la crítica a su trabajo, tampoco podrá evolucionar en su labor creativa ni superar sus puntos débiles.

Cultura y prensa.
Debe quedar claro que ni la crítica literaria ni la crítica del arte han mostrado el camino que, por un lado, ayude a escritores y artistas a seguir superándose y, por otro, acerque a los trabajadores a la creación literaria y artística. Las críticas literaria y del arte deben partir de los intereses del pueblo y de la recreación realista, artísticamente sin tacha, de la literatura y de las obras de arte. Para realizar esta tarea es además necesario que crítica literaria y crítica del arte no se manifiesten en un lenguaje erudito, que sólo muestre lo instruido que es el crítico, sino en un lenguaje que también sea entendido verdaderamente por los trabajadores.

Muy rezagado se ha quedado el desarrollo de una crítica literaria realista que no sea sólo cosa del crítico de profesión, sino asunto de todos los escritores. Paul Rilla y Fritz Erpenbeck han hecho en sus trabajos propuestas acerca de lo fundamental en las críticas literaria y del arte y nos muestran el camino que ha de seguirse.

Tampoco en la prensa de nuestro partido se ha prestado mayor atención a cuestiones referentes al arte y la literatura. Es necesario que las redacciones se preocupen de difundir ampliamente en sus periódicos cuestiones de crítica literaria, así como el debate sobre los problemas del arte, para lo cual las redacciones tienen que expresar colectivamente sus opiniones en torno a acontecimientos de peso en la vida cultural. El caso no es tratar estas cuestiones sin más de un día para otro, sino proporcionar una ayuda responsable y fundamental.

Tareas pendientes en el arte y la literatura.
Para seguir avanzando en el ámbito artístico, el Comité Central del Partido Socialista Unificado de Alemania considera imprescindibles las siguientes medidas:

a) El Comité Central del Partido Socialista Unificado de Alemania cree llegado el momento de constituir la Comisión Estatal para Asuntos Artísticos, cuya tarea principal será la dirección de la labor en los teatros, instituciones estatales para música, danza y canto, institutos de artes plásticas y escuelas y facultades de arte. La Comisión Estatal para Asuntos Artísticos ejercerá también la dirección metódica general para el desarrollo del arte laico y apoyará el trabajo de las organizaciones sociales en este terreno.

b) Para continuar mejorando la creación artística en la República Democrática Alemana es necesario establecer las relaciones más estrechas posibles entre el arte y la literatura, por un lado, y las actuales tareas, especialmente las que propugna el Plan Quinquenal, por otro. El Plan Quinquenal no sólo propone numerosos temas que pueden ser objeto de una recreación artística, sino que su cumplimiento exige prestaciones artísticamente sobresalientes en la realización de los proyectos individuales.

La mayor ayuda para alcanzar una recreación artísticamente exitosa de temas actuales es estudiar cómo se recrean los problemas de su tiempo en los grandes clásicos. El tratamiento de temas actuales, aplicando las enseñanzas sacadas de este estudio, es la contribución más importante de los artistas al cumplimiento del Plan Quinquenal.

Por ello es exigible a los teatros que, p. ej., recojan en sus programaciones las mejores piezas de la herencia cultural clásica, y las lleven a escena con un buen montaje.

Es necesario recrear, mucho más que lo hecho hasta ahora, problemas actuales con la ayuda de la comedia en la escena, el cine, la radio y el teatro de marionetas, para así poner en la picota versiones anticuadas y mostrar cómo pueden ser superadas las dificultades de convertir en realidad nuestro gran plan de formación.

Los progresos registrados en la radio acerca de la recreación artística de problemas actuales, por ejemplo en el drama radiofónico, son una contribución importante para la superación del formalismo. Por el contrario, hay que reforzar decisivamente el cuidado de la herencia cultural clásica y del arte popular, especialmente de la canción y la música populares. No se trata únicamente de emitir programas que aborden temas de la herencia cultural. Mucho más necesario resulta explicarlos y aclararlos para su correcta comprensión. En los programas culturales hay que incluir ponencias breves, charlas sobre libros, exposiciones, trabajos artísticos, etc., así como críticas sobre obras formalistas y los métodos de educación que les son inherentes. También en la lucha contra lo *kitsch* tiene que realizar la radio una tarea decisiva, sobre todo en la lucha contra la degeneración de la música de baile. Todos los programas culturales deben ofrecer un nivel alto.

c) Se recomienda a los camaradas del SED en el Ministerio de Educación Popular de la República Democrática Alemana que se ocupen de introducir, con la mayor celeridad posible, medidas para mejorar la formación de las nuevas generaciones de artistas. Para ello hay que procurar que se superen la minusvaloración y la perspectiva formal de las clases relativas a las ciencias sociales en las escuelas de arte. Hay que volver a reelaborar los planes de estudio, en parte asistemáticos, tanto en la educación técnica como en la de las ciencias sociales. Es imprescindible que a los estudiantes se les introduzca en la herencia clásica y que se estudien muy especialmente las obras de los clásicos. El estudio de las obras de Marx, Engels, Lenin y Stalin acerca del materialismo dialéctico e histórico, así como acerca del arte y la literatura, es la premisa fundamental para una comprensión correcta del papel del arte en el desarrollo de la sociedad.

Se hace igualmente necesario superar la minusvaloración existente entre los estudiantes acerca de los estudios en el campo artístico, así como un cierto desprecio hacia lo artesano. También aquí hay que aprender de los antiguos maestros, quienes manejaban extraordinariamente lo artesano en el arte, y siempre trabajaron de manera muy cuidada y minuciosa.

Hay que elevar el número de hijos de campesinos y trabajadores entre los estudiantes de arte; y además hay que elaborar nuevas disposiciones, en las que se debe considerar que sean admitidos los miembros más dotados de entre los grupos de arte laico.

d) Se recomienda a los camaradas en la Federación Cultural para la Renovación Democrática de Alemania que centren los esfuerzos de sus actividades en conseguir la participación activa de los artistas alemanes del Este y del Oeste en la lucha por la paz, en apoyar vigorosamente la lucha contra el rearme y a favor de cerrar un tratado de paz con Alemania en este año 1951. Se trata de organizar la lucha contra la barbarie cultural americana y a favor de una cultura democrática que enlace con nuestra tradición cultural clásica.

Para lograr la unidad de los artistas de Alemania del Este y del Oeste en esta lucha por la paz y por una Alemania unida, democrática, pacífica e independiente, hay que organizar de modo creciente conversaciones panalemanas en los más diversos ámbitos.

e) El Comité Central del Partido Socialista Unificado de Alemania recomienda a sus camaradas del SED en la dirección de la Asociación de Escritores de la Federación Cultural para la Renovación Democrática de Alemania que difundan ampliamente el debate en torno a cuestiones sobre literatura y arte, y que organicen y dirijan el trabajo de la Asociación de Escritores planificadamente, de modo que sean tratados todos los temas que afecten decisivamente a las cuestiones vitales de nuestro pueblo, para lo cual es premisa indispensable impulsar el trabajo colectivo dentro de la dirección de la Asociación.

Conviene a estos objetivos editar una revista donde aparezcan trabajos literarios previamente a su publicación para discutir sobre ellos. Igualmente es indispensable proporcionar urgentemente a los jóvenes escritores las experiencias y las capacidades de nuestros grandes artistas.

f) El Comité Central del Partido Socialista Unificado de Alemania recomienda a los camaradas de la Asociación de Artistas Plásticos de la Federación Cultural para la Renovación Democrática de Alemania discutir y, al mismo tiempo que se debate amplia, profunda y objetivamente acerca de cuestiones referentes al arte, elaborar propuestas para la edición de un órgano de publicación, para que desde ese órgano pueda conducirse un debate constante, provisto de buenas imágenes, acerca del desarrollo de la pintura, la escultura y la arquitectura. Es conveniente organizar este mismo año una exposición de arte en la que se expongan los nuevos trabajos y bocetos de pintores, escultores y arquitectos.

g) Es tarea de los camaradas de la Asociación de Compositores y Musicólogos de la Federación Cultural para la Renovación Democrática de Alemania promover un debate y una crítica constantes acerca de cuestiones relativas al formalismo en la música, para que la Asociación de Compositores colabore desde un principio en el desarrollo de la creación musical, especialmente en el campo de la ópera y de la música sinfónica y supere el actual atraso.

Al igual que en los demás ámbitos artísticos, también en la música el cultivo y la conexión del quehacer creativo con el arte popular es una cuestión decisiva para el desarrollo de una nueva cultura democrática. Esto es válido sobre todo en lo referente al cultivo de la canción popular alemana. Una ayuda significativa en la creación de obras corales y de canciones para el canto colectivo con temas de actualidad es el estudio y el vínculo con la tradición del arte popular.

h) Es necesario que las tres asociaciones organicen para los artistas, bajo la dirección de la Federación Cultural para la Renovación Democrática de Alemania, el estudio del marxismo-leninismo. A través del estudio del marxismo-leninismo (de la ciencia sobre las leyes evolutivas en la naturaleza y en la sociedad) les será posible a los artistas representar de la mejor manera posible la vida en su evolución hacia el futuro. Puesto que la participación activa de los artistas en la vida política y en la reconstrucción democrática (p. ej. en el trabajo del Comité para la Paz, en las comisiones del Frente Nacional de la Alemania Democrática y en otras[1] organizaciones) y la conexión estrecha e inmediata con activistas, trabajadores y miembros de la Inteligencia en las empresas estatales, MAS y VGS, etc., son la premisa para una recreación exitosa de los problemas actuales, a través de las direcciones de estas asociaciones deberá organizarse planificadamente la participación de los artistas en este trabajo. En estas asociaciones habrá que formar direcciones capacitadas para desarrollar métodos de trabajo colectivos y para ocuparse de que, por un lado, se elimine el aislamiento de algunos artistas respecto al pueblo y, por otro, se supere el exceso de carga de trabajo técnico-organizativo que les roba a los artistas tiempo para su actividad creativa.

Para cumplir sus tareas, es imprescindible que estas asociaciones publiquen, en sus órganos editoriales, traducciones de obras, trabajos teóricos y debates procedentes de la Unión Soviética y de los países con democracia popular.

Es un factor esencial para la mejora continuada del trabajo de estas asociaciones el refuerzo del tratamiento de cuestiones referentes a las jóvenes generaciones. Hay que darle más valor que lo hecho hasta ahora a la formación (por medio de los artistas más dotados y experimentados) de fuerzas nuevas y jóvenes, especialmente las salidas de las filas de la FDJ[2] y de su dirección.

Es imprescindible, cuando se estudie la cultura de la Unión Soviética, la colaboración más estrecha posible con la Sociedad para la Amistad Germano-Soviética, la cual posibilita la asimilación de experiencias de la Unión Soviética por medio de la organización de eventos culturales y cinematográficos, de la ayuda en la elección y el estudio de una literatura determinada, imprescindible para el conocimiento de aportaciones culturales, etc.

i) El Comité Central del Partido Socialista Unificado de Alemania recomienda a sus camaradas del SED en el Sindicato de Arte (Escena, Cine, Música, Variedades, Radio) difundir ampliamente el debate en torno a cuestiones relativas a la literatura y el arte, con la meta de que la obra de arte logre un efecto pleno por medio de una representación fiel de la realidad, de alta calidad artística. Esto exige, sin embargo, la plena toma de consciencia sobre sí mismos de los artistas, pues la obra de arte sólo puede ofrecerse consumada cuando el artista la capta en todo su significado. Por ello resulta necesario que el trabajo docente sindical mejore a través del Sindicato de Arte, y que en todos los teatros se ofrezca, al inicio de los ensayos de una nueva obra y por parte de persona competente, una introducción a los problemas políticos y sociales de los que trate esa obra.

---

1. El adjetivo que acompaña a «Organisationen» es ilegible en el original.
2. Freie Deutsche Jugendliche, la organización juvenil del SED.

El Comité Central del Partido Socialista Unificado de Alemania declara que los artistas de la República Democrática Alemana tendrán todo el apoyo de nuestro partido para superar el atraso en el terreno artístico y para hacer de la literatura y el arte unas armas poderosas del pueblo alemán en la lucha para solucionar sus cuestiones vitales.

ÍNDICE.

1. Notas preliminares.
2. **Hans Lauter: La lucha contra el formalismo en el arte y en la literatura. Por una cultura alemana de progreso.**
Nuestros logros.
¿Dónde deben rastrearse las causas del estancamiento?
¿Qué papel desempeña el formalismo?
Sobre la situación en la Alemania occidental.
El nivel cultural de los trabajadores en la RDA sale triunfante.
La lucha contra lo *kitsch*.[3]
El peligro de Proletkult.
Orientar tomando como ejemplo la Unión Soviética.
¿Hacia dónde hay que mirar para implantar el arte realista también en la RDA?
A propósito del debate sobre arte.
Encargos a los artistas.
Sobre la preparación del Congreso de Jóvenes Artistas.
Sobre la mejora de la situación en las Escuelas de Arte.
La tarea primordial en el arte y en la literatura.

3. Debate.
Arnold Zweig: Sobre los pros y los contras de la ópera *Lukullus* de Brecht-Dessau.
Camarada Fred Oelßner: Una serie de notas críticas sobre las representaciones de Arnold Zweig – Los artistas deben superar la idea de espontaneidad en la creación artística – Una cultura de progreso debe nacer ligada a la gran herencia cultural del pueblo – Aprender del arte en la Unión Soviética y en otros países – Artistas y estudiantes de arte deben formarse en maestrías de artesanía.
Camarada Hermann Axen: Elevar el nivel de la crítica literaria – Ejercer una crítica más fundamentada en el ámbito del teatro, la música y el cine – Combatir lo *kitsch* en la radio.

---

3. No traducimos este término de origen alemán al español porque entendemos que ya forma parte de la terminología de la Crítica Literaria y de la Estética en el ámbito hispánico.

Helene Weigel: Poner a disposición de los obreros la herencia cultural clásica – Dirigir la lucha contra lo *kitsch* – Instruir a la nueva generación de actores
Camarada Paul Wandel: Luchar por una cultura de progreso, esto es, luchar por la paz – Construir una cultura nacional alemana propia tomando como modelo la Unión Soviética.
Camarada Otto Nagel: Los artistas deben completar sus habilidades técnicas en el menor plazo posible – Sobre algunas causas del formalismo.
Camarada Ernst Hoffmann: Manteneos alerta contra las influencias de la barbarie cultural del Berlín Occidental – Contra las tendencias objetivistas en el drama y en el teatro de variedades – Dejad a un lado la flaqueza ideológica y el formalismo en la Escuela Superior de Artes Aplicadas en Berlín – Weissensee.
Camarada Dr. Kurt Liebknecht: Estudiad la herencia cultural en el ámbito de la arquitectura – Superad definitivamente las tendencias cosmopolitistas en la Escuela Superior de Arquitectura de Weimar.
Dr. Kurt Maetzig: ¿Qué es el Realismo? ¿Cómo manejamos el Realismo en el arte y en la cinematografía? Lo kitsch debe ser combatido.
Camarada Otto Winzer: Revitalizad la canción, el arte y la danza populares. Marginad la cultura del *Boogie-Woogie* anglo-americana – El culto al proletariado es sinónimo de sectarismo – El vitalismo y la alegría son precisos para la lucha por la paz.
Camarada Kurt Bartel (Cuba): Mejorad la dirección de la Asociación de Escritores por medio de la labor ideológica, la buena organización y el trabajo colectivo – Los mayores deben asistir a los escritores más jóvenes según el modelo proporcionado por la Unión Soviética.
Camarada Erhard Wünschmann: Acabad con la minusvaloración de la labor cultural de los sindicatos – Cread miles de círculos artísticos laicos – Cerrad los convenios en curso en la fábrica y en el campo entre los obreros y la inteligencia artística.
Camarada Ernst Lohagen: Desarrollad de manera creativa una nueva cultura alemana ligada a la herencia cultural progresista. El ser humano está en el centro de la creación artística.
Camarada Johannes R. Becher: Combatid con celo la evolución de la literatura alemana occidental hacia el rearme y la renazificación – Sólo la labor ideológica hará desistir a los artistas del formalismo – Conocer y desarrollar el humanismo y la herencia clásica implica situarse en la cima de una época – Ningún temor desmedido a la imitación y a la copia de lo bueno.
Camarada Heinz Kessler: Aprender de la Unión Soviética a amar y a cuidar la propia cultura nacional – Aprender de la Unión Soviética a crear entusiasmo entre los jóvenes por la literatura progresista clásica y cercana al presente – Hemos de dar forma literaria a la vida de los héroes del movimiento antifascista.
Camarada Hans Rodenberg: Organización para el diálogo entre artistas, escritores y obreros – Bertolt Brecht debe superar el formalismo a través de la

crítica y de la autocrítica – Algunas precisiones sobre literatura – Enviad a los artistas a aprender en la Unión Soviética – Los artistas precisan urgentemente de una crítica constructiva – La crítica cultural debe ser objetiva y no subjetiva. Camarada Prof. Ernst Meyer: Combatid lo *kitsch* y el cosmopolitismo de la canción de moda americana – Cread una nueva música de baile progresista – El cultivo del arte clásico y de la cultura popular ayudará a desplazar el formalismo y a preservar la paz.

Camarada Wilhelm Girnus: Acelerad el *tempo* de descubrimiento de obras soviéticas sobre arte y estética – Algunas anotaciones críticas sobre las declaraciones de Kurt Maetzig sobre lo *kitsch* – A propósito del contenido, el tema y el objeto de la obra artística – Quien acata el formalismo destruye el talento artístico y el arte.

4. **Epílogo del camarada Otto Grotewohl** (extracto de las conclusiones del V Congreso del Comité Central del SED).

5. Resolución *La lucha contra el formalismo en el Arte y en la Literatura, por una cultura alemana de progreso.*

6. Índice.

ERNESTO DE MARTINO, «GRAMSCI Y EL FOLCLORE». *Il calendario del popolo*, nº 8, 1952, p. 1061.*

En un pasaje de *Letteratura e vita nazionale*, Gramsci observa que:

«En Italia el término nacional posee un significado históricamente muy restringido y, en cualquier caso, no coincide con [el término] popular, porque, en Italia, los intelectuales están lejos del pueblo, es decir: de la nación, y, por el contrario, permanecen ligados a una tradición de casta que nunca ha sido rota por un movimiento político y nacional desde abajo.» Y, en otro pasaje: «los intelectuales no surgen del pueblo. Aunque alguno de ellos sea accidentalmente de origen popular, no se sienten ligados al pueblo (retórica aparte), no lo conocen y no sienten la necesidad, las aspiraciones [populares] y su sentimiento difuso. En relación con el pueblo, están como separados, como suspendidos en el aire. Son, por tanto, una casta y no la articulación, con una función orgánica, del pueblo mismo.»

Como consecuencia de esta escisión entre los intelectuales y el pueblo, Gramsci también notaba el relieve que adquiría en Italia la escisión entre alta cultura y cultura popular tradicional. La primera tiende a la unidad, a la organicidad y a la coherencia (a pesar de sus varios aspectos y corrientes). La segunda, sin embargo, es fragmentaria, disgregada, contradictoria, estratificada caóticamente, anacrónica, ideológicamente servil con respecto a la alta cultura, y constituye su degradación, su imitación y su envilecimiento. «El folclore –dice Gramsci– siempre ha estado ligado a la cultura de la clase dominante y, a su modo, ha asimilado motivos que terminaron por combinarse con tradiciones precedentes: a parte de esto, no hay nada contradictorio en el folclore.» Por tanto, para Gramsci, reunificar la vida cultural italiana implica la formación de un grupo de intelectuales ligados a las necesidades, las aspiraciones y a los sentimientos de las masas populares y, correlativamente, la disolución del folclore como vida cultural inorgánica, disgregada, anacrónica y servil de estas mismas masas.

En el contexto de esta reunificación cultural, para Gramsci, la vida cultural tradicional de las masas populares se presenta esencialmente como un obstáculo a superar: se debe estudiar el folclore como «concepción del mundo y de la vida implícita en gran medida en determinados estratos de la sociedad (determinados en el tiempo y en el espacio) en contraposición a la concepciones oficiales del mundo que se han sucedido históricamente.» Pero este estudio sólo tiene valor en cuanto facilita la acción transformadora: «conocer el folclore significa saber

---

* Traducción de Juan José Gómez.

qué otras concepciones del mundo operan de hecho en la formación intelectual de las generaciones más jóvenes para "extirparlas y sustituirlas" por concepciones que se suponen superiores.»

Por otra parte, Gramsci no concibe la unificación cultural de la nación italiana como el «programa» de un literato veleidoso, sino como resultado del anhelo de emancipación social y política del mundo popular, es decir, de las clases subalternas e instrumentales de la sociedad burguesa:

> «La nueva construcción –dice Gramsci en *Passato e presente*– tiene que surgir de abajo, cuando todo un estrato nacional, el más bajo económica y culturalmente, participe en un hecho histórico radical con implicaciones para toda la vida del pueblo y ponga brutalmente a cada uno frente a las propias necesidades ineludibles. El error histórico de la clase dirigente ha consistido en impedir sistemáticamente que tuviese lugar un fenómeno semejante durante el *Risorgimento* y, después del *Risorgimento*, en hacer del mantenimiento de esta situación cristalizada su razón de ser.»

El «fuerte movimiento político y nacional desde abajo», el «hecho histórico radical con implicaciones para toda la vida del pueblo» ya no es un augurio o una esperanza, en parte, precisamente, por la obra de Gramsci como luchador político, sino que está teniendo lugar ante nosotros. Se ha iniciado con la Resistencia y ya posee una tradición robusta. Y aunque se repite el intento de bloquear las fuerzas históricas puestas en movimiento con la Resistencia, todos saben que el pueblo italiano ha vivido una experiencia decisiva por primera vez y que es ridículo y vano intentar borrarla de nuestra historia nacional. Por otra parte, como pretendía Gramsci, en relación con esta experiencia decisiva, ha comenzado la unificación de la vida cultural nacional y son ya claras las señales en narrativa, en teatro, en cine, en pintura, de que el intelectual italiano que permanece separado del pueblo y encerrado en su casta ha entrado en una crisis radical. Con relación a este desarrollo ulterior de nuestra historia nacional al que, desgraciadamente, Gramsci no ha asistido (y al que, por otro lado, ha contribuido a definir decisivamente), hoy vemos las cosas con una perspectiva y a través de experiencias que Gramsci no pudo tener. Por tanto, el juicio de Gramsci sobre el folclore debe desarrollarse e integrarse con estas nuevas experiencias. En los pasajes citados, Gramsci criticaba la idolatría romántica del folclore, la exaltación del carácter «pintoresco» de la cultura popular tradicional, que debía conservarse y reverenciarse porque estaba animada de «color local», con su «perfume de otros tiempos», con la «sugestión» de lo primitivo o de lo arcaico y con la manifestación de una misteriosa «potencia creadora» del «pueblo». Contra toda esta turbia nebulosa romántica que, en su época, tuvo una función progresista (cuando acompañaba el despertar de las nacionalidades europeas en la primera mitad del siglo pasado), pero, que ahora, en la época del capitalismo moribundo y de la revolución proletaria, adquieren un significado abiertamente conservador o reaccionario, Gramsci aclaraba que el turbio «pueblo» de los románticos era, en realidad, el complejo de las clases instrumentales o subalternas de la sociedad burguesa y que el folclore representaba el reflejo, en el plano cultural, de la dependencia económica y política de aquellas clases. Era, por tanto, cultura servil propia de clases política y económicamente serviles. Ciertamente, en tanto que la vida cultural de las masas populares significa subdesarrollo, superstición, testimonio de ideologías superadas, etc., en tanto que el folclore es todo esto, el juicio de Gramsci es exacto. Pero ¿el folclore es sólo esto? ¿es la vida cultural de las masas populares sólo subdesarrollo, superstición, etc.? o ¿acaso poseen productos que aún son culturalmente válidos y aceptables, sobre todo en las manifestaciones artísticas y literarias? ¿el folclore es sólo la degradación y el envilecimiento de los productos elaborados por la alta cultura o acaso esa misma aceptación, esa misma readaptación popular de esos productos da testimonio a veces de un elemento activo, de una capacidad de reelaboración rica en significado humano? Paralelamente al proceso de degradación de la alta cultura al pueblo, ¿no hay un proceso inverso, es decir, ascendente? Y, finalmente: más allá de la vida cultural tradicional de las masas populares, del folclore en sentido estricto, ¿no existe una vida cultural de estas masas que rompe con la tradición y que resuena como *voz sonora del presente*, como reflejo y expresión de las nuevas experiencias en curso? Creo que debemos dar una respuesta definitiva a todas estas preguntas y lo haremos próximamente.

BERTOLT BRECHT, *SOBRE EL REALISMO SOCIALISTA*. 1954.*

El concepto de realismo socialista no es algo que debiera sacarse de las obras y estilos existentes. El criterio no debería ser si una obra o una descripción se parecen a otras obras y otras descripciones que se incluyen en el realismo socialista, sino si es socialista y realista.

1. El arte realista es arte combativo. Lucha contra visiones erróneas de la realidad e impulsos que se oponen a los intereses reales de la humanidad. Hace posibles formas correctas de pensar y potencia los impulsos productivos.
2. Los artistas realistas enfatizan lo sensitivo, lo «terrenal», lo típico, entendido en sentido amplio (lo importante en términos históricos).
3. Los artistas realistas hacen hincapié en el momento de formación y extinción. En todas sus obras piensan históricamente.
4. Los artistas realistas muestran las contradicciones entre el ser humano y sus relaciones, y muestran las condiciones bajo las cuales aquéllas se desarrollan.
5. Los artistas realistas están interesados en las transformaciones que se dan en las personas y en las circunstancias, tanto en los cambios constantes como en los repentinos, en que se convierten los constantes.
6. Los artistas realistas reflejan el poder de las ideas y el fundamento material de las ideas.
7. Los artistas del realismo socialista son humanos, es decir, filantrópicos, y muestran las relaciones entre las personas de tal manera que se fortalecen los impulsos socialistas. Se fortalecen mediante análisis útiles de la maquinaria social y por el hecho de que los impulsos se convierten en disfrute.
8. Los artistas del realismo socialista no sólo tienen una visión realista de sus temas, sino también de su público.
9. Los artistas del realismo socialista tienen en cuenta el grado de formación y la pertenencia social de su público, así como el estado de la lucha de clases.
10. Los artistas del realismo socialista tratan la realidad desde el punto de vista de la población trabajadora y de los intelectuales aliados con ella y que están a favor del socialismo.

Schriften 3. Band 23. c) Suhrkamp, Francfort del Meno. Traducción de Marta Fernández Bueno y León Mamés. Revisión de Jorge Riechmann. Derechos cedidos por cortesía de Editorial Debate.

PALMIRO TOGLIATTI, *INTERVENCIÓN ANTE LA COMISIÓN CULTURAL DEL COMITÉ CENTRAL DEL PARTIDO COMUNISTA ITALIANO*. Roma, 3 de abril de 1954.*

Algunos camaradas me han dicho que es necesario que yo intervenga, en esta reunión, en el debate sobre este punto del orden del día. En realidad, mi intención era no intervenir, quizá porque desde hace algún tiempo empiezo a apreciar, en modo particular en los dirigentes, la capacidad de saber estarse callados, escuchar lo que dicen los demás y sacar provecho para su propio trabajo y para la dirección del trabajo de otros. Por otra parte, aquí están presentes camaradas especialistas de sectores de la ciencia, a los cuales no tenemos nada que enseñar. El informe ha sido completo, perspicaz y, me parece, justo. Finalmente, tenía la intención de tratar la cuestión de nuestra actividad en el campo cultural en una reunión del Comité Central que convocaremos próximamente.

Por eso me contentaré con decir unas pocas palabras sobre dos cuestiones que me interesan y sobre las cuales quisiera atraer vuestra atención para que reflexionéis: una es la de la dirección y el propósito de nuestro trabajo, la otra es de organización.

La cuestión de la dirección y el propósito que me interesa ha sido tocada, aunque de pasada, por el camarada Onofri. En definitiva, desde el principio nos hemos encontrado en este campo frente a una dificultad que unas veces se ha planteado abiertamente, dando lugar al debate y al contraste, y otras veces, sin embargo, ha surgido de los hechos, de los mejores o peores resultados de nuestro trabajo, del éxito o del fracaso de esta o aquélla iniciativa. La dificultad consistía en establecer una relación justa entre el trabajo que realizábamos para organizar la lucha del partido marxista en el campo de las ideas y el trabajo que debíamos hacer para organizar un frente cultural progresista, esto es, una colaboración entre hombres de cultura para alcanzar determinados objetivos que interesan a toda la nación.

A primera vista, parecía a veces que estas dos cosas fuesen diferentes e incluso opuestas. Un frente de ideas de la lucha de la clase trabajadora por su emancipación debe existir. Los clásicos del marxismo lo dicen claramente. El frente de la lucha de clases es triple: está el frente de la lucha económica, el frente de la lucha política y el frente de la lucha de ideas (o ideológica, como suele decirse). Este frente abarca esencialmente el estudio del marxismo y el leninismo, su desarrollo y profundización, la difusión de los principios del marxismo y la lucha contra las corrientes de ideas opuestas al marxismo y no marxistas. Parece claro cuáles deben ser los aspectos de nuestra actividad y la forma de organizar nuestro trabajo en este frente. Por tanto, admitamos que esto está claro para continuar el razonamiento y entremos directamente en el otro aspecto de nuestra actividad cultural.

---

* Traducción y notas de Juan José Gómez.

Desde los primeros tiempos, tras la liberación, se hizo evidente para todos la necesidad de organizar un frente progresista de la cultura italiana y estaba claro que este objetivo era de gran importancia. Cuando el Partido era ilegal y sus cuadros mejores estaban en la cárcel o en el exilio, no es que no se tuviese este objetivo, sino al contrario. Ya entonces debatíamos estas cuestiones y trabajábamos en esta dirección, pero había otras cosas más urgentes y concentrábamos la atención sobre ellas. La clase trabajadora debió resistir primero durante casi veinte años para construir y mantener su partido de vanguardia; después debió tomar las armas para expulsar al extranjero. El sistema de contactos y colaboraciones con el mundo cultural tomó un aspecto particular en estas condiciones. Prevalecieron los motivos de la resistencia y de la lucha inmediata política, militar, etc. Cuando, sin embargo, se comenzaron a hacer las cuentas, tras la victoria sobre el fascismo, y apareció el campo arrasado de la reconstrucción de toda la vida nacional, el frente de la cultura se convirtió en uno de los más importantes. En los periodos precedentes, cuando la organización se reducía a los cuadros más tenaces y se encontraba aislada, la actividad que se desarrollaba en el campo de la cultura era de naturaleza principalmente crítica y propagandística. Después esto se convirtió en uno de los temas importantes de la acción política y como tal debía ser tratado y así surge también la cuestión que he mencionado, esto es: la relación entre la propaganda del marxismo y las relaciones políticas con un mundo cultural donde el marxismo todavía no ha penetrado.

Para mostrar en concreto cómo se presentó la dificultad, recordaré los términos de una discusión que tuvimos en 1945, si no me equivoco. Para hacer penetrar el marxismo en la cultura italiana debemos confrontarnos esencialmente, se decía, y es cierto, con el croceanismo, esto es, con la tendencia cultural idealista. En el curso de la lucha de liberación, y también antes, bajo el fascismo, habíamos sido, sin embargo, aliados de muchos intelectuales pertenecientes a esta tendencia cultural, y esto había ocurrido a pesar de que Benedetto Croce no favorecía tal colaboración, al contrario, la obstaculizaba abiertamente. Por otra parte, la tendencia del pensamiento idealista es una tendencia moderna, en pugna, por ejemplo, con la tentativa de devolver el pensamiento italiano al tomismo, a la escolástica medieval. La tendencia idealista, finalmente, en los primeros tiempos de su manifestación en Italia, al final del siglo XIX, significa sin duda una contribución para liberar a la cultura italiana de la vulgaridad positivista, que se había acumulado particularmente en las manifestaciones culturales del socialismo de aquellos tiempos y había obstaculizado la difusión del verdadero pensamiento marxista. Era necesario, por tanto, saber distinguir, evitar meter en un solo saco todo y a todos, conocer bien la realidad y la historia y saberse adecuar a ellas para poder trabajar de forma eficaz en la dirección que nosotros queríamos. No creo que pueda decirse que en este tipo de cuestiones consigamos siempre verlo claro. Ha habido discontinuidad, asperezas, capitulaciones innecesarias, oscilaciones entre la propaganda pura y la acción cultural de alcance más amplio y, también, contradicciones.

No hablo ahora de aquella dificultad concreta que planteaba hace poco un camarada, diciendo que a veces nuestra intervención crítica hacia una cierta tendencia cultural aleja de nosotros a este o aquel hombre de cultura que de otra forma hubiese estado junto a nosotros en el terreno político. Esta dificultad está, en sustancia, ligada a las cuestiones mencionadas antes y, cuando se presentan, si mirásemos el fondo, descubriríamos que se ha producido alguna equivocación por nuestra parte y, a menudo, la equivocación se ha cometido por ligereza, por superficialidad, por un inadecuado estudio de la cuestión, etc., también en el terreno cultural.

El partido de la clase obrera, en definitiva, tiene la exigencia de conquistar, también entre los intelectuales, siempre nuevos aliados para su lucha política y, aún más, de neutralizar a aquellos que todavía le son hostiles. Al mismo tiempo, tiene la misión, no sólo de educar en el marxismo a sus militantes e inscritos, sino también de trabajar por la creación de un movimiento o, si se quiere, un frente de cultura progresista, que tenga solidez y coherencia interna y que no puede tener hoy otro eje ideológico que no sea el marxismo. Se trata de ver si existe una contradicción entre estos dos objetivos. Ahora bien, yo no lo creo, aunque es cierto que existen serias dificultades para el cumplimiento tanto del primero como del segundo.

Estas dificultades se reconocen, se limitan y se superan, antes que nada, trabajando bien. Esto quiere decir que es necesario conocer el marxismo y el leninismo, estar familiarizado con las obras y con el pensamiento de Marx, de Engels, de Lenin, de Stalin. Esto quiere decir que también es necesario conocer las cuestiones que se tratan, ya que esta es una condición indispensable para poder dar juicios precisos, llamar al pan, pan y al vino, vino. Los camaradas que redactan *Rinascita*,[1] *Società*[2] y la tercera página de los diarios han dado a menudo buenos ejemplos del modo de tratar las cuestiones culturales sin destacarse del marxismo y con eficacia. Sin embargo, también ha habido malos ejemplos y errores y, no teniendo tiempo ahora de indicarlos y discutirlos en concreto, advierto, no obstante, que el examen de estos lleva a descubrir aquellas cuestiones de orden general sobre las cuales quiero atraer vuestra atención.

Considero justos el análisis y las conclusiones que ha presentado el camarada Salinari sobre el estado actual de la cultura italiana. Se da un estancamiento, una decadencia, una crisis que se manifiesta, con diversa gravedad y en forma diversa, en todos o casi todos los campos de la actividad cultural, de la investigación científica a la investigación filosófica e histórica, de la creación artística a la crítica, y también en las manifestaciones culturales menos elevadas, pero que son a menudo incluso más importantes en cuanto son el

---

1. Revista teórica del PCI fundada por Togliatti en 1944.
2. Revista independiente de izquierdas fundada en 1944.

instrumento a través del cual se establece la hegemonía cultural de la clase dominante. Lo que impresiona más es la inestabilidad y superficialidad de las corrientes culturales, de un lado, y, del otro, las crecientemente evidentes contradicciones internas del sistema hasta ayer dominante, mientras, no solamente bajo mano, sino, ahora también abiertamente, se trabaja para empujar siglos atrás toda nuestra cultura, destruyendo de ella todo lo que ha habido y todo lo que todavía puede haber de progresista y moderno.

Hasta el derrumbe del fascismo, la corriente dominante en la alta cultura era el idealismo actual, ya introducido también en la escuela media, en el cual la clase dominante parecía haber encontrado el instrumento cultural más eficaz. Hoy, tras pocos años, aquellos que todavía osan recurrir a esta jerga intelectual se avergüenzan ellos mismos y ninguno se preocupa ya de comprenderla. ¡Y aquello debería haber sido el punto de llegada de toda la ciencia! El existencialismo ha llegado y se ha ido como una moda del vestir. Las variadas corrientes de renacimiento espiritual y de irracionalismo se alimentan de los medios más diversos y caprichosos, que van desde las consideradas poesías que nadie sabe lo que son ni lo que quieren decir, a las muy serias investigaciones sobre la validez cognoscitiva de la hechicería y la descripción analítica de la mentalidad del pederasta activo y pasivo. El idealismo historicista, variante del idealismo cultural, tiende todavía a prevalecer, aunque con el tiempo ha perdido el impulso y la confianza en sí mismo, y todas sus posiciones están minadas por una contradicción, que se muestra cada vez más claramente, entre el punto de partida, que era racional, y el punto de llegada, que muestra sus capitulaciones prácticas, inspiradas por razones de conservación social, frente al retorno activo de las corrientes de ideas más reaccionarias. Esta contradicción no puede sino surgir de las propias bases del sistema, que se encuentran en el modo de definir y considerar la realidad y particularmente la realidad de la vida social, que es aquella de todos los hombres.

En este complejo de posiciones culturales contradictorias, confusas y en evidente crisis, nosotros encontramos una riqueza infinita de hechos y momentos que contribuyen a dar una demostración evidente del carácter instrumental que tienen, en una sociedad dividida en clases y dominada por una clase de aprovechados, las manifestaciones culturales de la clase dominante. El objetivo que hoy se propone alcanzar esta clase no es ya, como podía ser en el siglo XVII, el guiar a los hombres [comunes] y a los hombres cultos a comprender la realidad social y a modificarla, sino, por el contrario, distraer la atención de los hombres [comunes] y de los hombres cultos sobre esta realidad y, sobre todo, negar que la realidad de la vida social pueda ser profundamente transformada a través de un desarrollo de fuerzas objetivas y de la lucha conciente de los trabajadores. La capitulación frente al renacimiento de todo tipo de irracionalismo, de desconfianza, por tanto, en la razón humana y en su capacidad, frente a los desperdicios culturales del pasado, amontonados al azar ante la razón humana para impedirle comprender y progresar, se ha dejado a la defensa de intereses y posiciones muy determinados.

Pero, si bien comprendemos bien las raíces de los procesos que tienen lugar en el campo de la cultura, no tan bien conseguimos explicar las cosas con detalle y, por tanto, intervenir en el debate cultural. Hablando con intelectuales, escritores, profesores, estudiantes de tendencias progresistas, se advierte inmediatamente el desdén del que son presos por la penetración, cada vez más amenazadora, de tendencias culturales reaccionarias en la escuela y en todos los otros campos. La denuncia de este proceso de degeneración no es lo bastante contundente, continua, vibrante en nuestra polémica cotidiana y no conseguimos, después, hacer evidente la relación que existe entre el modo como se realiza este proceso reaccionario y el resto del cuadro del movimiento cultural. Esto disminuye la eficacia persuasiva de nuestras posiciones, no nos permite acercarnos y convencer a hombres que están llenos de desdén por lo que sucede ante sus ojos, pero que todavía no se han movido de estas constataciones para alcanzar una crítica más adecuada de ideas y de sistemas.

Me parece, por tanto, que en torno a las luchas que se combaten en el campo de la cultura deberíamos conseguir encender pasiones mayores. Los socialistas del pasado, aunque fuesen hombres de escasa cultura o de cultura no marxista, consiguieron hacerlo en mayor medida de lo que nosotros lo hacemos ahora. Cuando Enrico Ferri[3] o Podrecca[4] llegaban hasta las provincias más apartadas para desafiar al canónigo de la catedral a probar la existencia de Dios, es verdad que decían un montón de tonterías, pero también es verdad que se trataba de un hecho cultural de gran relieve: no había maestro de escuela o estudiante de clase media que no se interesase.

Para suscitar esta pasión mayor sobre las cuestiones de la cultura, es necesario conocer estas cuestiones e intervenir eficazmente en el debate que tiene lugar sobre ellas. Aquí deben ayudar los camaradas intelectuales, porque es un campo en el que no se puede y no se debe improvisar, se deben evitar las salidas superficiales, que sólo hacen perder credibilidad, y es necesario, por el contrario, estar en la situación de contribuir de forma original a la elaboración y a la toma de nuevas posiciones, según los principios del marxismo, con respecto a las cuestiones que surgen en los diversos campos de la cultura y de la ciencia. El ejemplo, aquí, vale incluso más que el argumento polémico. Tomad las seniles declaraciones que Benedetto Croce viene repitiendo, por ejemplo, sobre la historiografía marxista, que debería consistir, según él, en clasificar hombres, hechos, regímenes, etc., en un ridículo casillero de bienes y males. En

---

3. Enrico Ferri, jurista, político y periodista de principios del siglo XX. Exponente destacado del positivismo italiano y director del periódico socialista *Avanti!*
4. Guido Podrecca, periodista anticlerical del diario *L'Asino* a principios del siglo XX.

realidad nuestros clásicos son los únicos que, como historiógrafos, supieron, desmontando todos los esquemas abstractos de bienes y males, penetrar y comprender el desarrollo de la realidad social y acabar con el majar agua en el mortero de los historiógrafos idealistas y moralizantes. Su ejemplo debe seguirse con una nueva aplicación a la historia de nuestro país, que nosotros debemos solicitar y propiciar de todas las maneras posibles. Haciendo esto en este y en todos los demás campos en los que hay hombres cualificados, no sólo conseguiremos iluminar mejor las razones y los aspectos de la crisis cultural de las actuales clases dominantes y, por tanto, seremos capaces de acercarnos a los que dudan, a los perplejos, o, por lo menos, de pensar con ellos. También comenzaremos a realizar el trabajo necesario para gestar las bases de una nueva cultura italiana, de una cultura socialista, haremos madurar sus elementos y, poco a poco, los desarrollaremos.

En este punto, sin embargo, hay que insistir en que nos equivocaríamos si afirmásemos que existe ya una cultura socialista y, creada esta cultura sobre no sé qué modelo, pensásemos que no tenemos que hacer más que trenzar juicios a diestro y siniestro. Todavía no existe una cultura socialista italiana. Se debe constituir. Estamos trabajando y combatiendo para formarla y esta está en formación y avanza con relación a como avanza la conciencia socialista en las masas trabajadoras y en todo el país. Sin embargo, todavía no existe y debemos tomar conciencia de este límite, si queremos estar en situación de hacerla progresar. El marxismo y el leninismo nos dan el punto de partida; nos dan la dirección general para la comprensión y solución de las cuestiones que se refieren a la economía, a la historia y también a la literatura, las artes y otros aspectos de la vida intelectual y social. La Unión Soviética proporciona un gran ejemplo de la creación de una cultura socialista y nunca se insistirá bastante sobre la necesidad de estudiar este ejemplo, del conocimiento de los progresos que el pensamiento, la ciencia, las artes, han experimentado y están experimentando en la Unión Soviética y en los otros países que avanzan hacia el socialismo. La creación de una cultura socialista italiana es, sin embargo, una tarea particular nuestra, que se nos presenta en relación estrecha a la manera como progresa entre nosotros la acción económica y política. Una cultura socialista lo es, en realidad, por su contenido, pero es nacional en la forma. Este es un punto que no debemos olvidar nunca, por un lado para saber estar en guardia y combatir contra el cosmopolitismo imperialista y clerical y, por otro, porque se nos presenta la necesidad de conocer a fondo los elementos de la cultura italiana y de seguir y comprender en todos sus aspectos la crisis que esta cultura está atravesando. Uno de estos aspectos es la negación de las mejores partes de la cultura italiana, en lo que se refiere a sus valores de libertad, de progreso, de exaltación de la razón. No es cierto que, en una sociedad que siempre ha estado dividida en clases y gobernada por grupos reaccionarios, la cultura haya de ser por fuerza un conglomerado de elementos reaccionarios, de los cuales estos grupos se han servido para consolidar su dominio. La cultura es una arena vastísima donde se combate violentamente entre quien quiere avanzar hacia delante y quien quiere impedirlo, entre lo nuevo y lo viejo, entre lo que surge del ánimo popular y lo que tiende a reprimir este ánimo e impedir su liberación continua de viejas opresiones, supersticiones y miedos. Debemos saber excavar en la tradición popular y nacional, por tanto, para descubrir los elementos italianos de una cultura socialista nuestra.

Para una cultura socialista italiana, Giordano Bruno y Galileo Galilei tienen una importancia mucho mayor que para los otros países, por lo que han sido y por la huella enorme que han dejado. A pesar de que por todos lados lo han intentado y lo intentan, no consiguen borrar esta huella. El mismo movimiento anticlerical que toma el nombre de Bruno nos da la prueba, y lo digo reconociendo también lo que el movimiento tenía de escasamente científico, de superficial y de equivocado.

Debemos, ciertamente, dar a conocer a los hombres cultos italianos el pensamiento de Belinsky,[5] gran pensador y crítico ruso del siglo XIX, y debemos hacerlo también para combatir aquel analfabetismo en el cual Croce, por ejemplo, querría mantener a la cultura italiana en lo que se refiere al conocimiento de aquellas corrientes intelectuales progresistas que han contribuido al triunfo del marxismo en Rusia. Para la formación, sin embargo, de una cultura socialista italiana, el pensador del cual debemos saber evaluar tanto las posiciones progresistas como los límites es, ante todo, Francesco De Sanctis.[6] De este modo no quiero tampoco abrir un debate sobre los méritos relativos de Jorge Plekhanov[7] y de Antonio Labriola. Para nosotros, sin embargo, Labriola permanece como el pensador que, profundizando en las raíces de la cultura italiana de mediados del siglo XIX, con un golpe de ala abre al pensamiento progresista de nuestro país la vía maestra del marxismo.

La importancia de Gramsci en el desarrollo de la cultura italiana me parece tan grande precisamente porque ha sabido moverse con seguridad en esta dirección y según este método. Desde los primeros años de la universidad, recuerdo, él tenía los clásicos del pensamiento marxista que por entonces se conocían en Italia: Marx, Engels, Labriola. Seguidamente conoció a Lenin y a Stalin. En sus *Cuadernos de la cárcel*, sin embargo, cuando él examina las varias corrientes y expresiones de la cultura italiana, no se encuentra nunca una negación pura o una contraposición abstracta de una realidad a un modelo. En vez de esto se da

---

5. Vissarion Grigorevich Belinsky (Sveaborg, Finlandia, 1811-San Petersburgo, 1848). Crítico literario y referencia de la izquierda hegeliana rusa.
6. Francesco De Sanctis (1817-1883). Crítico literario y político nacionalista. Fue Ministro de Educación tras la unificación de Italia.
7. Gueorgy Valentinovich Plekhanov (1856-1918). Filósofo y revolucionario. Introductor del pensamiento marxista en Rusia.

siempre el análisis atento, objetivo, de todas las posiciones del pensamiento y de la cultura que le interesan y que él descompone en sus elementos, de los cuales muestra el origen, la relación con las posiciones del mundo real, las contradicciones, las inconsistencias. Él sigue este método también en el examen de posiciones insignificantes a simple vista, y es la aplicación constante de este método lo que hace que su crítica sea así de eficaz, porque la hace surgir de la propia cosa, del interior de aquel mundo cultural que estudia.

Debemos ser concientes de que, en la crisis actual del mundo cultural italiano, que no es separable de la más profunda crisis política y social, maduran ya los elementos que deben contribuir al nacimiento y afirmación de una cultura socialista. Para esta maduración es necesario un trabajo amplio y tenaz que vaya desde el mayor conocimiento del marxismo por nuestra parte, al estudio y a la crítica de las más diversas corrientes del pensamiento; de la difusión de una cultura popular, al contacto y al debate con los exponentes de otras direcciones culturales; de nuestra elaboración original a la crítica de las obras de otros. En este cuadro vasto y complejo, a mí me parece evidente que debe desaparecer cualquier contradicción entre lo que se hace para la extensión y profundización del conocimiento del marxismo y lo que se debe hacer para crear el frente de una resistencia eficaz a la degeneración cultural reaccionaria en nombre de una cultura libre, avanzada y progresista. El contraste será insuperable solamente con aquellos que concientemente sirven a un interés reaccionario, que reniegan de la mejor tradición cultural italiana, que reniegan incluso de sí mismos por miedo a que les supere el progreso y se rinden, sordos y estúpidos, a la furia anticomunista. En este cuadro encuentran su puesto la actividad creativa, que no se estimula tan fácilmente, la investigación científica original y la crítica de su dirección, la lucha contra las corrientes reaccionarias y contra la actual desorganización cultural y científica, el contacto con las masas populares, la colaboración con aquellos que ven el peligro que hoy nos amenaza y que quieren luchar contra él.

La segunda cuestión sobre la cual quiero llamar vuestra atención es la de la organización. No hay nada que vaya bien, en un movimiento como el nuestro, si no se le da el relieve debido a la cuestión de la organización. He advertido que se han dado progresos. Nunca se resaltará bastante el enorme valor que tienen, para la formación de una cultura progresista, las diferentes reuniones que se han convocado para el examen de aspectos particulares de la actividad cultural. Sin embargo, me parece que, en este campo, todavía falta un instrumento de organización con la continuidad necesaria del cual nos sepamos servir y sepamos adaptar a las necesidades del movimiento. En el campo sindical, en el de la cooperación, etc., hay toda una especialización de organizaciones y esto permite al movimiento reforzarse y afirmarse. En el campo cultural, hay una gran incertidumbre y falta la solidez. Se dice que el trabajo cultural debe ser encomendado a camaradas de particular preparación y calificación: intelectuales, como se suele decir. Está bien. Podemos estar de acuerdo; pero no quisiéramos que ocurriese que, después de haber confiado el trabajo a una comisión de dos o tres camaradas, o incluso a un solo compañero llamado así, los órganos dirigentes del Partido olvidasen que el trabajo cultural es parte importante y esencial de su actividad política y de organización y se lavasen las manos. Los organismos dirigentes del Partido no tienen aquí, solamente, como tampoco en los otros campos del trabajo, una tarea de estímulo, control, etc. Tienen también una tarea de elección de los objetivos que deben ser alcanzados, porque estos objetivos no pueden ser iguales para todo y cambian con la situación. Del mismo modo que hay un problema sindical particular en cada localidad importante, por ejemplo del salario de los textiles o de la organización de las industrias mecánicas, etc., así, en cada localidad, los problemas culturales son diversos. Si se consigue hacer surgir, por ejemplo, un círculo cultural en Caulonia, en la costa jónica, su objetivo principal será el de estudiar los modos de lucha contra el analfabetismo y de apoyarlos. Diferente será el objetivo para una organización análoga en Florencia o en Turín. En Ferrara o en el Polesino, después de las inundaciones, acción cultural quería decir la coordinación entre las organizaciones populares y los técnicos para la elaboración de cuestiones planteadas por esas inundaciones, etc.

De las intervenciones que he escuchado no se ha seguido la necesidad de esta variedad de trabajo mediante la adhesión a cuestiones concretas, sino más bien una diversidad de direcciones y de iniciativas que derivan solamente de la orientación ocasional y del genio de nuestros camaradas. Valga como ejemplo el modo profundamente diverso como han referido aquí su trabajo los camaradas de Milán y de Turín. Ni los unos ni los otros, probablemente, se adhieren plenamente a la situación que está frente a ellos, orientados como están los primeros, me parece, exclusivamente a la lucha contra las manifestaciones de un monopolio ciudadano capitalista, y los segundos, de forma diferente.

La primera cosa que hace falta es, por tanto, que el trabajo cultural, aunque se haga por especialistas, sea dirigido por los órganos dirigentes ordinarios del Partido, como ocurre con todo lo demás.

Pero ¿cuál debe ser la forma fundamental de organización de este trabajo? Las comisiones culturales de las federaciones, etc., son organismos restringidos. Pueden y deben estar en contacto con organismos que no sean del Partido; no pueden estar en su lugar, el terreno de este contacto y de las colaboraciones que surjan. Se debería, por tanto, trabajar para conseguir que exista un organismo adaptado a esto y a toda la actividad cultural popular y progresista y esto debería ser el círculo de cultura. Sin caer en un esquema, no obstante. En algunos lugares podría ser un círculo creado por nosotros o con la ayuda de otros; otras veces puede ser un organismo ya existente, llamado con un nombre diferente, pero que sirva a los mismos intereses; puede ser una vieja universidad popular o cualquier otra cosa. No se excluye, e incluso a veces sería deseable, que nosotros nos adhiriésemos a un organismo fundado y dirigido por otros. Lo esencial es la existencia, fuera del Partido, de un centro de actividad cultural sobre el cual podamos apoyar iniciativas variadas y que tenga un prestigio. Van bien las conferencias, siempre que no sean muchas y se cuide la calidad. También se deberían establecer intercambios frecuentes de información entre los diversos lugares, para combatir y superar las pequeñas camarillas y el aislamiento localista, y tener siempre presente la necesidad de que se ponga extensamente al corriente a la opinión pública de los aspectos de la crisis cultural. Yo veo a estos «círculos» o «centros» de cultura convertirse en la osamenta organizada de un movimiento que llame la atención y trate las cuestiones de la escuela, de la investigación científica, de la libertad y de la organización de la cultura, de la lucha contra el oscurantismo, etc., consiguiendo interesar al pueblo y elaborando reivindicaciones concretas. Así puede surgir de verdad un frente de la cultura serio, eficiente. Un convenio nacional de tales centros culturales, organizado bien, después de una larga experiencia de trabajo local, sería una cosa nueva y muy importante.

Mi propuesta final es que los documentos de esta reunión se pongan a disposición de todo el Partido, junto con el texto de resoluciones que se ha preparado. Así se podrán discutir en todas las organizaciones, se propondrán a las resoluciones las modificaciones o añadidos que sean necesarios y habrá una mejor preparación del debate que queremos tener sobre este tema en el Comité Central.

APÉNDICE

AkhRR / AkhR
Asociación de artistas soviéticos activa en Moscú y Leningrado entre 1922 y 1932. En enero de 1922, Alexandr Grigoryev, Evgueni Katsman, Serguei Malyutin, Pavel Radimov y otros miembros del grupo de los Ambulantes, que en esas fechas celebraban su 47 exposición en Moscú, formaron lo que inicialmente sería la Asociación de Artistas para el Estudio de la Vida Revolucionaria, para constituirse, tras su primera exposición en Moscú durante el mes de mayo de ese mismo año, como Asociación de Artistas de la Rusia Revolucionaria (AkhRR). En 1928, la asociación se reconvirtió bajo el nombre de Asociación de Artistas de la Revolución (AkhR).

Contrarios a todo tipo de abstracción, los pintores de la AkhRR aspiraron desde el principio a desplazar la influencia de las vanguardias artísticas del entorno del poder y con este fin se pusieron de inmediato a disposición del Partido Comunista. En el manifiesto fundador de la Asociación ya se enunciaba el concepto de realismo heroico y puede decirse que es en el seno de este grupo donde encontramos el precedente más claro de Realismo Socialista. La obra de los artistas de la AkhRR tenía como objeto documentar de manera realista y con una técnica puramente académica la vida cotidiana del Ejército Rojo, los obreros, los campesinos, los revolucionarios. Rechazando toda influencia extranjera, esperaban crear una forma de arte genuinamente rusa dedicada a la causa de la revolución.

Las autoridades soviéticas, tras permitir la proliferación y progresiva polarización de los diversos grupos artísticos durante la década de los 20 como modo de probar su lealtad al partido y de ganar tiempo en la tarea de determinar la mejor forma de representación artística para el futuro, encontraron finalmente en el realismo defendido por la AkhRR el lenguaje visual más adecuado y poderoso para su comunicación con las masas.

Pruebas del alcance de la influencia política de la AkhRR a finales de dicha década son el cierre de los Institutos Superiores Artístico-Técnicos de Moscú y Leningrado, donde se concentraban los más destacados representantes de la vanguardia (Tatlin, Rodchenko, etc.), y la dimisión de Anatoly Lunacharsky, artífice de la política artística de los bolcheviques desde los días de la Revolución, como responsable de Narkompros ante las presiones de la propia Asociación y de los cuadros culturales del Partido.

En 1932, el Comité Central del Partido Comunista que dos años más tarde, en el Primer Congreso de la Unión de Escritores Soviéticos, proclamó a través de su secretario, Andrei Zhdanov, el Realismo Socialista (realista en la forma, nacional en los contenidos e inspirado en los principios socialistas) como doctrina artística oficial, decretó la disolución de todas las agrupaciones artísticas, entre ellas la AkhRR, y la formación de una unión de artistas controlada directamente por el ejecutivo. En esta nueva organización, sin embargo, y como leales defensores de una misma filosofía, los antiguos líderes de la AkhRR fueron designados para ocupar los puestos directivos.

BRECHT, Bertolt
(Augsburg, 1898-Berlín Oriental, 1956).

Poeta, director teatral y dramaturgo alemán. Estudió medicina en la Universidad de Múnich, pero muy pronto comenzó a escribir y publicar poemas, canciones y obras teatrales en las que reflejaba su actitud antiburguesa y la influencia que los movimientos dadá y expresionista y el marxismo ejercían ya entonces sobre él.

En 1924 se traslada a Berlín y colabora con los directores Max Reinhardt y Erwin Piscator. Junto al compositor Kurt Weill escribe sus primeras obras importantes, el drama musical *La ópera de los tres centavos* (1928) basado en *The Beggar's Opera* del inglés John Gay (1728) y la ópera *Ascensión y caída de la ciudad de Mahagonny* (1929). Ambas son ácidas críticas del sistema capitalista. En estos años desarrolla su teoría del teatro épico, utilizando en sus montajes mecanismos de alienación de los actores (máscaras, apartes, etc.) con el fin de evitar la identificación automática del público con ellos y una reacción emocional fácil, obligando así a los espectadores a pensar. Forzando el distanciamiento del público con respecto a la obra elimina el efecto de «ilusión» y demuestra que lo escenificado es sólo una representación de algo ocurrido fuera del tiempo actual, algo susceptible de estudio y análisis pero inconfundible con la propia vida.

En 1933 ha de huir a Alemania por su oposición al partido nacionalsocialista. Hasta 1941 residió en Escandinavia, trasladándose después a Estados Unidos. Mientras en Alemania sus libros son quemados y su nacionalidad retirada por el régimen de Hitler, Brecht escribió sus mejores obras (*La vida de Galileo Galilei*, *Madre Coraje y sus hijos*, *El círculo de tiza caucasiano*) consolidando su prestigio como dramaturgo. En ellas mezcla con fluidez el lenguaje culto con el habla de la calle, y utiliza la diversidad de las formas poéticas para sacudir, con sus versos libres e irregulares, la conciencia de los espectadores y obligarlos a la reflexión crítica y a la acción frente a la realidad política y social. En 1947 se vió obligado a prestar declaración frente al Comité de Actividades Anti-Americanas.

En 1948 regresó a Europa, primero a Zúrich, donde trabajó en la redacción de *Antígona-Modelo 1948* y en su obra teórica más importante, *Un pequeño órgano para el teatro*, y luego a Berlín Oriental, donde formó su propia compañía, el Berliner Ensemble. Sospechoso en la Alemania Democrática a causa de sus ideas poco ortodoxas y boicoteado en Occidente por su filiación comunista, recibió sin embargo el Premio Lenin de la Paz en 1955 al tiempo que obtenía un clamoroso éxito en el Théatre des Nations de París. Murió en Berlín un año más tarde.

BRETON, André
(Tinchebray, 1896-París, 1966).

Escritor y teórico del surrealismo francés. Estudió medicina y psiquiatría (en 1921 conoció a Freud en Viena), y aunque nunca se licenció tuvo la oportunidad de aplicar sus conocimientos en el hospital psiquiátrico militar de Nantes, donde sirvió durante la Primera Guerra Mundial y quedó fascinado por el valor artístico de las imágenes creadas por sus pacientes. En particular su relación con el joven soldado Jacques Vaché resultó fundamental para su obra posterior.

En 1916 se unió al grupo dadá y entró en contacto con Guillaume Apollinaire, con quien mantuvo correspondencia y quien, ya en París, le presentó a Philippe Soupault y Louis Aragon. Juntos a estos dos poetas y cuando el desencuentro con Tristan Tzara y dadá ya era evidente, creó en 1919 la revista *Litterature*, primera publicación surrealista. Tras el descubrimiento de la escritura automática con Philippe Soupault en su libro *Les champs magnetiques* (Los campos magnéticos, 1920), Breton redactó los principios de este nuevo movimiento artístico, que él definió como «puro automatismo psíquico» y del que encontró precedentes en la obra de Hyeronimus Bosch (El Bosco), James Ensor, Arthur Rimbaud o Alfred Jarry, en el *Manifiesto del surrealismo* (1924).

Durante los siguientes quince años escribe libros de poemas (*Les pas perdus, L'Amour fou*), novelas (*Nadja*) y dirige con firmeza al grupo surrealista, dentro del cual las rupturas eran frecuentes, impulsando publicaciones como *La Révolution surréaliste* (1924-1930) y *Le Surréalisme au service de la révolution* (1930-1933).

En 1927 se afilió al Partido Comunista, pero el exclusivismo ideológico que halló entre sus filas provocó su rechazo y finalmente su abandono, aunque su compromiso con el marxismo no se vió alterado por ello. Con la ocupación alemana de París en 1941 Breton huye a Marsella, donde embarca hacia La Martinica, que en esos momentos ya se encuentra bajo el poder del régimen de Vichy, por lo que a su llegada es internado en un campo. Liberado bajo fianza viaja a Estados Unidos, donde permanecerá hasta 1946. En su exilio americano continúa escribiendo y edita la revista *VVV*.

Terminada la Segunda Guerra Mundial y ya de vuelta en París, retoma su actividad como líder de un nuevo grupo de jóvenes surrealistas, publica varios libros de poemas, crea la revista *Le Surréalisme même* (1956) y reafirma su postura crítica denunciando la situación política en Argelia y la guerra de Vietnam. Fallece a los setenta años en París.

BUREAU DE RECHERCHE SURRÉALISTE

Abierto al público el 11 de octubre de 1924 –tan sólo unos meses después de la publicación del *Manifiesto surrealista*– en el número 15 de la calle de Grenelle, en París, el Bureau de Recherche Surréaliste (Oficina de Investigación Surrealista) tenía como objeto acoger a todos los interesados en el Surrealismo y recoger sus propuestas y testimonios (sueños, coincidencias, etc.) para formar un llamado «dossier del azar objetivo», considerado éste como el encuentro mágico entre hechos y deseos.

Miembros de la Oficina fueron los artistas más importantes del movimiento surrealista que, desde su núcleo inicial encabezado por André Breton, Louis Aragon y Philippe Soupault, se había abierto hasta integrar ya en ese año a poetas como Paul Éluard, Benjamin Péret, Robert Desnos, y a pintores como Francis Picabia, Max Ernst, Yves Tanguy o Joan Miró. Diseñada como una «puerta abierta a lo desconocido» y dirigida durante algunos meses por Antonin Artaud, la Oficina cesó, sin embargo, sus actividades tan sólo un año después de su inauguración, en un momento en el que, tras la incorporación de muchos de los miembros del grupo al Partido Comunista, surgieron las primeras disensiones internas.

II CONGRESO INTERNACIONAL DE ESCRITORES EN DEFENSA DE LA CULTURA

En junio de 1935 se celebró en París el I Congreso Internacional de Escritores para la Defensa de la Cultura durante el cual se procedió a la constitución de la Asociación Internacional de Escritores en Defensa de la Cultura, con el compromiso de intelectuales de la talla de André Gide, Henri Barbusse, Romain Rolland, Heinrich y Thomas Mann, Maxim Gorky, Edward Morgan Forster, Aldous Huxley, George Bernard Shaw, Sinclair Lewis, Selma Lagerlöf y Ramón María del Valle-Inclán. Meses más tarde, en Londres, los representantes de la Asociación acordaron la celebración del futuro II Congreso en España. Cuando en julio de 1936 se produjo la rebelión franquista, las delegaciones nacionales de la Asociación nuevamente reunidas en Madrid ratificaron su decisión de mantener el acuerdo, como muestra de la solidaridad de los intelectuales de todo el mundo con la causa de la República.

A finales de ese mismo mes de julio había sido fundada la sección española de la Asociación bajo el nombre de Alianza de Intelectuales Antifascistas y la presidencia de José Bergamín. Desde el primer momento la Alianza desarrolló una actividad muy intensa, destacando la publicación de las revistas *Hora de España* y *El Mono Azul*. A ella se debe también en gran medida el éxito de la organización del mencionado II Congreso de Escritores para la Defensa de la Cultura, que se convirtió en el acto de propaganda más espectacular realizado en apoyo de la República durante la Guerra Civil.

El Congreso, cuyos 150 delegados venidos de 26 países participaron en numerosos actos y reuniones celebrado en Barcelona, Valencia y Madrid, fue formalmente iaugurado por Juan Negrín, presidente del Consejo de Gobierno de la República, el 4 de julio de 1937 en Valencia y clausurado siete días más tarde en Madrid por Diego Martínez Barrios, presidente de las Cortes. La delegación española estuvo compuesta por José Bergamín, María Teresa León, Rafael Alberti, León Felipe, Antonio Machado, Luis Cernuda, Miguel Hernández, Juan Gil-Albert, Ramón Gaya, Ángel Gaos, entre otros, y escritores como Pablo Neruda, Vicente Huidobro, Nicolás Guillén, Alejo Carpentier, Octavio Paz o César Vallejo acudieron en representación de las delegaciones de la Asociación Internacional en Latinoamérica. André Malraux redactó un llamamiento para la defensa de la cultura en la España en guerra, un nutrido grupo de intelectuales formado por A. Sánchez Barbudo, Angel Gaos, Antonio Aparicio, Arturo Soto, Emilio Prados, Eduardo Vicente, Juan Gil-Albert, J. Herrera Petere, Lorenzo Varela, Miguel Hernández, Miguel Prieto y Ramón Gaya presentó su ya famosa Ponencia Colectiva y un Antonio Machado cansado y enfermo cerró el Congreso con la lectura de un discurso titulado «Sobre la defensa y la difusión de la cultura». Como escribió Corpus Barga en su artículo «El II Congreso Internacional de Escritores. Su significación», publicado en *Hora de España* en 1938: «Otras reuniones de escritores ha habido y habrá más brillantes, más literarias en sus disertaciones, o de mayor interés, más intelectuales en sus debates; pero ninguna mejor que esta podrá nunca realizar el propósito con que fue convocada.»

CLUBES JOHN REED

Bautizados en honor del periodista y escritor John Reed (Portland, Estados Unidos, 1887-Rusia, 1920; corresponsal de revistas izquierdistas como *New Review* y *The Masses* en la Revolución Mexicana, la Primera Guerra Mundial y la Revolución de Octubre en Rusia, a la que dedicó su obra más conocida, *Diez días que estremecieron al mundo*, fundador y lider del Partido Obrero Comunista americano, enterrado como héroe del pueblo en el Kremlin de Moscú), estos clubes surgieron durante los primeros años de la Gran Depresión con el objeto de formar un cuadro de artistas revolucionarios con poder para promover la revolución proletaria en Estados Unidos.

El primero de ellos fue fundado por los editores de la revista *New Masses* en Nueva York en 1929, tomando como modelo las organizaciones culturales soviéticas del tipo de la Liga de Artistas y Escritores Revolucionarios y como lema «El arte es un arma de clase». En pocos años se crearon nuevos clubes en Boston, Filadelfia, Chicago, San Francisco y muchas otras ciudades, de modo que en 1934 existía ya una treintena de ellos con aproximadamente 1.200 miembros.

Los clubes John Reed, ligados íntima aunque informalmente al Partido Comunista Americano, descubrieron a jóvenes artistas y escritores y les enfrentaron con la realidad industrial para acentuar su orientación proletaria, organizaron y promovieron exposiciones, cursos, conferencias, conciertos, bailes, siempre con el fin de acercar el arte a las masas como medio para movilizarlas en pos de la revolución. Muchos de los clubes publicaron además su propia revista; entre ellas destacan *Partisan Review*, de Nueva York, y *Left Front*, de Chicago, pero también otras más modestas como *The Hammer*, *Dynamo*, *Blast* o *Red Spark*. Desde los primeros años 30 y siguiendo el espíritu de Frente Popular promovido en todo occidente por el Partido Comunista soviético ante la extensión e intensificación de la amenaza fascista, los clubes se abrieron para incluir entre sus miembros a trabajadores, además de intelectuales, e intensificaron sus contactos con otros grupos socialistas. Finalmente, sin embargo, y con ocasión de la celebración del primer Congreso de Escritores Americanos en Nueva York, en septiembre de 1934 el Partido Comunista decidió la disolución de los clubes John Reed y su sustitución por la Liga de Escritores Americanos, organización diseñada para lograr la participación de intelectuales prestigiosos no comunistas en un frente de apoyo a la causa proletaria y a la lucha contra el fascismo.

FORMA 1

Desde mediados de los treinta, los comunistas tendían a presentar la cuestión del compromiso político del artista como una exigencia de un estilo comprensible, identificado como «realista», que pudiese transmitir al proletariado la política del Partido. El arte autónomo, abstracto, se percibía como dejación de las responsabilidades sociales del artista. Pero, en 1947 se fundó en Roma el grupo Forma 1 con la intención de rescatar al arte abstracto de su interpretación mayoritaria en el movimiento comunista y producir arte marxista formalista. Forma 1 postulaba que el signo pictórico mantiene una relación arbitraria con su referente y presentaba la forma como artificio humano sin relación natural con la realidad. Esta reflexión sobre los límites históricos del modo humano de representar y estar en el mundo postulaba que la sociedad y el yo están construidos y controlados por sistemas de representaciones y que la tarea del artista consistía en producir una diagnosis liberadora del modo en el que estos sistemas funcionaban. A pesar de poner el énfasis en la estética, la abstracción se concebía de modo activamente antimetafísico y universalista; como abanderada de la libertad intelectual y antídoto contra las ideologías: los artistas renunciaban a transmitir ejemplos edificantes de existencia a favor de formas artísticas autónomas que actuasen sobre la psique del espectador, predisponiéndole para percepciones más lúcidas de la realidad. De este modo se argumentaba en contra de la cultura realista socialista oficial, dirigida a alcanzar y transmitir la evidencia racional y emocional de una convicción política. Aun así, Forma 1 pretendía articular polémicamente la actividad artística autónoma con la política cultural del Partido Comunista Italiano. El antecedente histórico inmediato era el arte soviético de vanguardia, difundido antes en Italia que en otros lugares por su relación con el futurismo, incluso durante los años más autárquicos del fascismo.

GRAMSCI, Antonio
(Ales, Cerdeña, 1891-Roma, 1937).

Político y teórico marxista italiano. Estudió Letras en la Universidad de Turín, donde conoció a Palmiro Togliatti, Angelo Tasca y otros que luego serían sus compañeros de lucha en el Partido Socialista Italiano, en el que ingresó oficialmente en 1915. En esa misma ciudad comenzó a trabajar como periodista, después de abandonar una prometedora carrera académica, y en poco tiempo se convirtió en una de las voces críticas más destacadas de Italia. Su columna en el diario *Avanti!*, en la que disertaba fundamentalmente sobre literatura, historia y pensamiento marxista, era de las más leídas e influyentes del país.

Al estallar la Primera Guerra Mundial dejó oir bien alto su opinión acerca de la necesidad de utilizar la intervención en la guerra como modo de despertar los sentimientos revolucionarios de la población italiana. El triunfo de la Revolución de Octubre en Rusia, con cuyas metas se identificó aunque sin abandonar nunca su sentido crítico, le animó a crear una asociación de cultura proletaria en Turín.

En 1919 fundó junto a Palmiro Togliatti, Angelo Tasca y Humberto Torracini el diario *L'Ordine nuovo* (reseña semanal de cultura socialista), que se convirtió en la publicación clave de la izquierda radical y revolucionaria italiana durante los siguientes cinco años. La actividad sindicalista y el periodismo militante ocuparon su tiempo a lo largo de este periodo.

En el Congreso del Partido Socialista Italiano celebrado en Livorno en 1921 se colocó del lado de la minoría comunista, que decidió la fundación del Partido Comunista Italiano allí mismo. Ya entonces fue elegido para ocupar un puesto dentro del Comité Central.

Entre 1922 y 1923 vivió en Moscú como delegado italiano de la Internacional Comunista. A su regreso a Italia fue primero elegido diputado de la cámara legislativa por la región del Veneto y más tarde nombrado secretario general del Partido Comunista.

En 1926 se deterioró su relación con Palmiro Togliatti, que no compartía su postura crítica con respecto a las maniobras políticas de Stalin dentro del Partido Comunista de la Unión Soviética.

En noviembre de ese año fue arrestado en Roma de acuerdo con las Leyes de Excepción dictadas por el gobierno de mayoría fascista. Fue sentenciado a cinco años de confinamiento, primero en la presión Regina Coeli de Roma y luego en la remota isla de Ustica, y al año siguiente fue nuevamente condenado, junto a otros líderes comunistas, a cumplir veinte años de prisión en un centro penitenciario en la región de Bari. Su frágil salud, quebrada ya por los años de privaciones en su infancia y primera juventud, no soportó el régimen de aislamiento, mala alimentación y falta de atención médica al que fue sometido, y tuvo que pasar los últimos dos años de su vida, siempre bajo vigilancia, en el hospital Quisisana de Roma donde finalmente murió.

Durante los diez años que permaneció encerrado, Gramsci escribió, además de 500 cartas, una obra de importancia fundamental para la teoría crítica del marxismo: sus más de treinta *Cuadernos de la cárcel*. En ellos traza una historia de Italia y del nacionalismo que incluye la definición de conceptos hoy totalmente incorporados al vocabulario político como son «hegemonía», «cultura hegemónica» y «bloque hegemónico», además de otros como «intelectual orgánico» y «nacional-popular». Gramsci afirma que el capitalismo no se mantiene únicamente por medio de la violencia y la coerción política y económica, sino sobre todo a través de la ideología, de la cultura hegemónica de la burguesía que ha convertido sus valores en los valores considerados lógicos y naturales por toda la sociedad. De esta manera, el proletariado ha identificado su propio bienestar con el de la burguesía, con lo que inconscientemente ha colaborado en mantener el statu quo social. Es necesario que la clase obrera desarrolle una cultura «contra-hegemónica» que ponga en entredicho la hegemonía cultural burguesa y ulteriormente derrote al capitalismo.

Además, en sus *Cuadernos*, Gramsci desarrolló nociones de pedagogía crítica y educación popular que años más tarde retomaría y aplicaría el movimiento educativo encabezado por Paulo Freire en Brasil.

GREENBERG, Clement
(Estados Unidos, 1909-1994).

Teórico y crítico de arte, ejerció de mentor del expresionismo abstracto durante la década de los cincuenta, prediciendo el éxito de artistas como Jackson Pollock y otros representantes de lo que él definió como «abstracción pictórica» o «nueva pintura americana». Desarrolló un modelo de crítica de estilo periodístico más que académico, más cercano a la obra que a la teoría general. Muchas de sus ideas y opiniones alcanzaron gran repercusión en el mundo de la crítica de arte americana, donde mantuvo su influencia, casi podríamos decir su hegemonía, durante décadas. En su ensayo *Modernist Painting* (1965), por ejemplo, afirmaba que la pintura moderna debía ser «plana», descartando lo no pictórico y la ilusión de la tridimensionalidad para centrarse en las propiedades del medio sobre el que trabaja: el plano del lienzo, los límites de la tela y las cualidades del pigmento.

Según Greenberg, la simple mirada del crítico, la del espectador, con su ingenuidad y, al mismo tiempo, con su innata sabiduría es capaz de subvertir la teoría del arte heredada. No entiende el arte sin la participación activa del espectador, que debe mantener su interés por aprender con el fin de mejorar constantemente con su intervención la creación artística. Durante la Guerra Fría, Greenberg fue uno de los máximos defensores de la pureza del arte, en oposición a los artistas oficiales del bloque socialista.

GROSZ, George (Georg Ehrenfried Gross)
(Berlín, 1893-1959).

Pintor e ilustrador expresionista alemán. Estudió en la Real Academia de Arte de Dresde, donde se especializó en arte gráfico, y en la Escuela de Artes y Oficios de Berlín. En 1913 pasó varios meses en París, donde conoció a Picasso y a Braque. Muy temprano comenzó a colaborar con sus caricaturas e ilustraciones en revistas satíricas como *Ulk* y *Lustige Blatter*.

Al estallar la Primera Guerra Mundial se alistó como voluntario en el ejército alemán, pero finalmente fue declarado no apto para el servicio. Como reacción a su experiencia en el frente, publicó varias series de dibujos en los que retrató el horror y la impotencia de las víctimas de la guerra: mutilados, incapacitados, enfermos nerviosos. Fue en esa época en la que comenzó su intensa actividad artística (pintó sus primeros lienzos al óleo) y crítica. Una de sus primeras acciones de protesta en contra de la política ultranacionalista alemana del momento consistió en cambiar su nombre para darle un aspecto menos germánico.

En 1917 fundó junto a Otto Dix, Max Ernst, Kurt Schwitters y John Heartfield, entre otros, el grupo dadá de Berlín, y, siguiendo el ejemplo de organizaciones similares en la Rusia revolucionaria, creó en 1918 la asociación de artistas Novembergruppe (Grupo Noviembre). En 1922 ingresó en el Partido Comunista Alemán, aunque un viaje a Rusia realizado ese mismo año sirvió para desilusionarle y para que en último término se decidiera a abandonar el Partido en 1923. Siguió colaborando, sin embargo, con el entorno socialista y comunista de la capital alemana, publicando sus álbumes de dibujos en la editorial radical Malik Verlag, y participando en la formación de asociaciones de carácter artístico-revolucionario como el Rote Gruppe (Grupo Rojo, 1924), del cual fue líder y que supuso la base para la posterior creación de la Asociación de Artistas Revolucionarios de Alemania en 1928.

Colecciones de dibujos como *Dios con nosotros*, *El rostro de la clase dirigente*, *Ecce homo*, o *Cállate y continúa sirviendo a la causa*, en las que caricaturizaba cruelmente a la sociedad burguesa y sus valores e ilustraba el colapso del capitalismo, fueron todos motivo de escándalo y aumentaron su fama como autor de sátira social y política.

Totalmente contrario al militarismo y al nacionalsocialismo, fue uno de los primeros artistas en criticar públicamente a Hitler. Sus obras serían incluidas en las exposiciones de arte degenerado de Mannheim y Stuttgart celebradas en 1933, tras la llegada de Hitler al poder, y muchas de ellas, quemadas en años posteriores. Antes de esto, sin embargo, atendiendo consejos y oscuras premoniciones sobre el alcance de la amenaza nazi y en respuesta a una invitación de la Liga de Estudiantes de Arte de Nueva York, Grosz emigró a Estados Unidos. En este país, cuya nacionalidad asumió en 1938 al ser desprovisto de la suya por el gobierno de Hitler, permaneció hasta 1959, ejerciendo como profesor de arte en distintos centros. Su radicalismo político decayó, no obstante, y sus obras dejaron de reflejar su compromiso con la lucha de clases, centrándose en motivos más clásicos como desnudos y naturalezas muertas, con la única excepción de su colección *Interregnum*, denuncia del genocidio en los campos de concentración, que no obtuvo demasiada repercusión entre el público americano. En 1946 publicó su autobiografía, *Un pequeño sí y un gran no*, y en 1954 fue elegido miembro de la Academia Americana de las Artes y las Letras. Dos años más tarde ingresó también en la Academia Alemana de las Artes y decidió regresar a su país, donde murió a causa de un accidente pocos meses más tarde.

GUTTUSO, Renato
(Bagheria, Palermo, 1911-Roma, 1987).

Pintor realista italiano. Completó sus estudios clásicos en Palermo y, sin terminar la carrera de Leyes, se trasladó a Roma para dedicarse enteramente a la pintura. Entre 1935 y 1937 se instala en Milán, donde establece contacto con jóvenes artistas del grupo Corrente, como Giacomo Manzù y Renato Birolli. En esa época abrazó la causa antifascista y se aproximó al arte realista, aunque nunca llegó a asumir totalmente los principios del Realismo Socialista, influenciado por la figuración postcubista de Picasso. En 1940 se adhirió al Partido Comunista Italiano.
Durante la Segunda Guerra Mundial colabora activamente con la resistencia y en 1947 es uno de los fundadores del Fronte Nuovo delle Arti (Frente Nuevo de las Artes), grupo unido por su creencia en la responsabilidad social del artista. En 1972 recibió el Premio Lenin de la Paz.

HEARTFIELD, John (Helmut Franz Jozef Herzfeld)
(Berlin, 1891-1968).

Diseñador expresionista alemán. Después de vivir varios años en Suiza y en Austria con su familia, Helmut Herzfeld regresó a Alemania para estudiar pintura en la Escuela de Artes Aplicadas de Múnich. Durante un tiempo trabajó como diseñador en Mannheim y en 1913 se trasladó a Berlín para completar su formación en la Escuela de Artes y Oficios.

En 1914 fue reclutado para servir en el ejército alemán durante la Primera Guerra Mundial pero, fingiendo sufrir una enfermedad nerviosa, logró no ser enviado al frente. Durante los primeros años de guerra colaboró en la revista de arte fundada por su hermano Wieland Herzfeld, *Die Neue Jugend*, donde comenzó a experimentar con una nueva técnica: el fotomontaje. Conoció entonces a George Grosz, y al igual que él decidió cambiar su nombre en protesta contra la política militarista y ultranacionalista del Gobierno Alemán; se convirtió así en John Heartfield.

En 1917 fue cofundador del grupo dadá de Berlín y entró en contacto con artistas como Max Ernst o Kurt Schwitters para quienes su trabajo como grafista fue una fuente de inspiración.

Pacifista y marxista, al final de la guerra se afilió al Partido Comunista Alemán, para quien diseñó carteles durante los siguientes quince años.

Desde 1923 fue editor de la revista *Der Knöppel*, y en 1927 encontró su mejor plataforma de creación artística en la recién creada revista socialista *Arbeiter Illustrierte Zeitung* (AIZ), para la que realizó hasta 200 fotomontajes.

Amenazado por el régimen nacionalsocialista, Heartfield se vió obligado a abandonar Alemania en 1938, instalándose en Gran Bretaña, donde colaboró profesionalmente con Reynolds News, Picture Post y Penguin Books.

Regresó a su país en 1950 y retomó su trabajo allí creando escenografías para el Berliner Ensemble y el Deutsches Theater en Berlín Oriental. Diez años más tarde se convirtió en catedrático de la Academia de Arte Alemana. Murió en Berlín Oriental en abril de 1968.

KLUTSIS, Gustav
(Rujiena, Letonia, 1895-Siberia, 1944).

Pionero del constructivismo, escultor, pintor, diseñador, fotógrafo, Gustav Klutsis, que había estudiado con Kasimir Malevich, será recordado sobre todo como autor de carteles para *agitprop* (el departamento de agitación y propaganda soviético) en los cuales experimentó con diferentes materiales y desarrolló con maestría la técnica del fotomontaje. Miembro del Partido Comunista desde 1920, entre 1924 y 1930 colaboró en la organización del pabellón de la Unión Soviética en la Exposicion Internacional de Artes Decorativas e Industriales Modernas celebrada en París. Detenido en 1944, falleció en la cárcel de Butovo, en Siberia. Su obra y la de su esposa y colaboradora Valentina Kulagina, no ha obtenido aún el reconocimiento otorgado a otros artistas y compañeros como Alexandr Rodchenko o El Lissitsky.

LEF

El Frente Izquierdista de las Artes (LEF) fue fundado en 1923 por Vladimir Mayakovsky y otros escritores y artistas representantes de las principales corrientes de la vanguardia artística rusa, en particular del futurismo y el constructivismo, entre los que inicialmente destacaron Osip Brik, Nikolai Aseev, Serguei Tretyakov, Boris Kushner, Boris Arvatov y Nikolai Nasimovich Chuzhak.

El objetivo de LEF era poner los logros formales de la vanguardia al servicio del estado revolucionario, trazando la vía del comunismo para el arte, un arte de izquierdas alejado del individualismo y empeñado en el desarrollo cultural de las masas. Se trataba de crear a un nuevo ser humano a través del arte, para lo cual LEF generó un original cuerpo teórico. Entre sus aportaciones se encuentran el concepto de «comando social», que planteaba la obligación de los artistas de atender las necesidades de la audiencia frente al arte a cada momento, la idea que considera las formas artísticas como auténticos vehículos ideológicos, por lo que una nueva sociedad requerirá siempre la creación de nuevas formas, y la convicción de que el arte revolucionario precisa de la participación activa del espectador, que será siempre transformado por su esfuerzo de interpretación de la obra.

En 1923 se describían a sí mismos y el objeto de su actividad de esta manera:

«Rechazamos cualquier distinción entre poesía, prosa y lenguaje coloquial. Reconocemos un único medio –la palabra– y lo estamos utilizando en nuestro trabajo inmediato. Trabajamos por una organización fonética del lenguaje, por la polifonía del ritmo, por la simplificación de la construcción verbal, por la invención de nuevos objetos temáticos. Este trabajo no representa una lucha puramente estética sino un laboratorio para mejor reflejar los hechos contemporáneos. No somos creadores pontificantes sino maestros agentes del orden social» (citado en Marc Slonim, *Soviet Russian Literature. Writers and problems, 1917-1977*).

El Frente hizo de su revista *LEF* el mejor instrumento de expresión de su filosofía, aunque de ésta sólo siete números fueron publicados entre marzo de 1923 y junio de 1925, todos ellos ilustrados por Alexandr Rodchenko y con colaboraciones de escritores como Boris Pasternak, Velimir Khlebnikov, Isak Babel, Vasily Kamensky, teóricos de la literatura como Viktor Shklovsky, escenógrafos como Vsevolod Meyerhold, o directores de cine como Dziga Vertov o Serguei Eisenstein.

En 1927, Mayakovsky trató de revivir la revista como *Novy LEF*, pero tanto la publicación como el grupo debieron suspender sus actividades en 1928 a causa de sus dificultades financieras.

LÉGER, Fernand
(Argentan, Normandía, 1881-Gif-sur-Yvette, París, 1955).

Pintor cubista francés. Estudia en la Escuela de Arquitectura de Caen y en 1900 se traslada a París donde continúa formándose y comienza ya a pintar, al principio muy influenciado por el impresionismo.

En 1907 se acerca a la obra de Cézanne y conoce a Picasso, Braque y Delaunay, que ya por entonces pintan sus primeras obras cubistas. Junto con Marcel Duchamp, Raymond Duchamp-Villon y Jacques Villon, y bajo la influencia de las teorías del filósofo Henri Bergson, estudia las relaciones entre arte, matemáticas y música y expone en los salones de la llamada Section d'Or (Sección Áurea). Mantiene contacto con los vanguardistas rusos y con los futuristas italianos.

Desde el primer momento, su trabajo se centra en gran medida en la representación de la máquina como icono del nuevo siglo. Artefactos, robots, formas geométricas, colores primarios llenan sus lienzos dotándolos de una atmósfera deshumanizada que quiere ser reflejo de su tiempo.

En 1914 es llamado a filas y su experiencia de la guerra, donde las máquinas son las auténticas dominadoras, acentúa su interés por estos elementos como objetos de su arte. En las obras de este periodo la ciudad se convierte en su tema pictórico preferido.

A comienzos de la siguiente década colabora con Blaise Cendrars y Man Ray en algunas películas y diseña escenografías para el Ballet Suédois. En 1925 realiza sus primeros murales para el Pabellón del Nuevo Espíritu de Le Corbusier en la Exposición Internacional de Artes Decorativas.

Durante los años veinte y treinta se mantiene abierto a nuevas influencias artísticas y experimenta un regreso al arte más figurativo. En 1935 expone en el Museo de Arte Moderno de Nueva York y en el Instituto de Arte de Chicago. En Estados Unidos vivirá entre 1940 y 1945, ejerciendo como profesor en la Universidad de Yale.

Al final de la guerra se afilia al Partido Comunista Francés.

Durante los últimos años de su vida, de nuevo en Francia, diversificará su actividad artística, realizando esculturas, murales (entre ellos uno para la sede de Naciones Unidas en Nueva York), vidrieras, mosaicos, y, de nuevo, escenografías.

LUNACHARSKY, Anatoly Vasilievich
(Poltava, Ucrania, 1875-Francia, 1933).

Educado en Kiev y en Zúrich, donde estudió Ciencias Sociales y conoció a Rosa Luxemburgo y Leo Jogiches. En 1896 regresó a Rusia e ingresó en el Partido Obrero Social-Demócrata de Moscú, siendo arrestado en 1899 y condenado al exilio en Siberia. Fue allí donde se produjo su primer encuentro con Alexandr Bogdanov, con quien luego emigró a Suiza. En este país se adhirió al Partido Bolchevique, coeditó con Bogdanov una revista del partido y escribió importantes libros de filosofía marxista como *Ensayo sobre Estética Positiva* y *Religión y Socialismo*. Colaboró además con Lenin, a quien había conocido en París en 1904, en la publicación e introducción en Rusia de revistas como Vperiod y Proletarii. Fue el propio Lenin quien le reclamó durante la Revolución de 1905 para trabajar junto a Maxim Gorky en la revista *Novaya zhizn*, la primera publicación bolchevique legalizada en Rusia. Detenido nuevamente en 1906, se exilió un año más tarde y durante varios años vivió en Francia, Italia, Suiza, organizando círculos de cultura proletaria y asistiendo a las reuniones de la Internacional Obrera. En 1908 entró en conflicto con Lenin y se aproximó a los mencheviques. En esos años colaboró con León Trotsky y Julius Martov en el periódico internacionalista *Nashe slovo*. En 1915 se reconcilió con Lenin y regresó a Rusia en vísperas de la Revolución, de nuevo como miembro del Partido Bolchevique.

En octubre de 1917 fue nombrado Comisario de Educación y responsable máximo de Narkompros, puesto que ocupó hasta 1929 y desde el que inició una reforma total del sistema educativo que logró la práctica erradicación del analfabetismo, la creación de facultades obreras para la formación de técnicos y administrativos y el establecimiento de un completo sistema de subsidios para las actividades artísticas.

Miembro de la Academia de Ciencias de la URSS desde 1930, director del Instituto de Literatura, Arte y Lengua, y representante soviético, junto a Maxim Litvinov, en las reuniones de la Sociedad de Naciones en Ginebra, fue sometido en sus últimos años a numerosas humillaciones políticas que hicieron mella en su delicada salud a partir desde 1930. En 1933 fue designado embajador en España, pero murió en el sur de Francia antes de poder asumir su nuevo cargo. En su honor se celebró un funeral de estado al que, sin embargo, no acudió Stalin, y las esquelas oficiales publicadas fueron redactadas en un tono abiertamente crítico con su figura. Su obra sólo fue reeditada en la Unión Soviética después de la muerte de Stalin en 1953.

LUKÁCS, Georg
(Budapest, 1885-1871).

Historiador de la literatura, ensayista, crítico y teórico del marxismo húngaro. Estudió en las universidades de Budapest y Berlín, donde se doctoró en 1906. Entre 1912 y 1916 vivió en Heidelberg y allí matuvo un estrecho contacto con el sociólogo Max Weber. En esa época se definía todavía como «idealista subjetivo», pero a raiz de la Primera Guerra Mundial y del triunfo de la Revolución Rusa se convirtió al marxismo, adoptando la teoría del materialismo histórico, y se afilió al Partido Comunista Húngaro. En Budapest, formó junto al historiador Arnold Hauser, el escritor Béla Balász y los músicos Béla Bartok y Zoltán Kodály, entre otros intelectuales húngaros, el Círculo del Domingo dedicado a la discusión sobre el fin de la sociedad liberal. Fue Comisario de Educación Popular durante el breve gobierno de Béla Kun, pero cuando en 1919 la invasión de las tropas rumanas puso fin a la Revolución Húngara, huyó a Austria, donde residió hasta 1929. Allí publicó *Historia y conciencia de clase* (1923), obra que repudió y defendió sucesivamente ante las presiones del Partido Comunista. Se trata de una importante colección de ensayos sobre literatura y política en los que Lukács introdujo el concepto de «conciencia de clase» y defendió la idea de que la ideología vigente es sólo una proyección de la conciencia de clase burguesa estructurada para impedir que el proletariado alcance conciencia de su capacidad revolucionaria real.

En 1929 trabajó en el Instituto Marx-Engels-Lenin de Moscú y, tras varios años en Berlín, regresó una vez más a la Unión Soviética huyendo del nuevo gobierno nacionalsocialista. Allí se integró en el Instituto de Filología de la Academia de Ciencias Soviética.

Al final de la Segunda Guerra Mundial volvió a su país y hasta 1956 ejerció como catedrático de Estética y Filosofía de la Cultura en la Univesidad de Budapest. Ese año fue nombrado Ministro de Cultura en el breve gobierno revolucionario de Imre Nagy; tras la invasión soviética fue deportado a Rumanía. Un año más tarde se le concedió el permiso para regresar a su país, donde hasta su muerte se mantuvo fiel a los dictados del Partido Comunista. Murió en 1971, dejando obras tan importantes para la crítica literaria mundial como su célebre *Teoría de la Novela*.

MARIÁTEGUI, José Carlos
(Moquegua, 1894-Lima, 1930).

Periodista y teórico del marxismo peruano. Nacido en una familia muy humilde, sufrió siendo muy pequeño un accidente que le provocó una aguda dolencia en las piernas, por lo que apenas pudo terminar de cursar sus estudios primarios. Con catorce años comenzó a trabajar en el periódico *La Prensa* en calidad de ayudante de linotipista; años después entró a formar parte del equipo de redacción del diario. Más adelante colaboró con otras publicaciones de la capital, como *Colonida* y *El Tiempo*, en ésta última fue redactor principal y cronista parlamentario. Durante estos años también escribe y publica poemas.

Junto a César Falcón y Félix del Valle fundó en 1918 *Nuestra Época*, revista de ideología socialista, que se convirtió en el vehículo para expresar su visión crítica de la realidad política y social peruana. En 1919 creó el diario *La Razón*, desde el que tomó partido en cuestiones que agitaban al país, como la reforma universitaria y la lucha obrera; como consecuencia, el diario fue clausurado pocos meses más tarde por orden del gobierno. Fue uno de los fundadores de la Federación Obrera Regional Peruana y del Comité de Propaganda y Organización Socialista. Ese mismo año viajó a Europa, donde permaneció hasta 1923, visitando Italia (allí asiste al célebre Congreso de Livorno en el que se constituyó el Partido Comunista Italiano), Francia, Alemania, Austria, Hungría, Checoslovaquia y Bélgica; en todos estos países entró en contacto con los círculos marxistas y revolucionarios. Estuvo presente también en la Conferencia Internacional convocada por el Consejo Supremo de la Sociedad de Naciones en 1922.

Regresó a Perú e inició una nueva etapa como conferenciante y posteriormente rector de la Univesidad Popular González Prada. Al mismo tiempo continuó colaborando con diversas publicaciones: ese año asume la dirección de la revista *Claridad* y crea la Editorial Obrera Claridad. En 1924 sufre la amputación de la pierna derecha. Dos años más tarde funda la revista *Amauta*, donde publica su obra principal y gran aportación al pensamiento marxista y a la teoría de la cultura latinoamericana, sus *Siete ensayos de interpretación de la realidad peruana*.

Es encarcelado y sufre prisión domiciliaria en 1927 como consecuencia de la represión de los comunistas por parte del gobierno.

Sin abandonar nunca su actividad sindicalista y de lucha en apoyo del proletariado, en 1928 se aparta del APRA (Alianza Popular Revolucionaria Americana) y funda el Partido Socialista Peruano y la Confederación de Trabajadores del Perú. Poco después es nombrado miembro del Consejo General de la Liga Antiimperialista Americana, organización impulsada por la Tercera Internacional.

Falleció en Lima, a causa de su enfermedad, con treinta y seis años.

DE MARTINO, Ernesto
(Italia, 1908-1965).

Historiador de las religiones, antropólogo, etnólogo, estudioso del folclore y de las religiones populares de las regiones pobres y marginadas del sur de Italia. Fue profesor de Historia de las Religiones en la Universidad de Cagliari a partir de 1959. Heredero del historicismo de Benedetto Croce, lo renovó críticamente a partir de la influencia marxista. Agudo intérprete de las exigencias, inquietudes y procesos de cambio del mundo contemporáneo, entre sus obras más importantes se encuentran *El mundo mágico* (1948), *Muerte y llanto ritual en el mundo antiguo* (1958), *Sur y Magia* (1959), *La tierra del remordimiento* (1961) o *El fin del mundo* (1977, póstumo).

MATEOS, Francisco
(Sevilla, 1894-Madrid, 1976).

Pintor expresionista español. Se forma en la Escuela de Artes y Oficios de Madrid, y muy joven aún comienza a trabajar como caricaturista en la revista *España*, que dirigía José Ortega y Gasset. Colabora también con revistas como *La Esfera*, *El Mundo* y *Grecia*, desde las que se difunden las ideas de la vanguardia artística europea en España. Disfrutó de diferentes becas que le permitieron viajar por Alemania, Francia y Bélgica. En estos países tuvo ocasión de conocer de primera mano la obra de los expresionistas que le influyó hasta el punto de adscribirse a esta corriente. En París fue admitido en el prestigioso grupo Cahiers d'Art y nombrado decorador oficial de la Sorbona en 1928, donde pintó varios murales. Realizó importantes exposiciones individuales, entre las que podemos citar las organizadas en la galería Tempo de París (1927), en el Instituto Internacional de Boston (1950) y en la galería Suillerot de París (1974).

MILA, Massimo
(Turín, 1910-1988).

Crítico y musicólogo italiano. Fue alumno del Liceo Clásico turinés, donde coincidió con hombres que con el tiempo se convertirían en figuras fundamentales de la vida intelectual italiana: Cesare Pavese, Leone Ginzburg, Norberto Bobbio, Giulio Carlo Argan. Se doctoró en Letras en la Universidad de Turín en 1931 con una tesis titulada *El melodrama en Verdi* que el propio Benedetto Croce se encargó de publicar.

Muy pronto manifestó su oposición al régimen fascista. Se adhirió al grupo Justicia y Libertad y fue encarcelado dos veces, siendo condenado la segunda vez a siete años de reclusión. En 1940 fue liberado y comenzó su colaboración con la editorial de su antiguo amigo Giulio Einaudi, donde pudo trabajar codo con codo con Pavese, Ginzburg y otros compañeros.

Tras el armisticio, en 1943, se incorpora a la resistencia y se adhiere al Partido de la Acción. En la posguerra trabajará como profesor de Historia de la Música en el Conservatorio Giuseppe Verdi de Turín y más tarde en la Universidad. Fue crítico musical de publicaciones como *L'Unità*, *L'Espresso* o *La Stampa*. Miembro de la Academia de Santa Cecilia desde 1956, escribió importantes ensayos sobre Verdi, Mozart, Stravinsky y Maderna y libros sobre historia y teoría musical (*Breve historia de la música*, *Cien años de música moderna*), y tradujo además numerosas óperas de Goethe, Schiller y otros autores. En 1985 obtuvo el Premio Internacional Feltrinelli de la Academia del Liceo.

OROZCO, José Clemente
(Zapotlán el Grande, hoy Ciudad Guzmán, Jalisco, 1883-Ciudad de México, 1949).

Pintor mexicano. Junto con su familia se trasladó primero a Guadalajara y luego a Ciudad de México, donde estudió Bellas Artes en la Academia de San Carlos, además de cursar tres años de agricultura.

Entre 1910 y 1916 fue uno de los artistas con inclinaciones políticas que más publicaron en *La Vanguardia*, órgano del movimiento constitucionalista durante la Revolución Mexicana. En esa época comienza además su producción de acuarelas y pinturas al óleo.

En 1922 se incorpora al grupo de muralistas que decoran la Escuela Nacional Preparatoria, donde él se reserva los frescos del patio (que acabaría borrando en su mayor parte) y la planta baja. Desde entonces es requerido para decorar con sus murales, siempre de marcado carácter social, diferentes instituciones a lo largo y ancho del país.

Entre 1927 y 1934, Orozco vivió en los Estados Unidos, realizando obras fundamentalmente en Nueva York y California. Los temas en los que se centra durante aquellos años son la Revolución Mexicana y la mecanización y deshumanización de la vida en las grandes metrópolis.

A su regreso a México se instaló en Guadalajara, donde pintó la que probablemente sea su obra maestra: los frescos del Hospicio Cabañas. En ellos refleja su visión de la historia de México a través de imágenes de carácter casi simbólico.

Sus obras cubren los muros de los más destacados edificios públicos del país (Sala de la Reforma del Museo de Historia Nacional, Castillo de Chapultepec, Cámara de Diputados de Jalisco, Colegio Nacional, etc.). Al mismo tiempo no abandonó nunca la pintura de caballete, el dibujo y la litografía y colaboró en la escenografía de diversos espectáculos de ballet. En 1946 recibió el Premio Nacional de las Artes.

PICASSO, Pablo (Pablo Ruiz Picasso)
(Málaga, 1881-Mougins, Francia, 1973).

Durante su infancia y juventud vivió con su familia en La Coruña y en Barcelona. En la Academia de Bellas Artes de esta ciudad se formó como pintor, pero más que las clases recibidas es su relación con artistas modernistas como Ramón Casas o Santiago Rusiñol (el grupo que se reunía en el café Els Quatre Gats) la que más influencia su estilo en estos primeros años.

En 1900 viaja a París por primera vez y las visitas se suceden hasta 1904, año en que se instala definitivamente en la capital francesa. Influido por el simbolismo desarrolla durante esos años sus periodos Azul y Rosa. Entra en contacto con los círculos artísticos e intelectuales vanguardistas y conoce a Guillaume Apollinaire, Max Jacob, Gertrude Stein, Ambroise Vollard, Daniel-Henry Kahnweiler (que será su marchante), entre otros. En 1907 se encuentra con Georges Braque; juntos van a desarrollar una nueva fórmula pictórica: el cubismo. Ambos investigan y utilizan técnicas y materiales nunca antes vistos en pintura, como el *collage*, en particular tras la incorporación de Juan Gris al grupo en 1912.

Entre 1915 y 1920 retoma la pintura y el dibujo figurativos realizando una reflexión sobre el clasicismo y sus orígenes mediterráneos. Durante esos años crea diversas escenografías para poducciones teatrales y de ballet.

Desde 1925 se deja cortejar por el surrealismo e inicia un nuevo ciclo pictórico. El estallido de la Guerra Civil española le afecta profundamente y le inspira su obra más reconocida mundialmente, el Guernica. En 1944 ingresa en el Partido Comunista Francés.

A partir de 1947 se aleja de París, trasladándose al sur de Francia, donde continuará investigando y desplegando su genio a través de una obra que abarca múltiples formas y estilos. De sus últimas épocas destacan las series sobre obras clásicas de la pintura, que él reinterpretó de modo muy personal, y sus creaciones en cerámica.

Murió a los noventa y dos años.

RIVERA, Diego
(Guanajuato, 1886-Ciudad de México, 1957).

Considerado el pintor mexicano más influyente del siglo XX, Diego Rivera no terminó sus estudios de arte en la Academia San Carlos, pero en 1907 ya había realizado su primera exposición que le valió para obtener una beca de estudios en Europa. Permaneció allí, fundamentalmente en París, durante los siguientes catorce años a lo largo de los cuales estudió la obra de grandes maestros como Cézanne, Gauguin, Renoir y Matisse y adquirió la técnica cubista.

A su regreso a México en 1921 tuvo la oportunidad de aplicar sus ideas con respecto al arte como medio para expresar las complejidades de la actualidad social y política y para alcanzar grandes audiencias al ser invitado a realizar varios murales en universidades y otros edificios públicos. Entre ellos destaca su interpretación de la historia mexicana en el Palacio Presidencial de México.

Entre 1930 y 1940 viajó frecuentemente a Estados Unidos, donde pintó algunas de las obras que mayor fama le reportarían: los murales para el Club de la Bolsa Americana, para la Escuela de Bellas Artes de California, para el Instituto de las Artes de Detroit (a instancias de Henry Ford, magnate del automóvil) y para el hall del Rockefeller Center en Nueva York. Este mural, titulado *El hombre en la encrucijada*, fue destruido por la propia familia Rockefeller a quien disgustó sobremanera la inclusión de un retrato de Lenin en él. Sin embargo, su actividad como muralista sirvió de inspiración para el programa de promoción de la cultura del presidente demócrata Franklin D. Roosevelt.

Activo militante marxista desde su juventud («Un artista es antes de nada un ser humano, profundamente humano hasta el tuétano. Si el artista no puede sentir todo lo que la humanidad siente, si el artista no es capaz de amar hasta olvidarse de sí mismo y sacrificarse a sí mismo si fuera necesario, si no está dispuesto a apartar su pincel mágico para encabezar la lucha contra el opresor, entonces no es un gran artista» dejó escrito), Diego Rivera fue el principal responsable de que en 1937 el gobierno de Lázaro Cárdenas se decidiera a acoger en México a León Trotsky, expulsado de la Unión Soviética por su enfrentamiento con Stalin. Trotsky y su esposa vivieron durante dos años en la residencia de Diego Rivera y su mujer, Frida Kahlo, en Ciudad de México hasta que surgieron discrepancias entre ambos relacionadas con la actualidad política mexicana. Finalmente se produjo la ruptura entre ellos, y tras el asesinato de Trotsky en 1940, Rivera viajó a la Unión Soviética, en su segunda visita al país, de donde regresó convencido en su apoyo al régimen stalinista.

En 1948 culmina un mural en el Hotel del Prado que incluye el lema «Dios no existe». La obra fue víctima del ataque de un grupo de estudiantes que pretendieron borrar la expresión; como respuesta, el pintor, a la cabeza de unos cien artistas e intelectuales de izquierdas, entre los que se encontraban Frida Kahlo, David Alfaro Sequeiros y José Clemente Orozco, entró en el Hotel del Prado a los gritos de «Muerte al imperialismo» y volvió a trazar el lema sobre el muro.

Aquejado por diversas enfermedades y por la muerte de su esposa tres años antes, Diego Rivera murió en 1957 en su estudio de Ciudad de México.

SIQUEIROS, David Alfaro
(Santa Rosalía, hoy Ciudad Camargo, Chihuahua, 1896-Cuernavaca, 1974).

Pintor y muralista mexicano, estudió en la Academia de San Carlos, actual Escuela Nacional de Artes Plásticas, y en la Escuela al Aire Libre de Santa Anita.

En 1914, en plena Revolución Mexicana, se incorporó al ejército constitucionalista sublevado contra el dictador Victoriano Huerta donde, tras servir cuatro años, llegó a alcanzar el grado de coronel.

En 1918 entró en contacto con el Centro Bohemio de Guadalajara, donde conoció al pintor Xavier Guerrero y participó en debates sobre la forma y la función del arte que había de surgir de la Revolución.

Destinado a Barcelona como diplomático de rango militar, se relaciona con los círculos artísticos europeos y publica la revista *Vida Americana*.

Regresó a México en 1922 y se integró en el Movimiento Muralista Mexicano, patrocinado por José Vasconcelos, Secretario de Educación Pública. Pinta, entre otros, su famoso mural *Los Mitos* en la Escuela Nacional Preparatoria. Experimenta con materiales y técnicas diversas.

En 1923 ingresó en el Partido Comunista Mexicano y fue elegido secretario general del Sindicato de Obreros Técnicos, Pintores y Escultores. Un año más tarde, fundó junto a Diego Rivera y Xavier Guerrero la revista *El Machete*, que al principio fue financiada por el Sindicato y que luego se convirtió en órgano oficial del Partido Comunista. En 1925, fue nombrado presidente de la Liga Antiimperialista de las Américas, y en los años siguientes desarrolló una intensa actividad sindical y de denuncia.

En 1930 fue expulsado del Partido Comunista por indisciplina, detenido y encarcelado varias veces y finalmente condenado al exilio interior en Taxco. Al violar dicha condena en 1932 fue expulsado del país y emigró a California, en Estados Unidos, donde continuó pintando sin descanso. Más tarde, estableció en Nueva York su Taller Experimental y Laboratorio de Técnicas Modernas, donde descubrió la técnica del «accidente controlado» en el arte.

Durante la Guerra Civil española sirvió tres años como teniente coronel en el Ejército Popular republicano.

En 1940 regresó a México, país donde había sido acogido León Trotsky tras su expulsión de la Unión Soviética. Stalinista declarado, Siqueiros encabezó el grupo armado que atacó la casa de Trotsky en la capital mexicana con la intención de asesinar al líder comunista, que, no obstante, resultó ileso.

Durante la Segunda Guerra Mundial pintó numerosas obras que buscaban reflejar la lucha contra el fascismo, siempre en un estilo que mezclaba futurismo, expresionismo y abstracción, y realizó una gira por toda Latinoamérica reclamando la producción de arte de guerra para tiempos de guerra. La celebración de exposiciones y la realización de murales se sucedieron sin pausa en las décadas siguientes. Entre sus obras más importantes destacan la *Marcha de la Humanidad*, en el Hotel de México, y *Del porfirismo a la revolución*, en el Museo de Historia Nacional de Ciudad de México.

En 1960, tras realizar numerosos viajes a Polonia, la Unión Soviética, Cuba y Venezuela, fue encarcelado por el gobierno mexicano acusado de promover la disolución social en su apoyo al Sindicato de Obreros del Ferrocarril. Fue indultado cuatro años más tarde. En 1966 recibió el Premio Nacional de las Artes y un año más tarde, durante una nueva visita a la Unión Soviética, le fue otorgado el Premio Lenin de la Paz. Murió en 1974.

TOGLIATTI, Palmiro
(Génova, 1893-Unión Soviética, 1964).

Político comunista italiano. Doctor en Leyes por la Universidad de Turín, ya durante sus tiempos de estudiante se aproximó al socialismo, colaborando en publicaciones como *Avanti!* y *L'Ordine Nuovo* junto a Antonio Gramsci. En 1921 participó en el Congreso del Partido Socialista Italiano en Livorno, contándose entre los que finalmente impulsaron la fundación del Partido Comunista.

Detenido varias veces por sus actividades antifascistas, en 1926 huyó a Francia y hasta 1944 permaneció en el exilio, principalmente en la Unión Soviética donde se movió en los círculos próximos a Stalin. Fue uno de los secretarios del Komintern y actuó como agente soviético en España, con el nombre de Ercoli. Bajo la presidencia de Gramsci, fue secretario general del Partido Comunista desde 1927 y durante la Segunda Guerra Mundial dirigió emisiones radiofónicas a la Resistencia italiana. A la muerte de Gramsci se convirtió en su sucesor al frente del PCI.

Tras su regreso a Italia, reorganizó el Partido mediante el llamado Giro de Salerno. Este giro, que pretendía favorecer un acercamiento a la totalidad de las masas (no sólo al proletariado), consistió en dos movimientos: la conversión del PCI en un partido nacional legítimo y la aceptación de la democracia parlamentaria como medio para la instauración de un régimen socialista. Se creaba de esta manera un «partito nuovo» abierto a todos los italianos con independencia de su origen social. Este cambio contribuyó a que el PCI se convirtiera en el mayor partido político en número de afiliados de Italia y en el partido comunista más importante de Europa Occidental.

Meses antes de su muerte, Togliatti redactó el llamado *Memorando de Yalta*, donde proponía el policentrismo como principio de organización del movimiento comunista internacional, de modo que cada partido pudiera desarrollarse en función de las necesidades políticas de su país sin la intervención de fuerzas exteriores.

TROTSKY, León (Lev Davidovich Bronshtein)
(Ucrania, 1879-México, 1940).

Fundador del Sindicato Obrero de Rusia Meridional y del Partido Obrero Social-Demócrata en 1898, fue arrestado por sus actividades políticas y enviado a Siberia en 1900. De allí escapó y marchó al exilio donde permaneció hasta 1905. Fue en esa época cuando adoptó el nombre de Trotsky.

Conoció a Lenin en Londres y junto a él colaboró en el periódico comunista *Iskra*; sin embargo, cuando en el Segundo Congreso del Partido Obrero Social-Demócrata celebrado en 1903 se produjo la ruptura interna, él se encontró entre los líderes mencheviques en oposición a los bolcheviques de Lenin.

En 1905 regresó a Rusia, donde participó activamente en la Primera Revolución Rusa como presidente del soviet de San Petersburgo, por lo que durante la represión posterior al fracaso revolucionario fue detenido, juzgado y deportado de nuevo a Siberia. Pero una vez más logró escapar y salir del país.

Durante la siguiente década se mantuvo políticamente independiente y dedicado a las tareas de edición de revistas como *Nashe slovo*, publicada en Francia, desde la cual desarrolló una potente campaña en contra de la guerra, razón por la que fue expulsado del país y se vio obligado a emigrar a Estados Unidos. Alentado por el éxito de la Revolución de Febrero de 1917, regresó a Rusia tras un accidentado viaje durante el cual fue largamente retenido por la autoridad naval británica en Nueva Escocia. Una vez en su país fue nombrado miembro del Comité Central del Partido Bolchevique y jugó un papel determinante como organizador del golpe de octubre en Petrogrado. Con el triunfo de la Revolución de Octubre, Lenin le designó Comisario del Pueblo para Asuntos Exteriores, pasando a ocupar el puesto de Comisario de Guerra al fin de la Primera Guerra Mundial.

En conflicto con Stalin por el liderazgo del partido desde 1923, fue finalmente expulsado del mismo en 1927, condenado al exilio en Alma Ata (Kazakhstan) y de allí deportado a Turquía en 1929.

En el exilio Trotsky fundó la Cuarta Internacional, mientras en la URSS era objeto de una amplia campaña de descrédito que le acusaba de liderar una gran conspiración que habría sido responsable de los fallos organizativos y económicos del gobierno soviético durante los años 30.

Después de vivir cortas temporadas en diferentes países, fue acogido por México en 1937 gracias a la intervención de su amigo el pintor Diego Rivera. En este país fue asesinado por un agente secreto stalinista, el español Ramón Mercader, en agosto de 1940.

UNIÓN DE ESCRITORES Y ARTISTAS REVOLUCIONARIOS

En 1930 se había fundado en la ciudad rusa de Kharkov la Unión Internacional de Escritores y Artistas Revolucionarios. A su imagen y semejanza surgieron en 1932, en París, la Asociación de Escritores y Artistas Revolucionarios (AEAR), dirigida por Vaillant-Couturier, y poco más tarde, en Valencia, la Unión de Escritores y Artistas Revolucionarios. Entre los fundadores de esta última se encontraban intelectuales como Rafael Pérez Contel, José Renau, Ángel Gaos, Francisco Carreño, Pascual Plá Beltrán, Manuela y Antonio Ballester, Juan Renau, José Bueno y Emilio Gómez Nadal.

En mayo de 1933, el diario valenciano *El pueblo* publicó un manifiesto con las firmas de todos ellos que anunciaba la creación de la asociación y hacía un llamamiento a artistas, escritores y demás intelectuales para emprender sin más demora la tarea a favor de la defensa de la cultura.

La asamblea constituyente se celebró en el Ateneo Científico de la ciudad, donde se sentaron las bases programáticas y se inició el proceso de constitución legal del grupo, que tuvo que renunciar al calificativo «revolucionario» por orden expresa del Gobernador Civil de Valencia, por lo que finalmente adoptó la denominación de Unión de Escritores y Artistas Proletarios (UEAP).

La UEAP, en la que destacó la implicación de importantes artistas plásticos comunistas, anarquistas y simpatizantes del movimiento revolucionario internacional, organizó exposiciones, reuniones y debates en los centros proletarios, y a través de combativos artículos y manifiestos publicados en su revista *Nueva Cultura* desarrolló una importante reflexión sobre el papel del artista en la sociedad y el significado del arte en la lucha ideológica contra el fascismo.

Nueva Cultura disfrutó además de la colaboración de renombrados escritores revolucionarios europeos y fue en ella donde se publicaron por primera vez los diseños de Picasso para el *Guernica*, así como la pintura ya terminada, lo mismo que su obra *Sueño y mentira de Franco*. Tras la guerra, el régimen franquista puso especial énfasis en la destrucción tanto de la revista como de la propia UEAP.

ZHDANOV, Andrei Alexandrovich
(Mariupol, Ucrania, 1896-Rusia, 1948).

Político soviético, leal colaborador de Stalin, miembro del Politburó desde 1939.

Unido a los bolcheviques ya en 1915, progresó con rapidez dentro del partido y en la década de los 30 se convirtió en el artífice de la política cultural stalinista, siendo obra suya la creación de la Unión de Escritores Soviéticos y la definición del Realismo Socialista como doctrina artística oficial del régimen. Su estricto código ideológico (recordado por el nombre de «zhdanovismo»), que exigía la adhesión de los intelectuales al espíritu del Partido como condición para poder desarrollar su obra libremente, se hizo extensivo a todo el aparato cultural oficial y sirvió de base para la ejecución de las grandes purgas de esa década y la siguiente. Víctimas de su persecución fueron revistas literarias como *Zvezda* y *Leningrad*, e intelectuales como Anna Akhmatova, Mikhail Zoshchenko, Boris Pasternak, Dmitri Shostakovich o Serguei Eisenstein.

Designado secretario del Partido Comunista de Leningrado después del asesinato de Serguei Kirov en 1934, abanderó la defensa de la ciudad durante la guerra fino-rusa (1939-40) y durante la Segunda Guerra Mundial.

En 1947 organizó el Cominform (Oficina de Información Comunista) para la coordinación de los partidos comunistas en Europa, desde el cual desarrolló una agresiva política en contra de Occidente.

Apartado repentinamente del poder en la primavera de 1948, murió ese mismo año aparentemente por causas naturales. En 1953, sin embargo, nueve médicos, la mayoría de ellos judíos, fueron detenidos, acusados y condenados de haberle provocado la muerte por envenenamiento y de haber intentado envenenar a otros políticos por orden de los servicios de inteligencia estadounidense y británico. Aún sin resolver, su muerte parece estar relacionada con el deseo del Comité Central de reducir la influencia política de Leningrado con respecto a Moscú.

Teresa Muñoz

ILUSTRACIONES

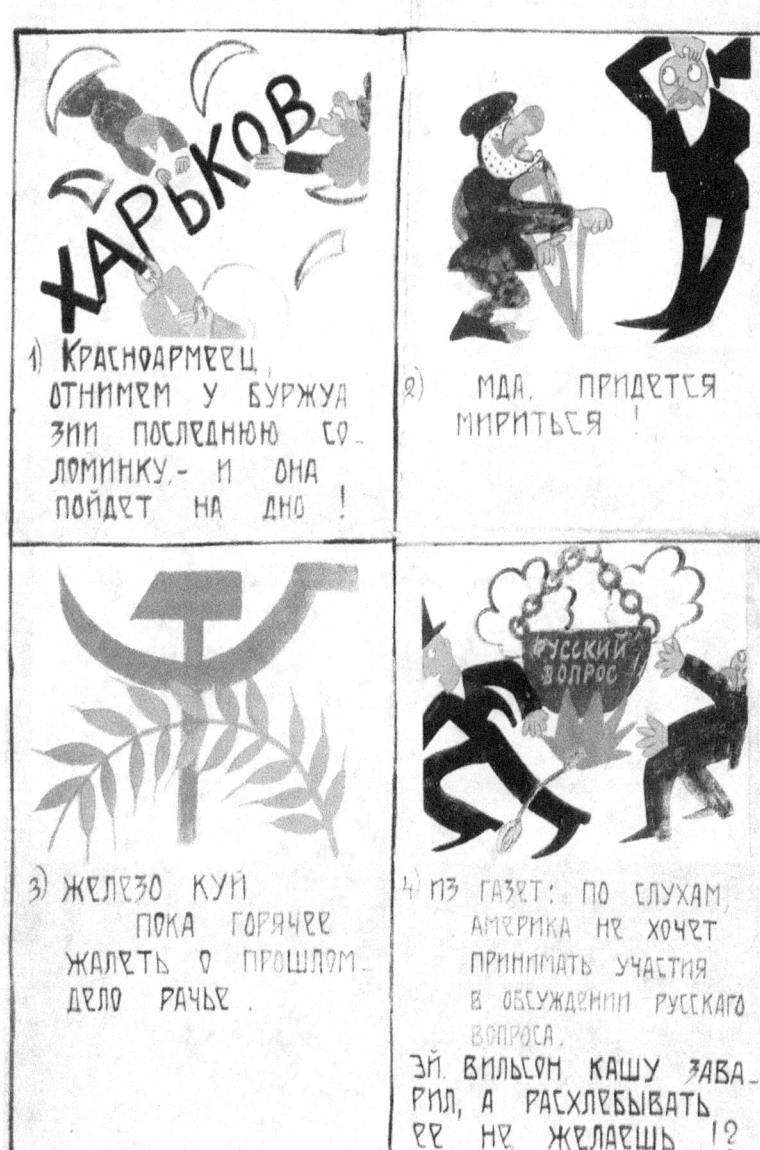

Vladimir Mayakovsky: Ventana ROSTA nº 5, 1919

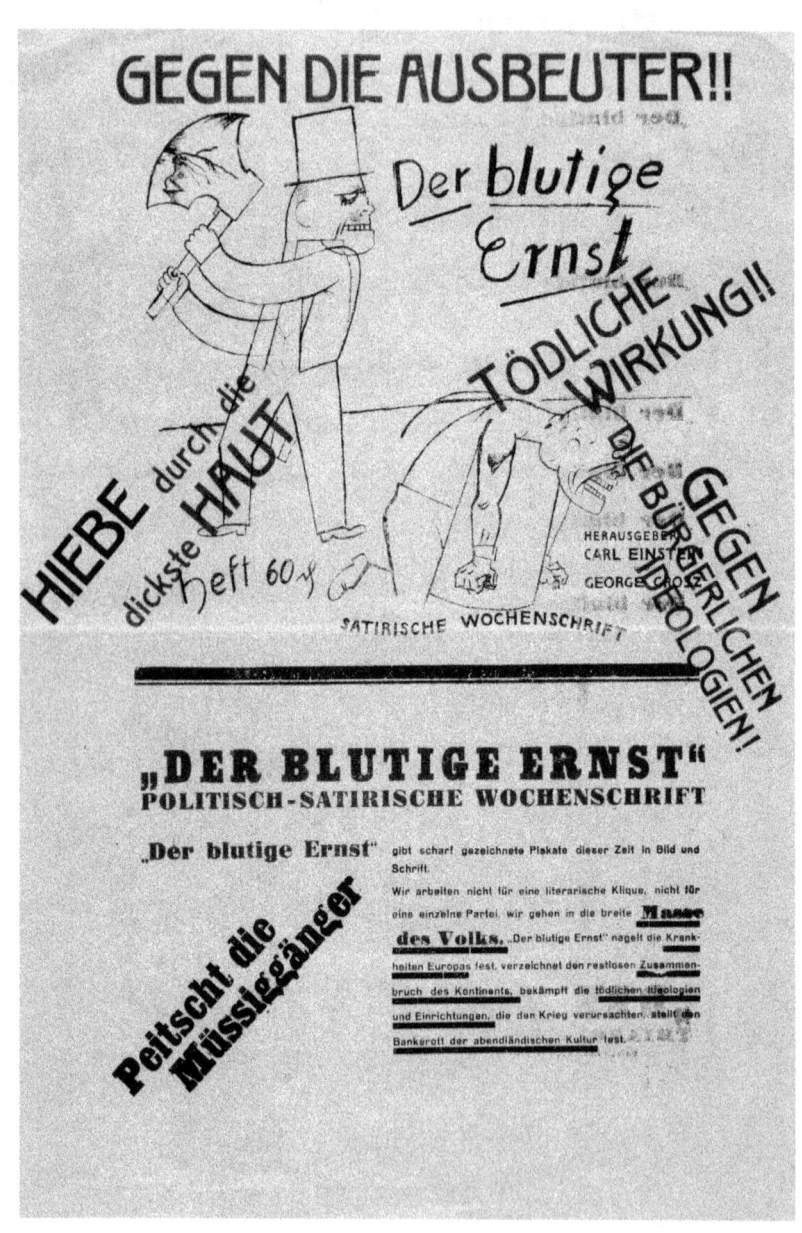

Georges Grosz: portada de *Der blutige Ernst*. «Ernesto el sangriento contra la explotación», en torno a 1920.

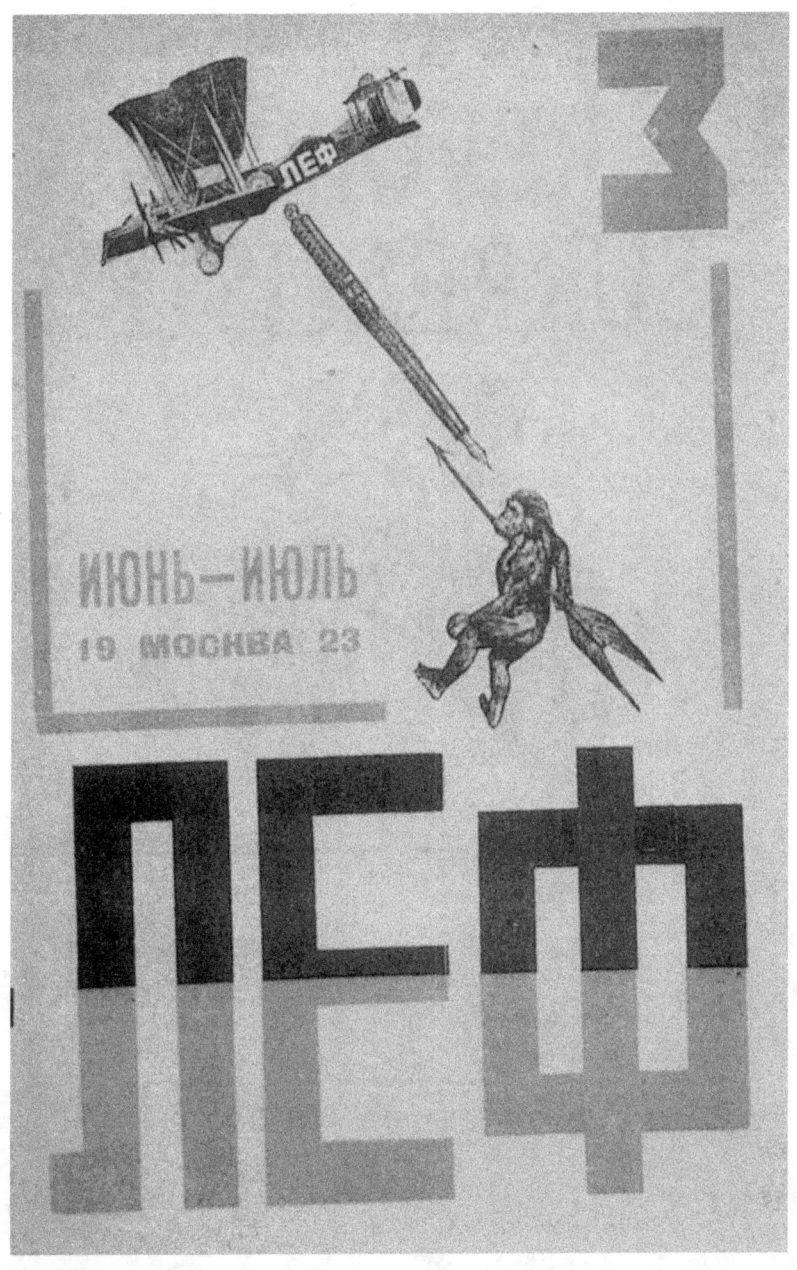

Alexander Rodchenko; Cubierta de la revista *LEF*, nº 3, 1923

N° 1 — Première année · 1er Décembre 1924

LA RÉVOLUTION SURRÉALISTE

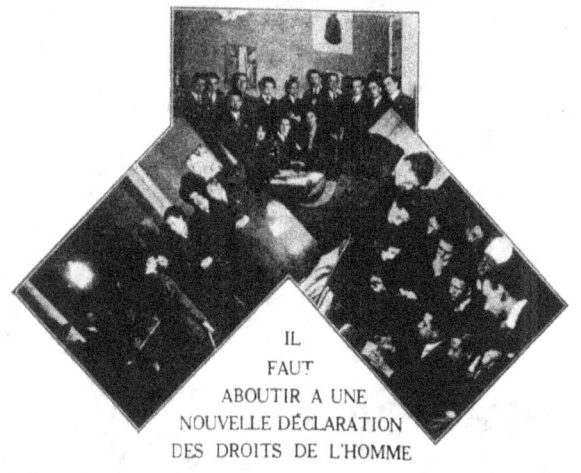

IL FAUT ABOUTIR A UNE NOUVELLE DÉCLARATION DES DROITS DE L'HOMME

SOMMAIRE

Préface : J.-A. Boiffard, P. Eluard, R. Vitrac.
Rêves : Georgio de Chirico, André Breton, Renée Gauthier.
Textes surréalistes :
Marcel Noll, Robert Desnos, Benjamin Péret, Georges Molkine, Paul Eluard, J.-A. Boiffard, S. B., Max Morise, Louis Aragon, Francis Gérard.
Le rêveur parmi les murailles : Pierre Reverdy.

Chroniques :
Louis Aragon, Philippe Soupault, Max Morise, Joseph Delteil, Francis Gérard, etc.
Notes.
Illustrations : Photos Man Ray.
Max Morise, G. de Chirico, Max Ernst, André Masson, Pablo Picasso, Pierre Naville, Robert Desnos.

ABONNEMENT,
les 12 Numéros :
France : 45 francs
Etranger : 55 francs

Dépositaire général : Librairie GALLIMARD
15, Boulevard Raspail, 15
PARIS (VII°)

LE NUMÉRO :
France : 4 francs
Etranger : 5 francs

La Révolution Surréaliste, n° 1, París 1924

v

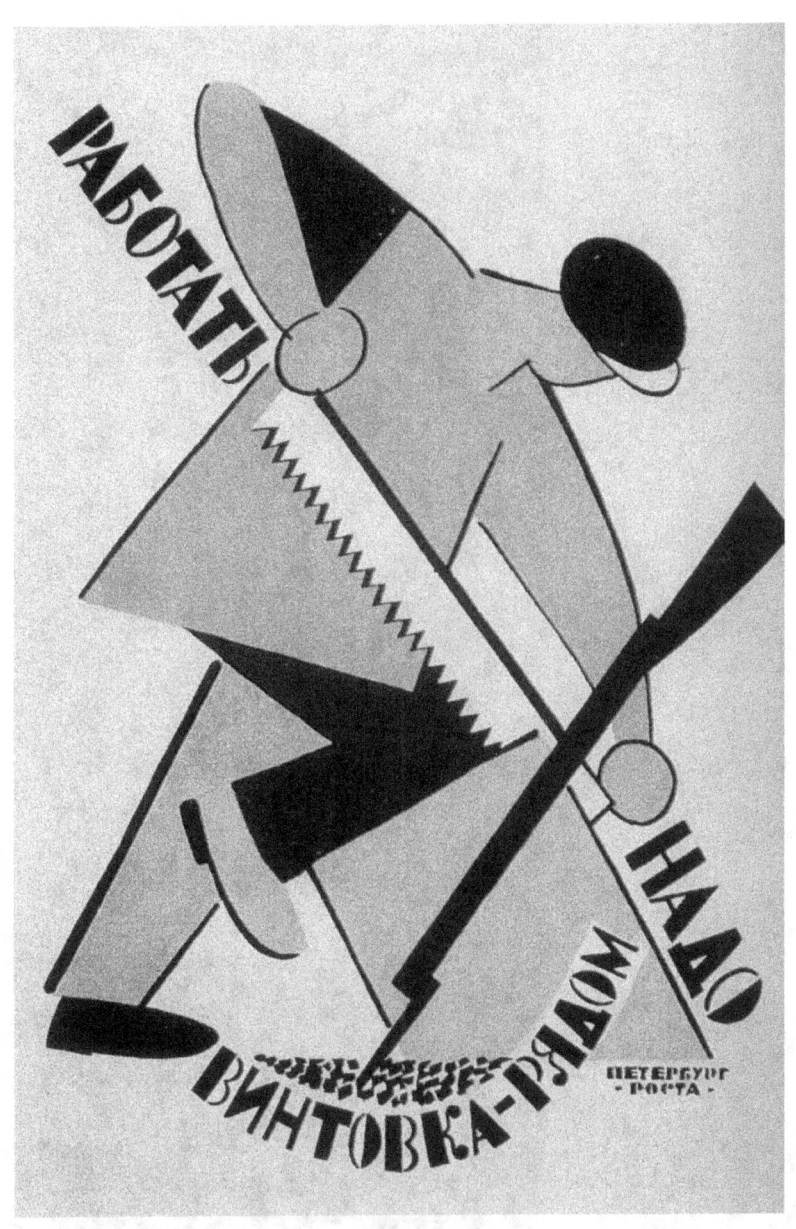

V.V. Lebedev: *Trabaja con tu rifle junto a ti*, cartel, 1920

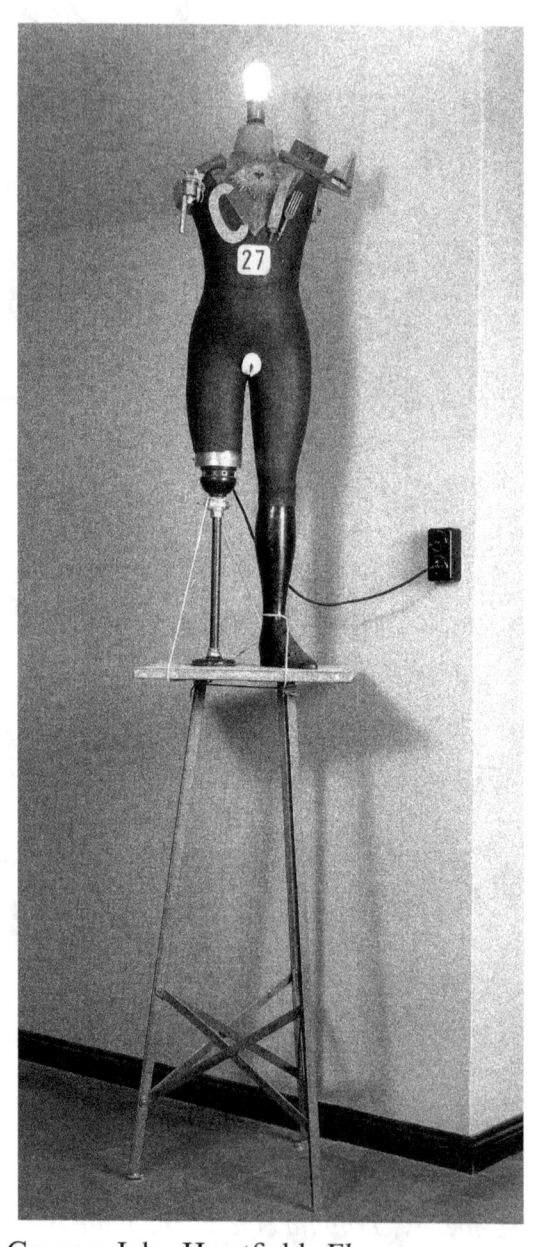

Georges Grosz y John Heartfield: *El pequeñoburgés Heartfield enloquecido*, 1920

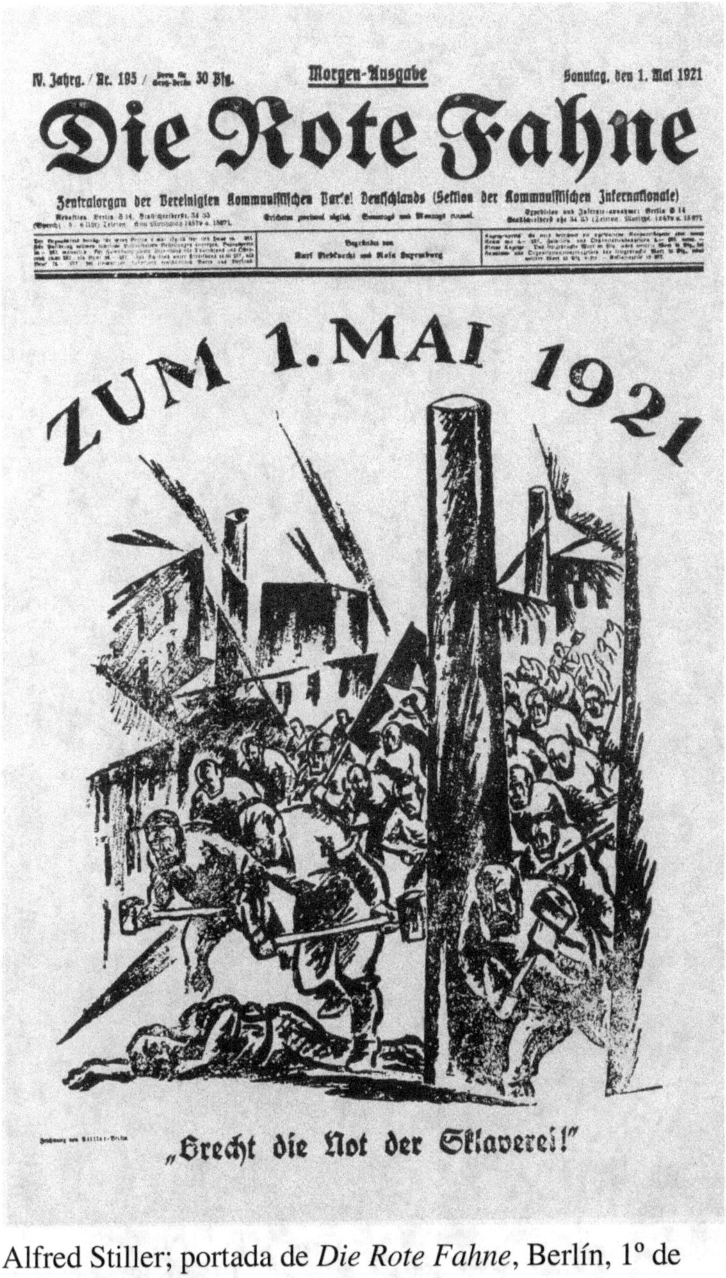

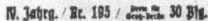

Alfred Stiller; portada de *Die Rote Fahne*, Berlín, 1º de mayo de 1921

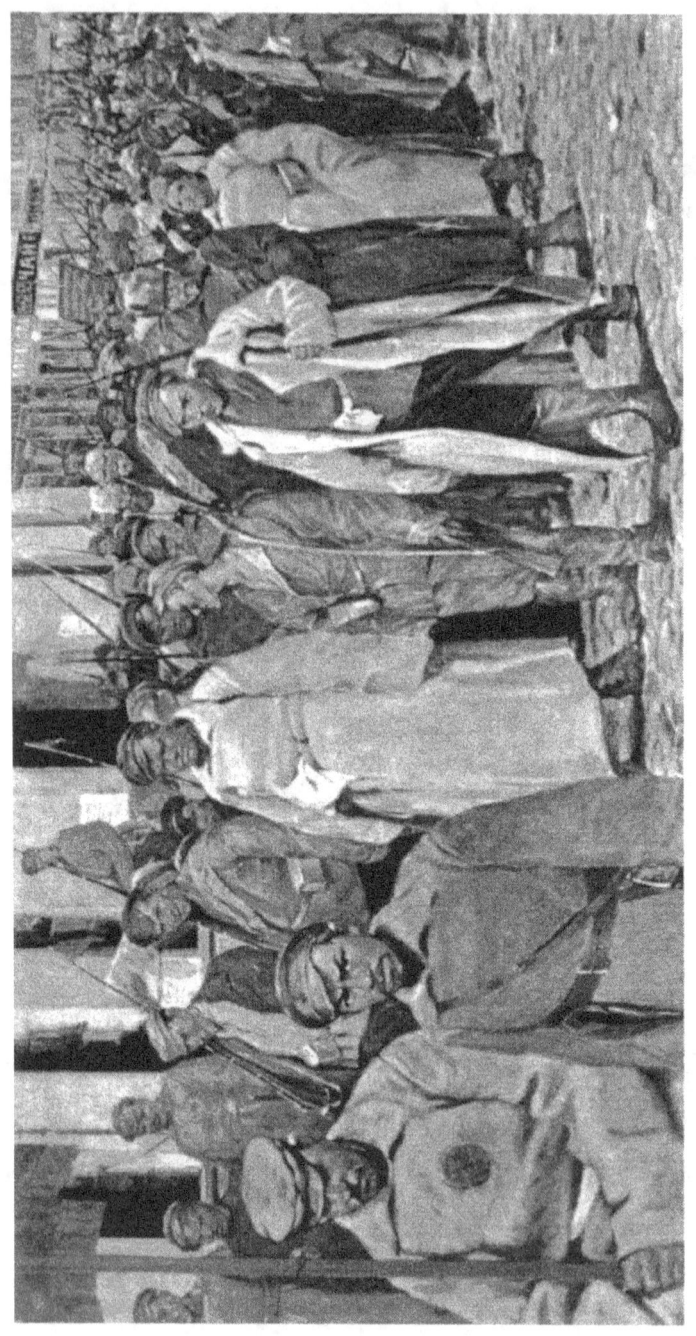

Vladimir A. Kuznetsov *El Ejército Rojo en 1919*, 1921. Museo del Ejército, Moscú

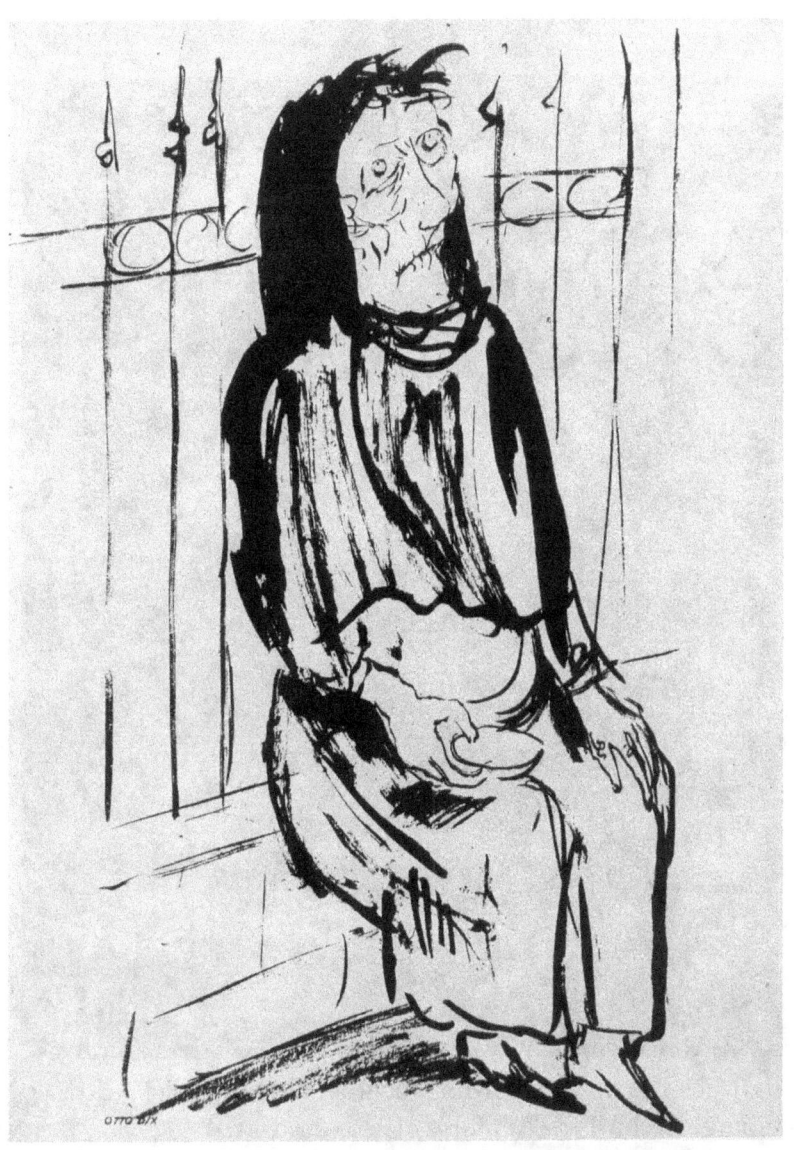

Otto dix:, *Hambre*, 1921, localización desconocida

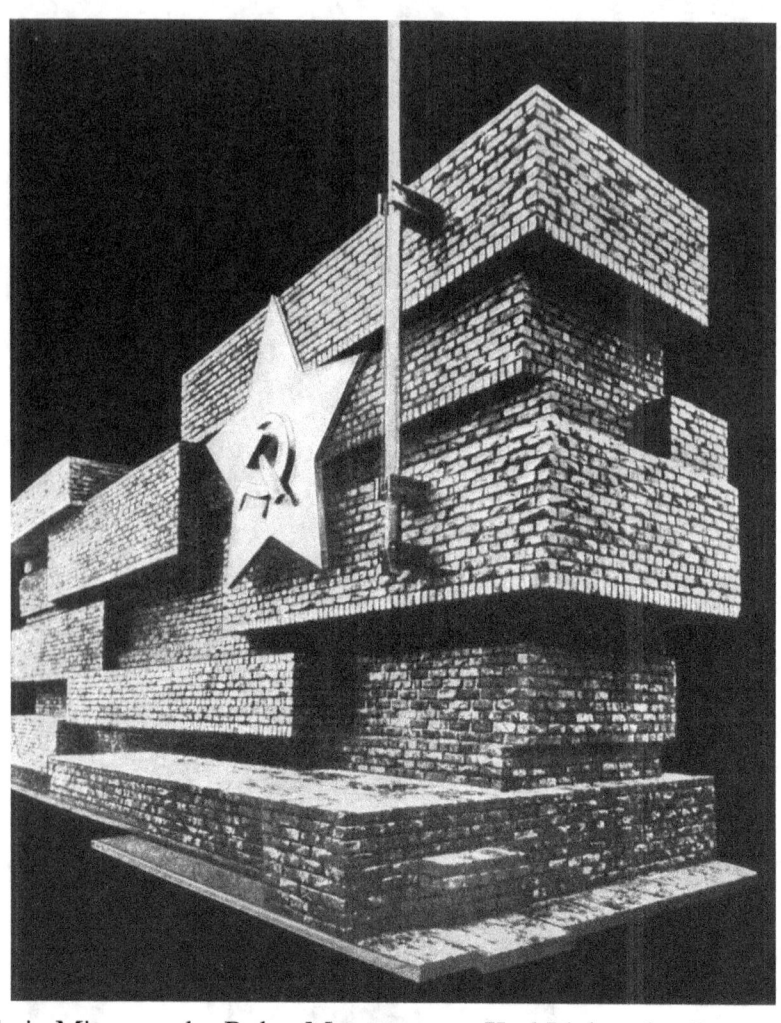

Ludwig Mies van der Rohe; Monumento a Karl Liebneck y Rosa Luxemburg, Berlin-Friedrichfelde, 1926 (destruído)

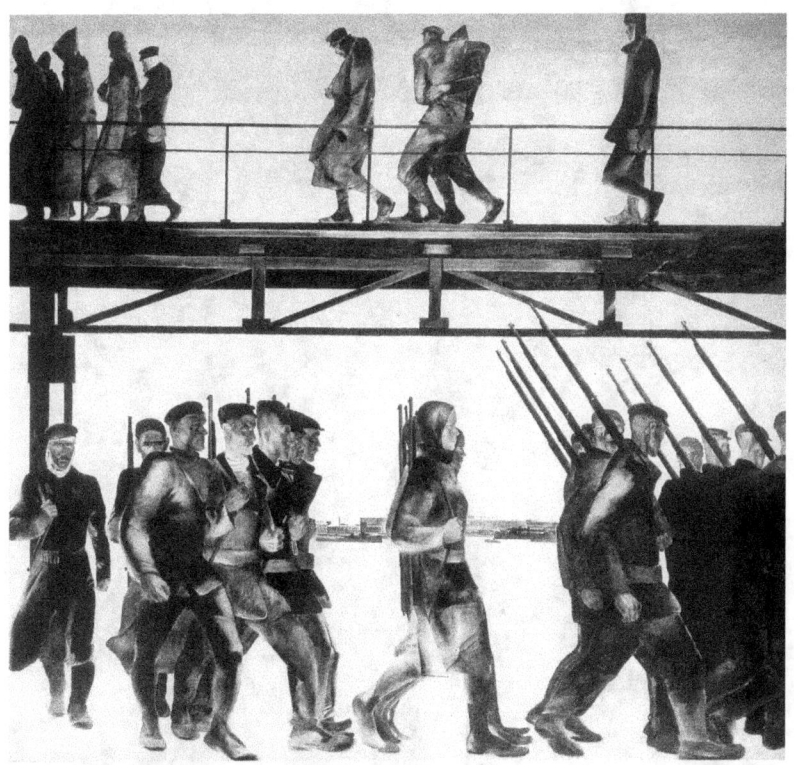

Alexander Deineka: *La defensa de Petrogrado*, 1927. Museo del Ejército, Moscú

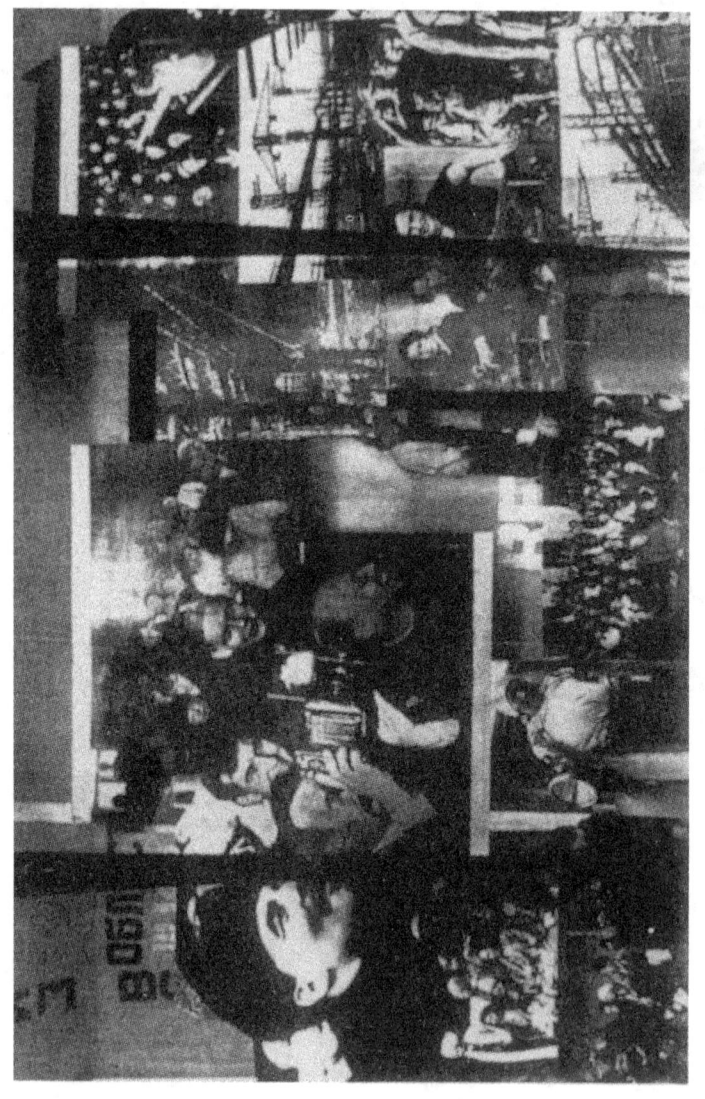

El Lissitzsky: *La tarea de la prensa es la educación de las masas*, fotomontaje en la exposición Pressa, Colonia, 1928

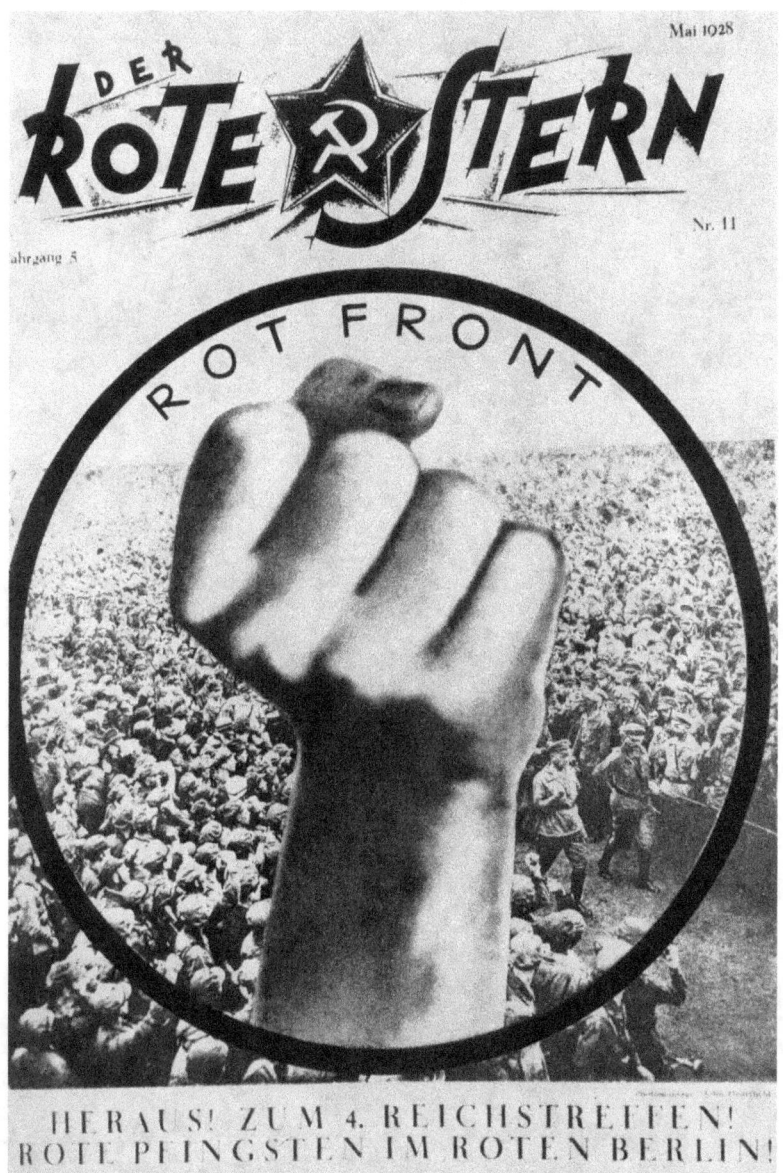

John Heartfield, portada de *Der rote Stern*, Berlín, mayo, 1928

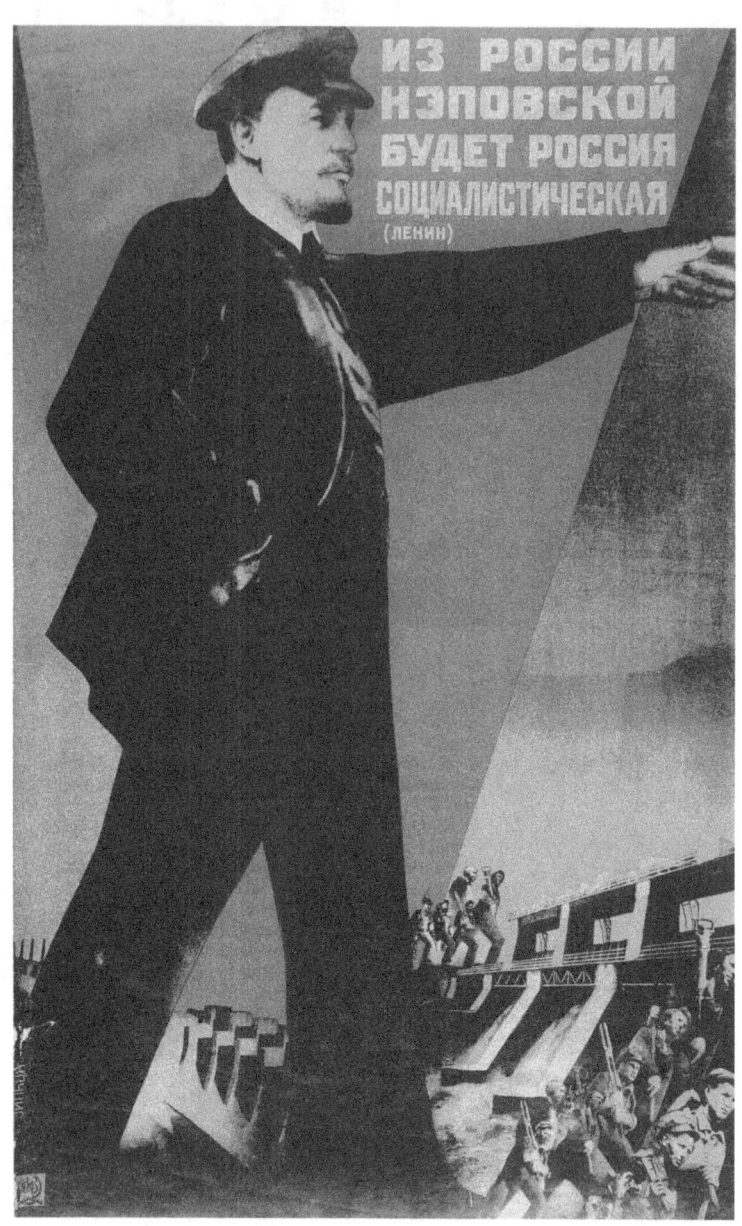

Gustav Klutsis: *Hacia días leninistas*, fotomontaje, 1930

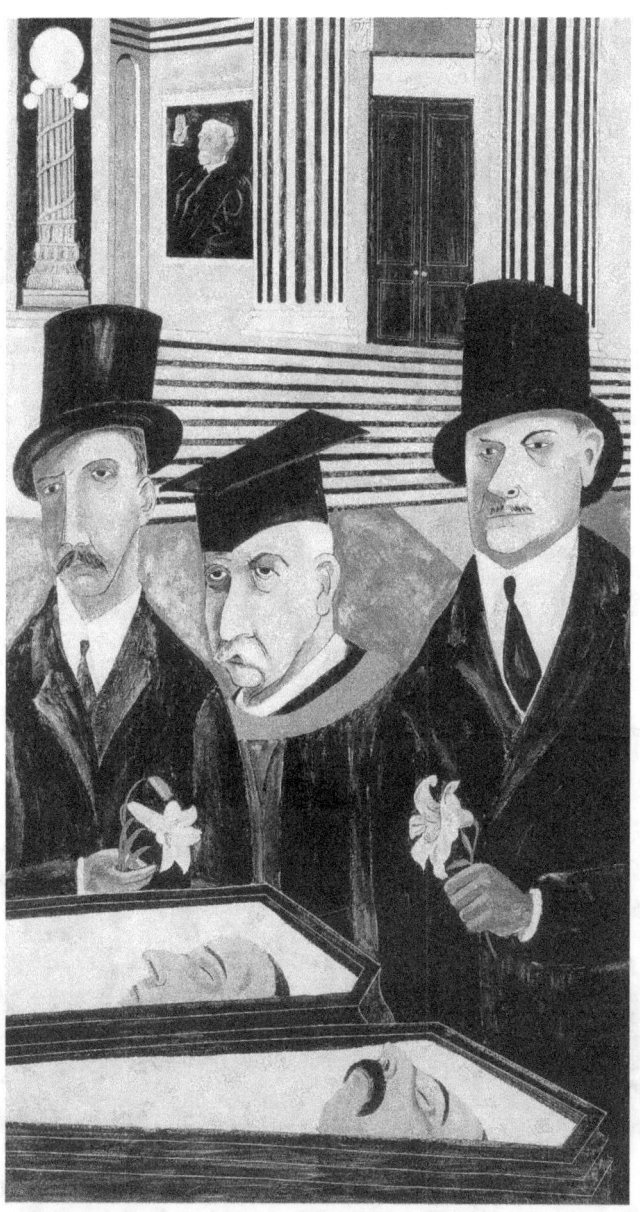

Ben Shahn, *La pasión de Sacco y Vanzetti*, 1931-32. Whitney Museum of American Art, Nueva York

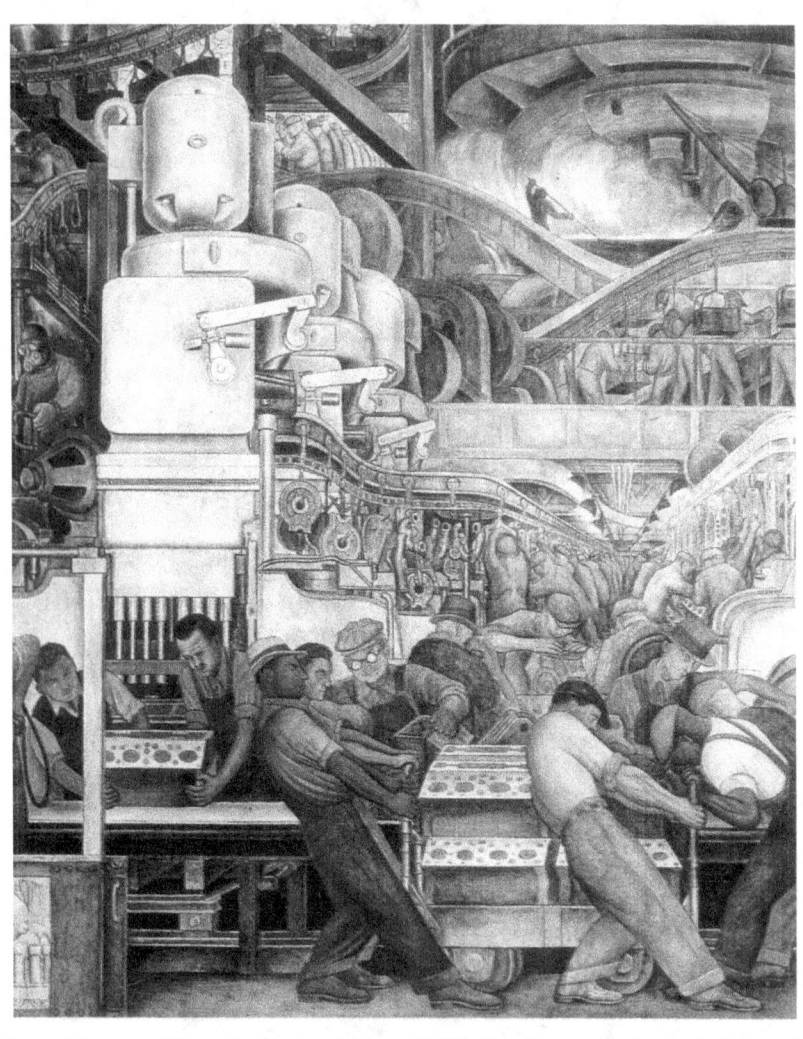

Diego Rivera: *El trabajo moderno*, 1932. Instituto de Arte de Detroit

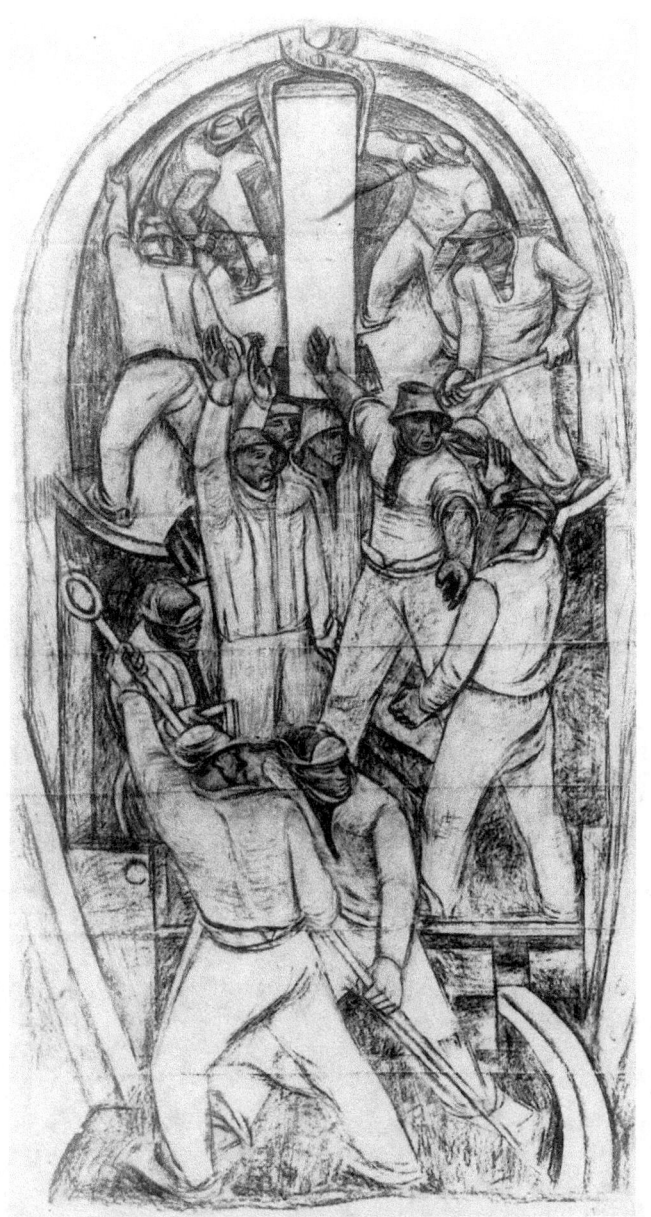

Artistas de la Brigada de Odessa (Iosif M. Gurvich et al.): *Boceto para un fresco en el Club GPU de Odessa, 1929-30*. Destruído

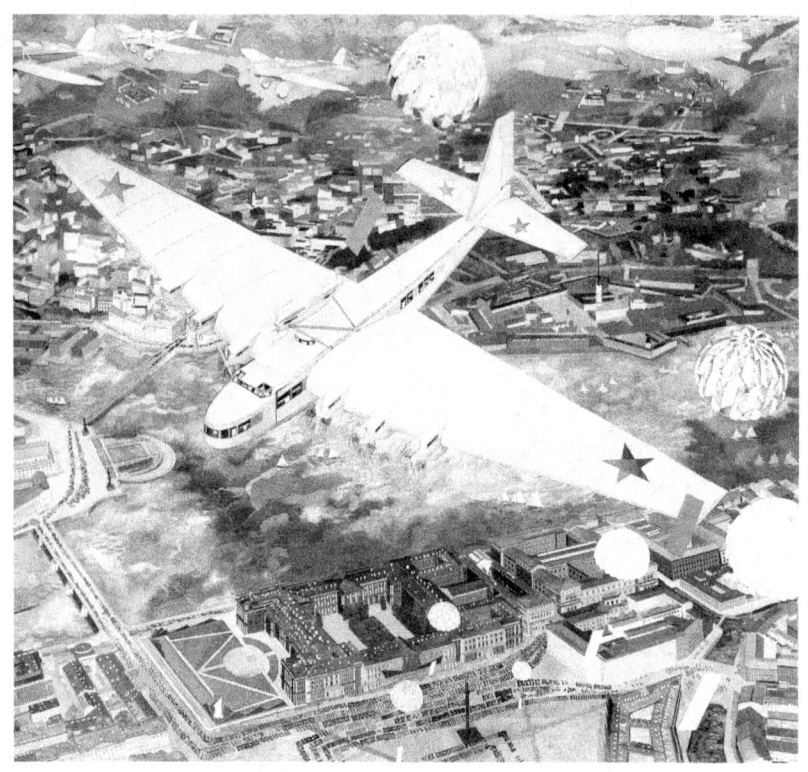

Vasili V. Kuptsov: *El aeroplano ANT-20 Maxim Gorki*, 1934. Museo Ruso, San Petersburgo

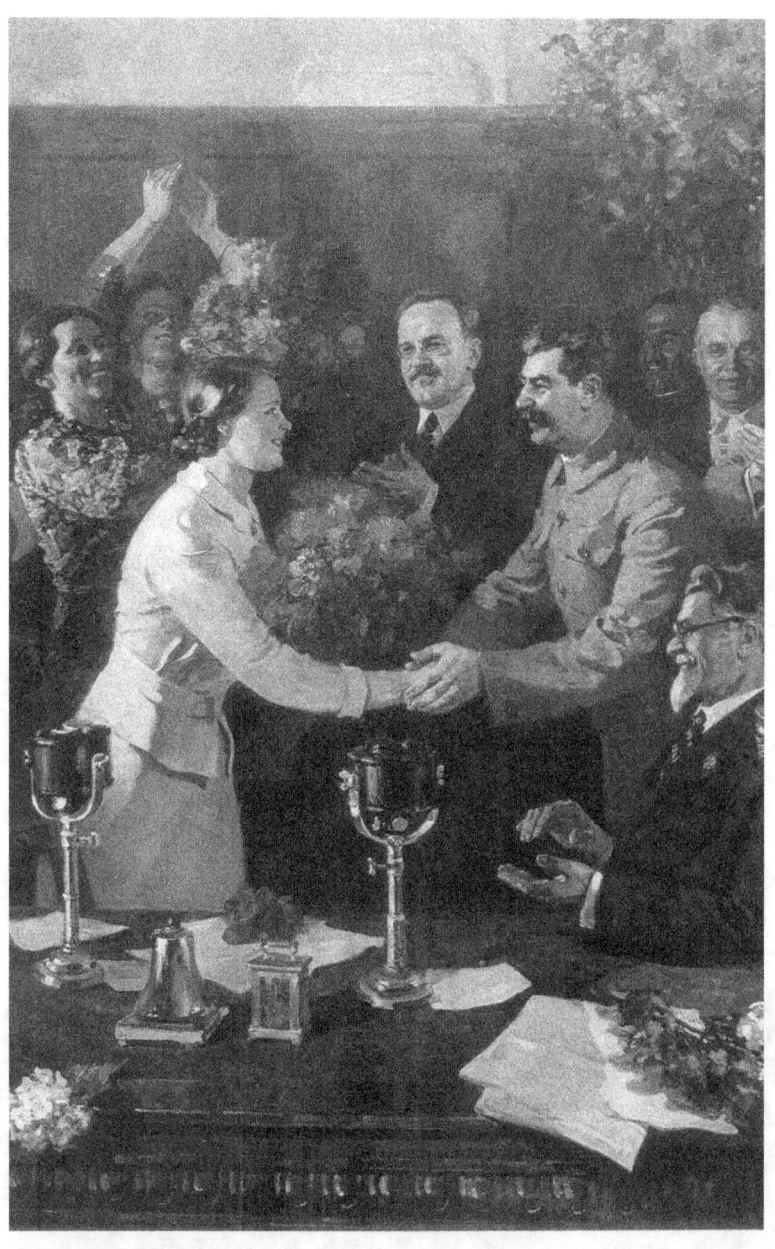

Vasili P. Efanov: *Un encuentro inolvidable*, 1936-37. Galería Tretyakov, Moscú

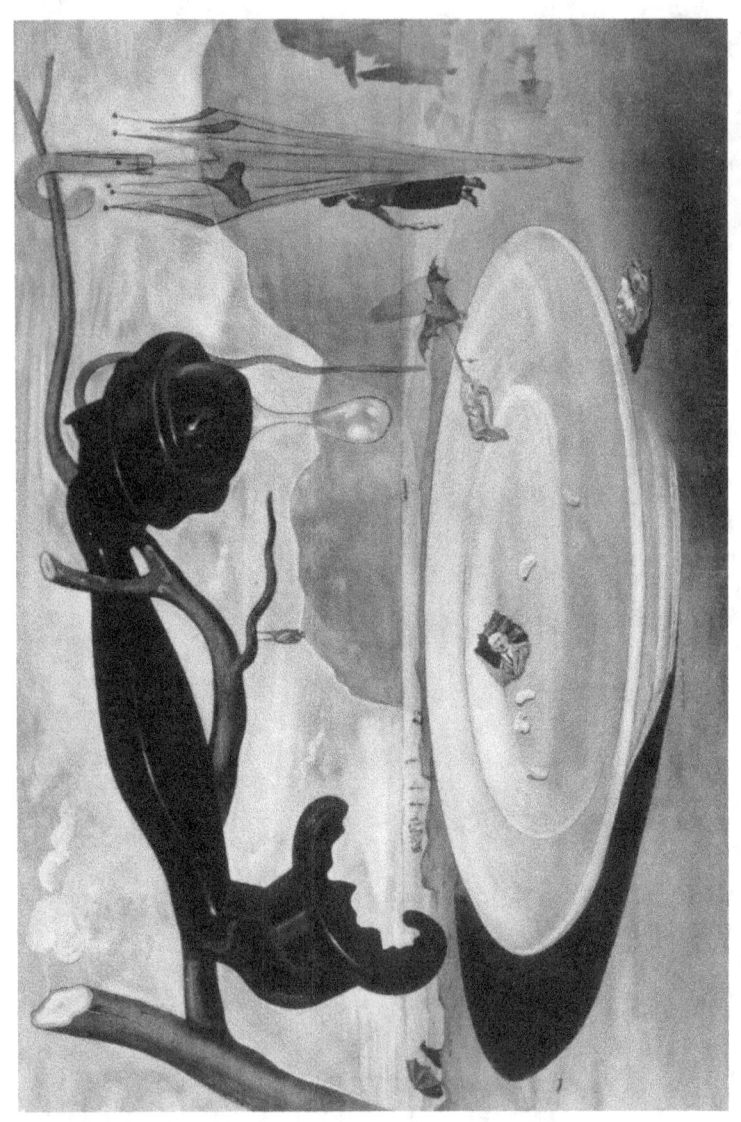

Salvador Dalí; *El enigma de Hitler*, 1939. Museo Nacional Centro de Arte Reina Sofía, Madrid

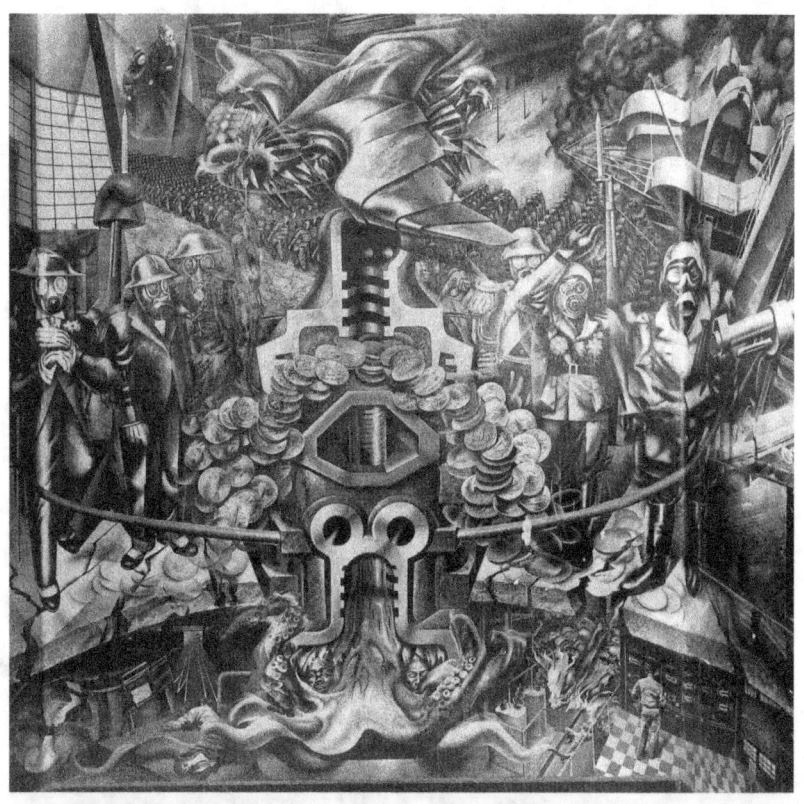

David Alfaro Siqueiros; *Retrato de la burguesía*, 1939-40, Sindicato Mexicano de Electricistas, Ciudad de Méjico

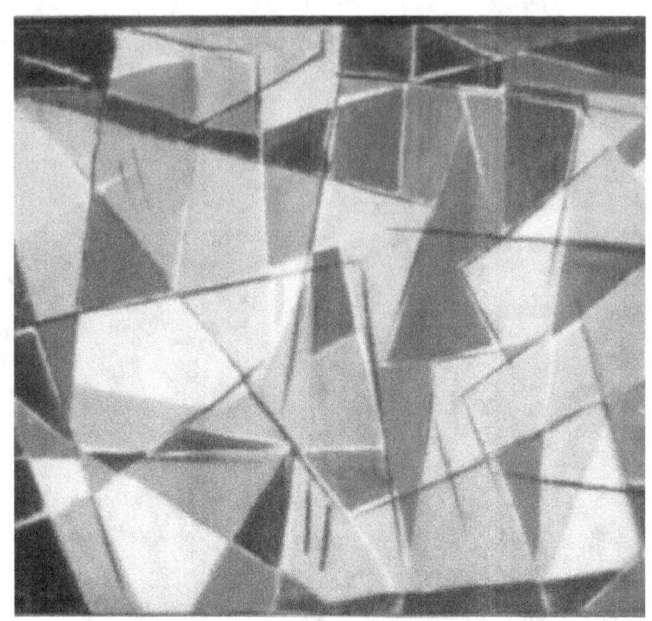

Carla Accardi: *Descomposición*, 1947. Colección de la artista, Roma

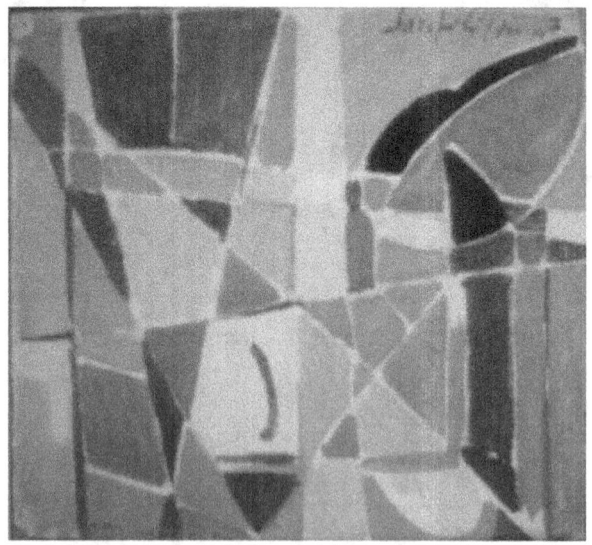

Antonio Sanfilippo, *Obra 11/47*, 1947. Colección Antonella Sanfilippo, Roma

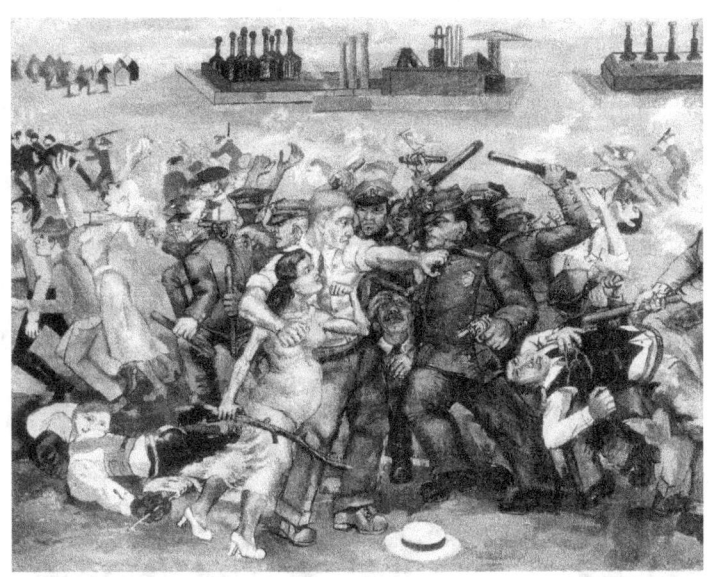

Philip Evergood: *Tragedia americana*, 1937. Colección Sue Erp van de Bovenkamp, Nueva York

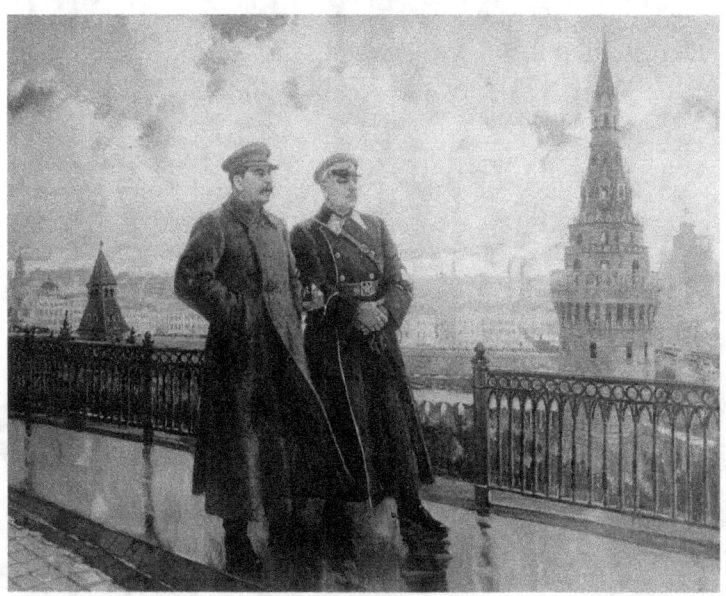

Alexander Gerasimov; *Stalin y Voroshilov en el Kremlin*, 1938. Galería Tretyakov, Moscú

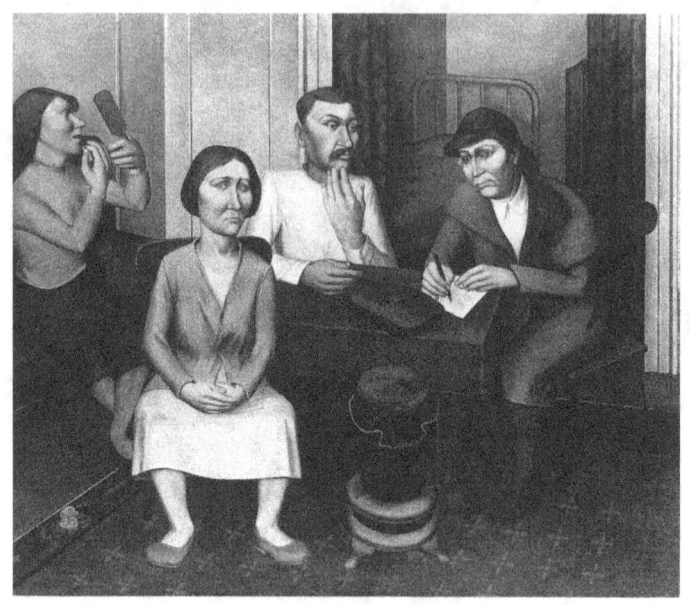

Louis Gugliemi: *Blues de la beneficencia*, 1938. Museo Nacinal de Arte Americano, Washington D.C.

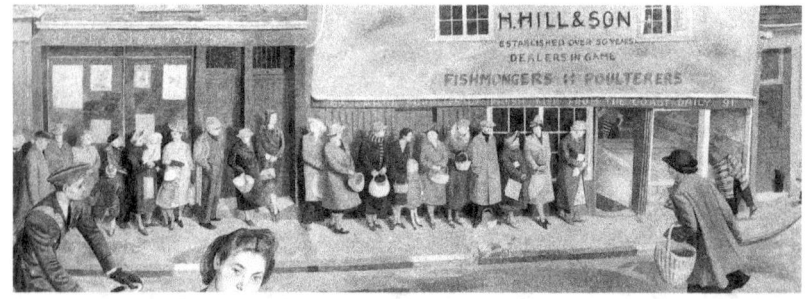

Evelyn Dunbar, *La cola*, 1941. Imperial War Museum, Londres

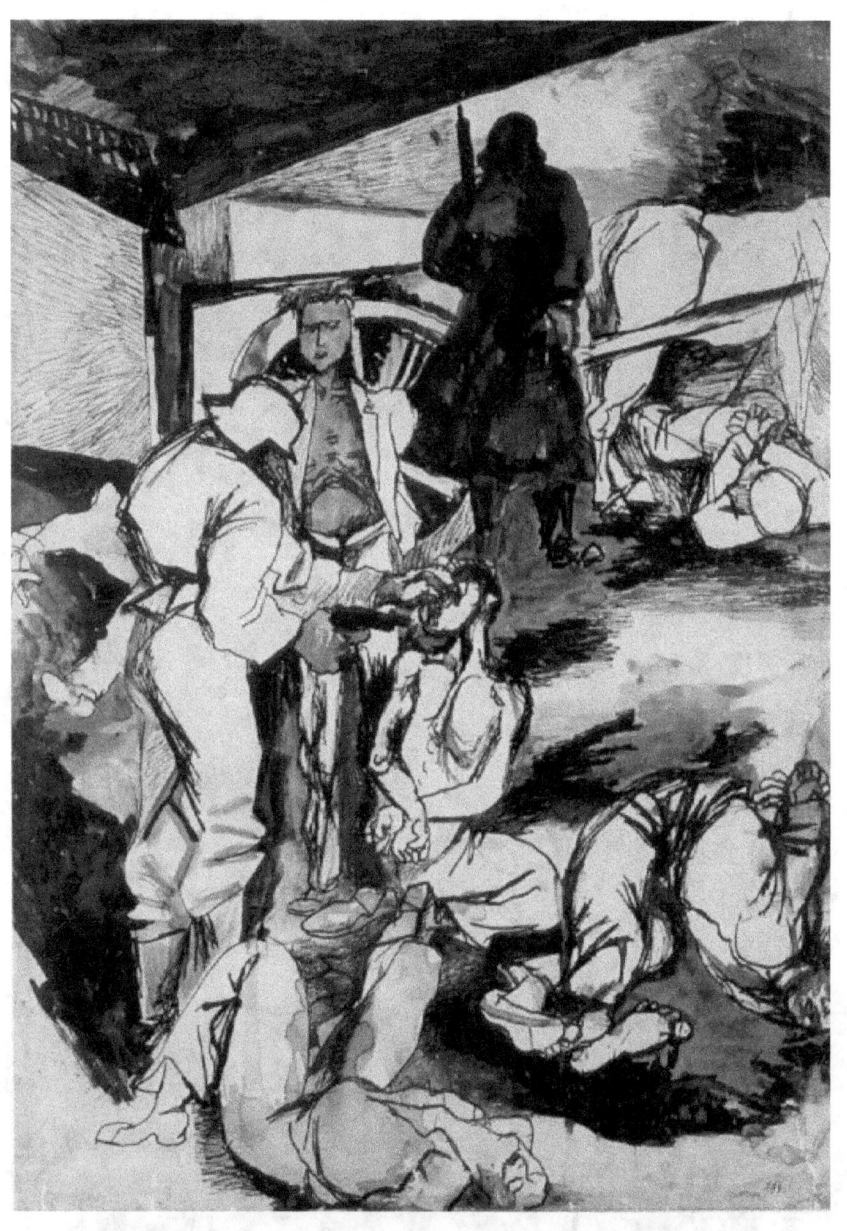

Renato Guttuso: *Gott mit uns,* 1944. Galleria Nazionale d'Arte Moderna, Roma

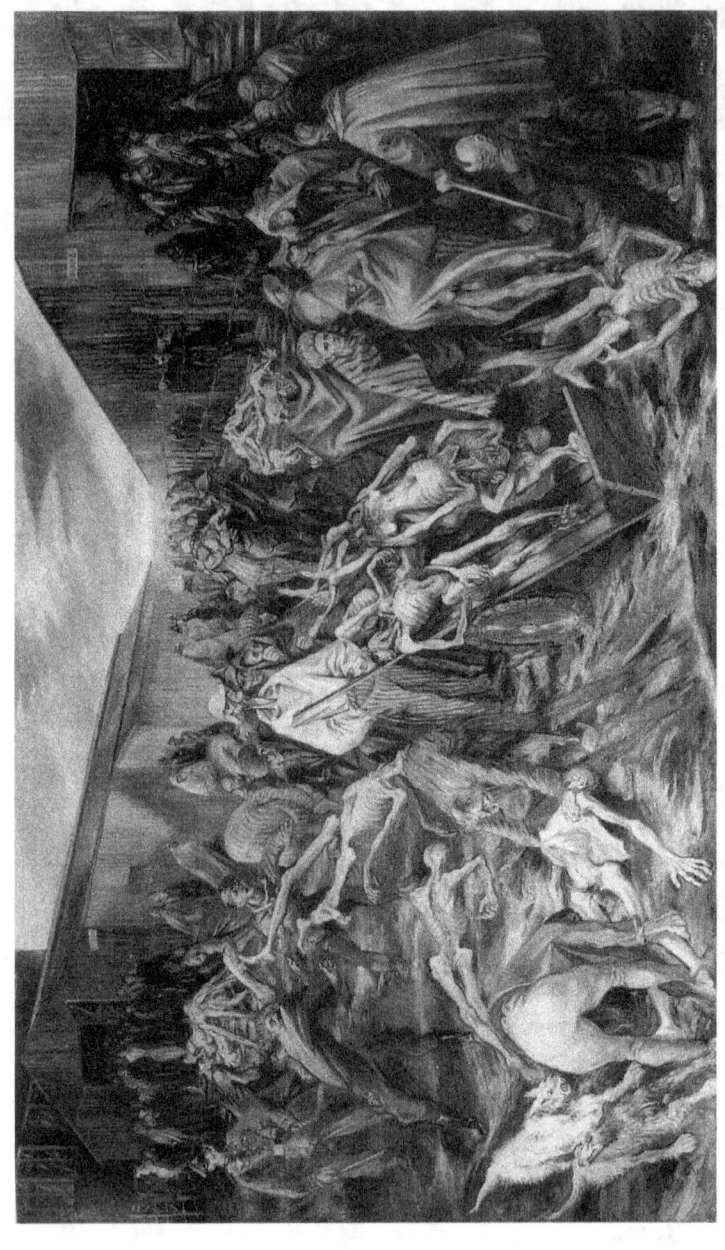

Boris Taslizky: *Pequeño campo de Büchenwald*, 1945. Centre Georges Pompidou, París

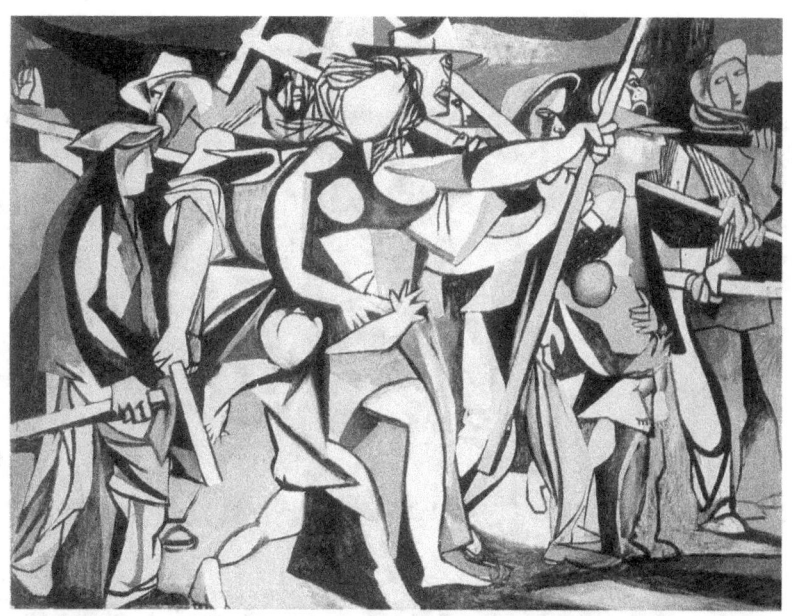

Renato Guttuso: *La ocupación de la tierra no cultivada en Sicilia*, 1947. Museo Nacional de Bellas Artes, Budapest

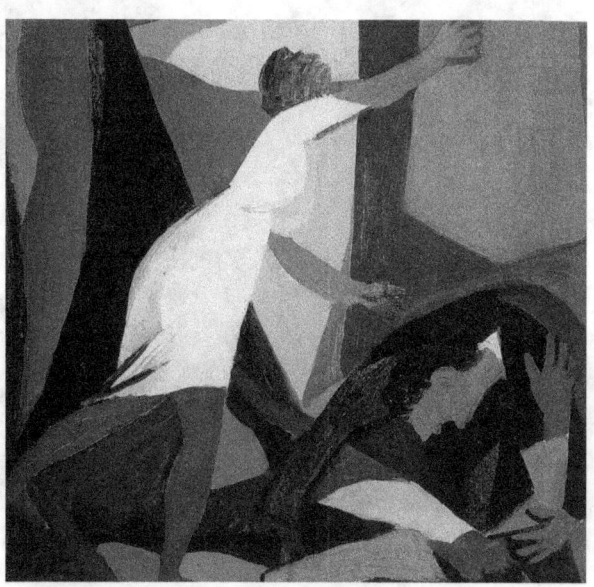

Renato Guttuso: *Figuras en lucha*, 1947. Col. particlular, Cividale del Friuli, Italia

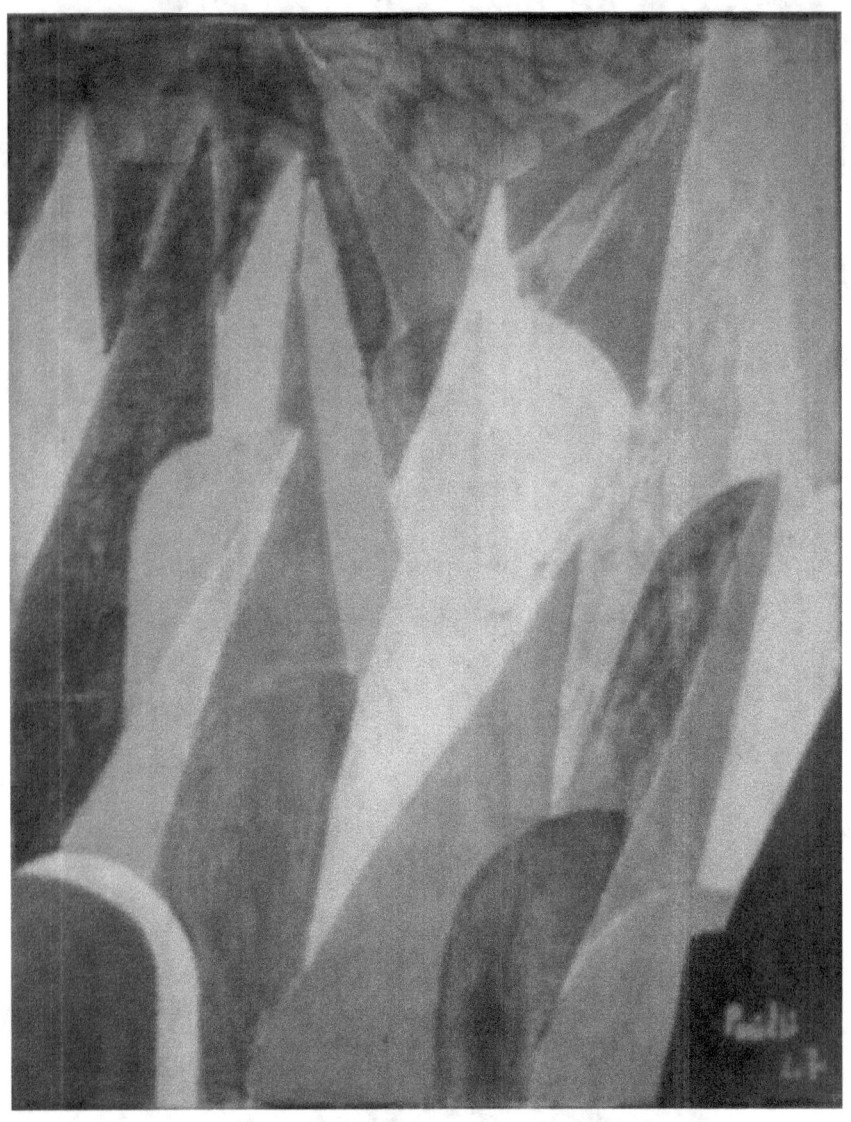

Achille Perilli: *Praga*, 1947. Galleria Comunale d'Arte Moderna, Roma

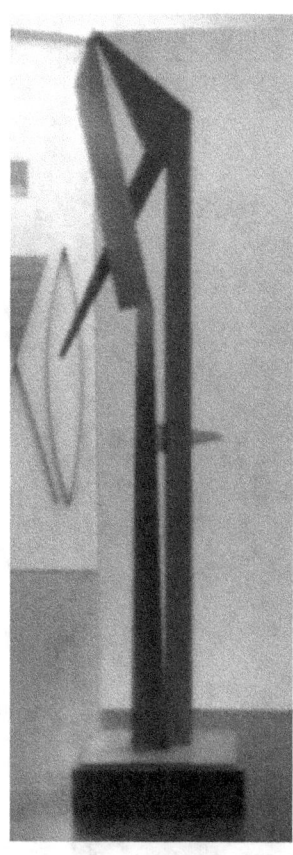

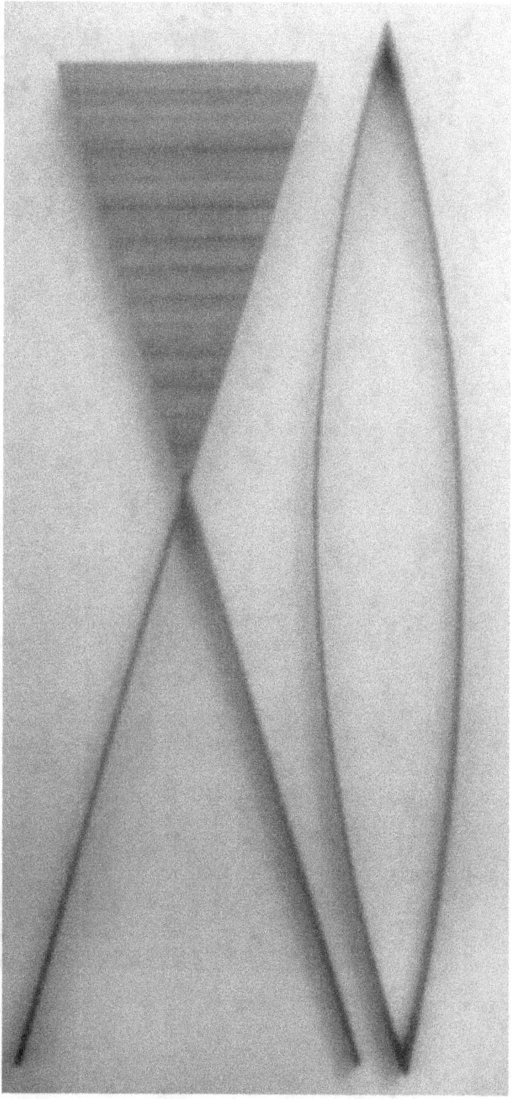

Pietro Consagra: Arriba, *Totem de la liberación*, 1947. Colección del artista, Roma. Derecha:*Geometrías*, 1947. Galleria d'Arte Moderna, Milán

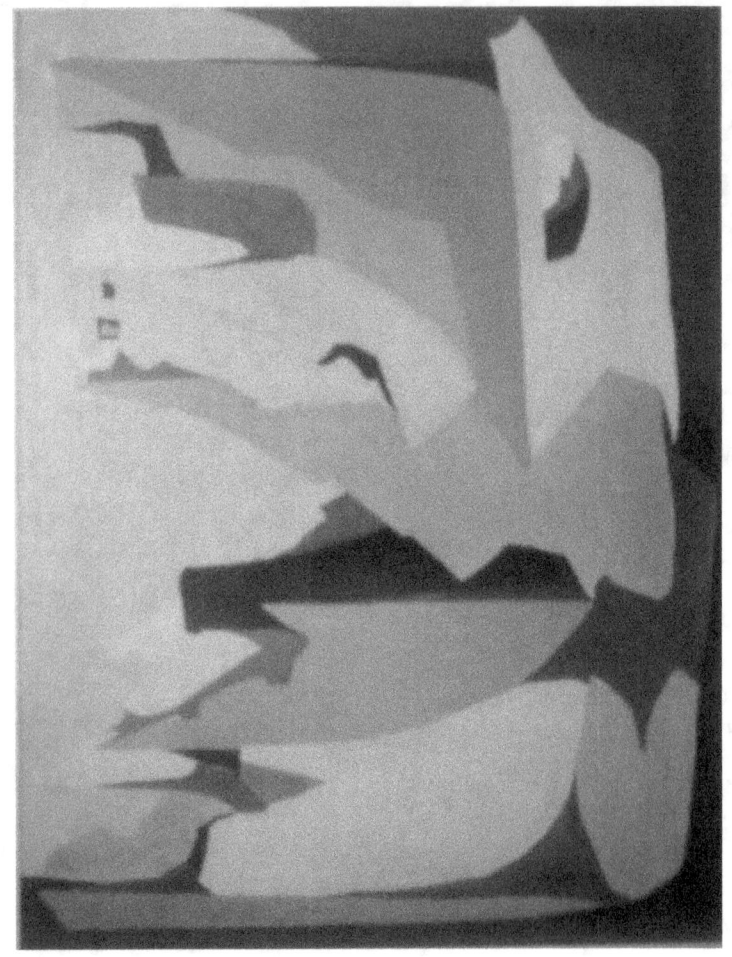

Giulio Turcato: *Ruinas de Varsovia*, 1948. Galleria Comunale d'Arte Moderna, Roma

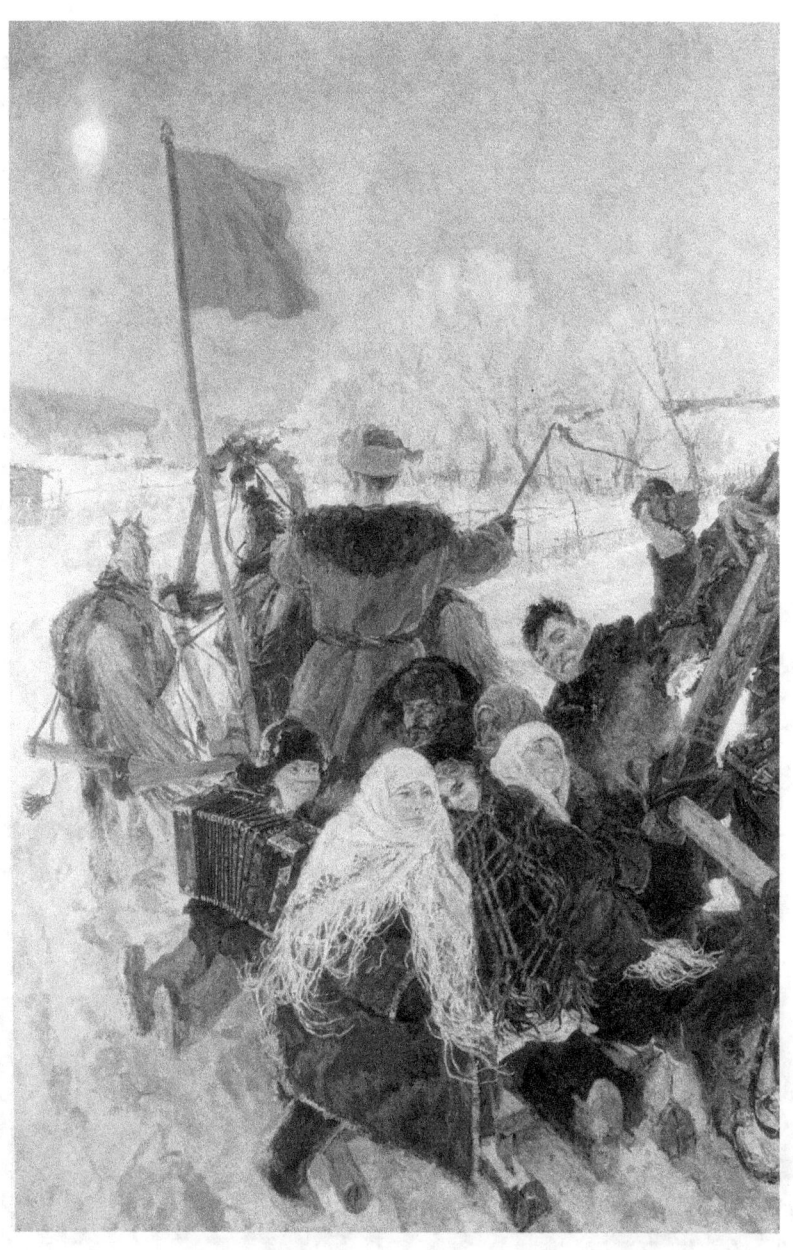

Arkadi A. Plastov: *Van a las elecciones*, 1947. Galería Tretyakov, Moscú

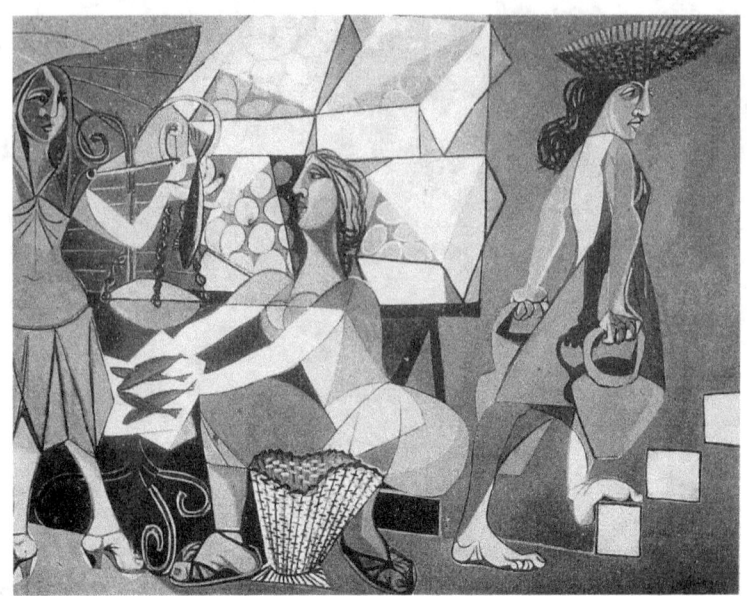

André Fougeron: *Mujeres de Italia*, 1947-48. Colección privada

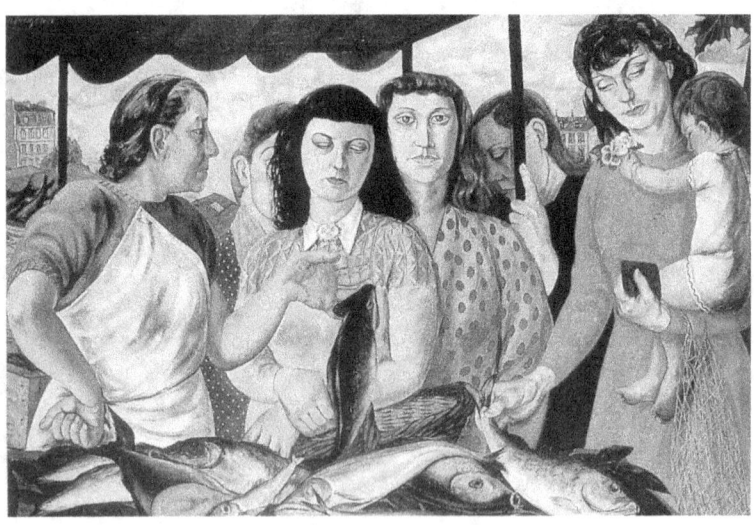

André Fougeron: *Parisinas en el mercado*, 1947-48. Colección privada

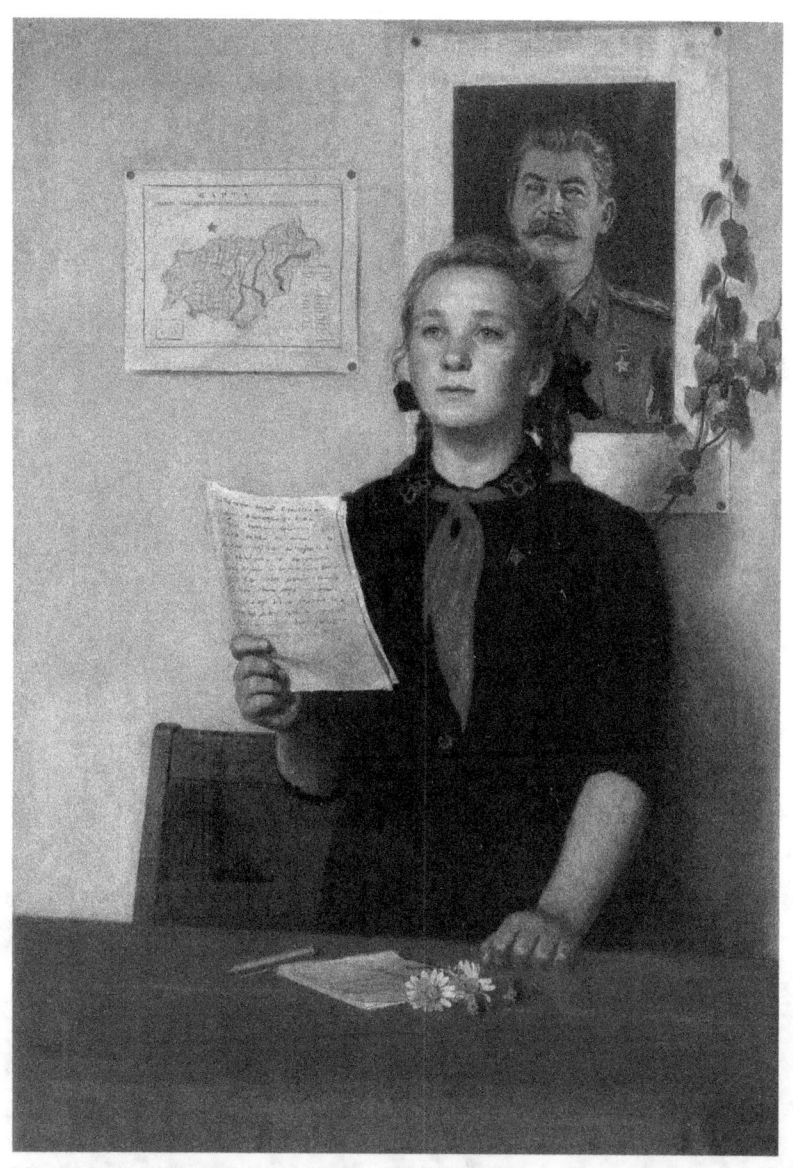

Vyacheslav M. Mariupolsky: *Una dirigente de los pioneros (su primer informe)*, 1949. Colección privada

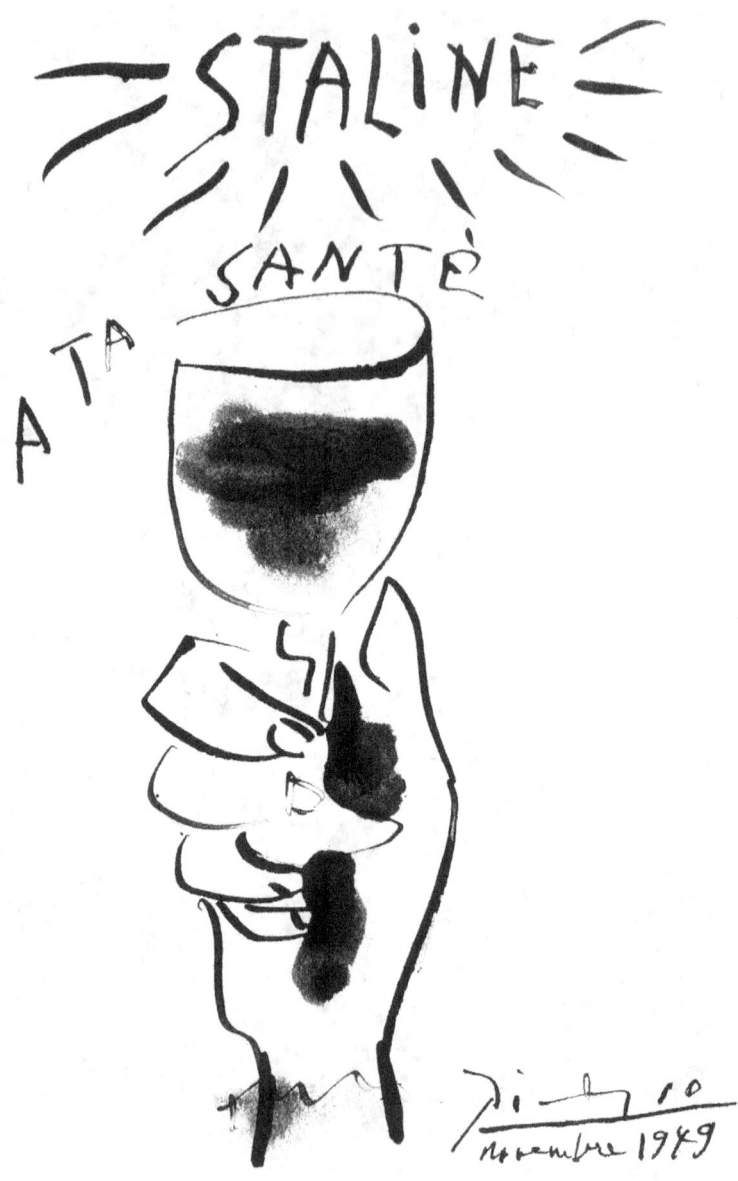

Pablo Picasso: *Staline a ta santé*, 1949, Museo Picasso, París

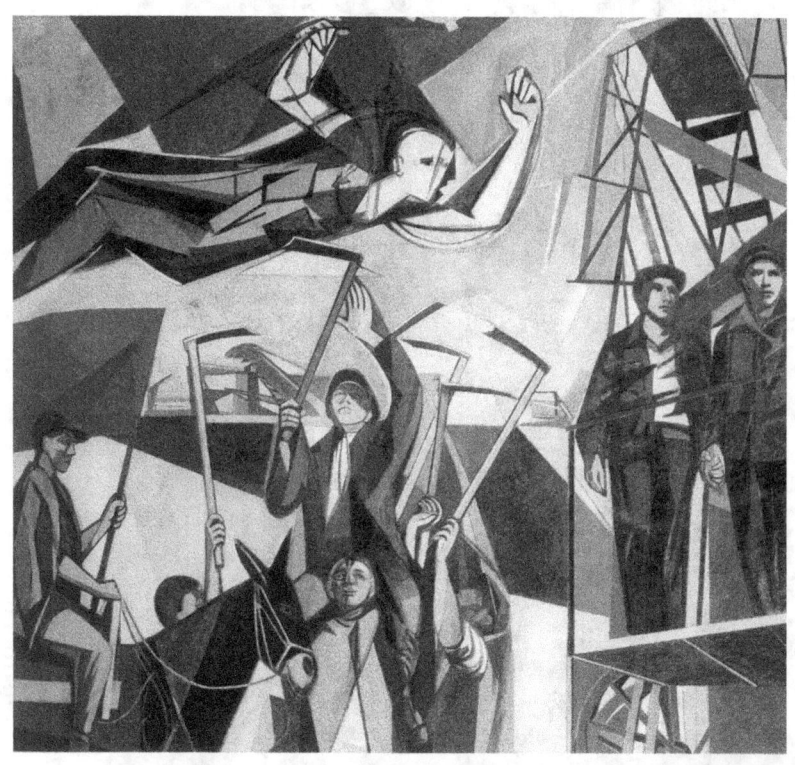

Armando Pizzinato: *Un fantasma asola europa*, 1949-50. Galería de arte moderno Ca' Pesaro, Venecia

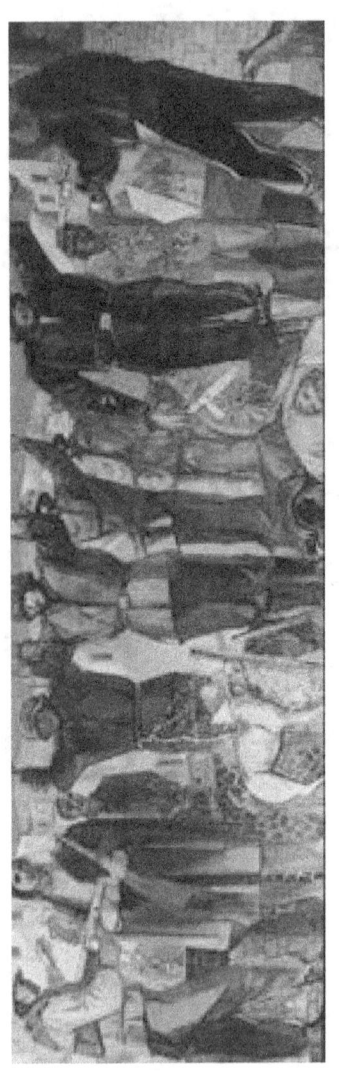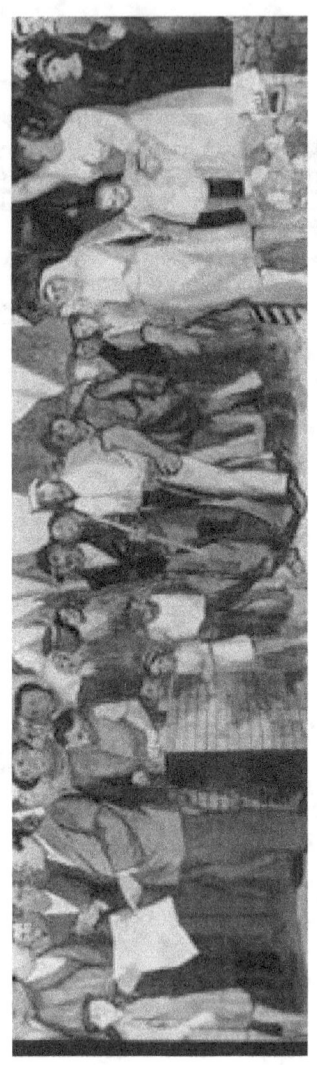

Aldo Borgonzoni: Murales en la sede del Partido Comunista Italiano en Vignola, en torno a 1947 (destruídos): Los partisanos arrestan a los fascistas. Palmiro Togliatti dirige la reconstrucción

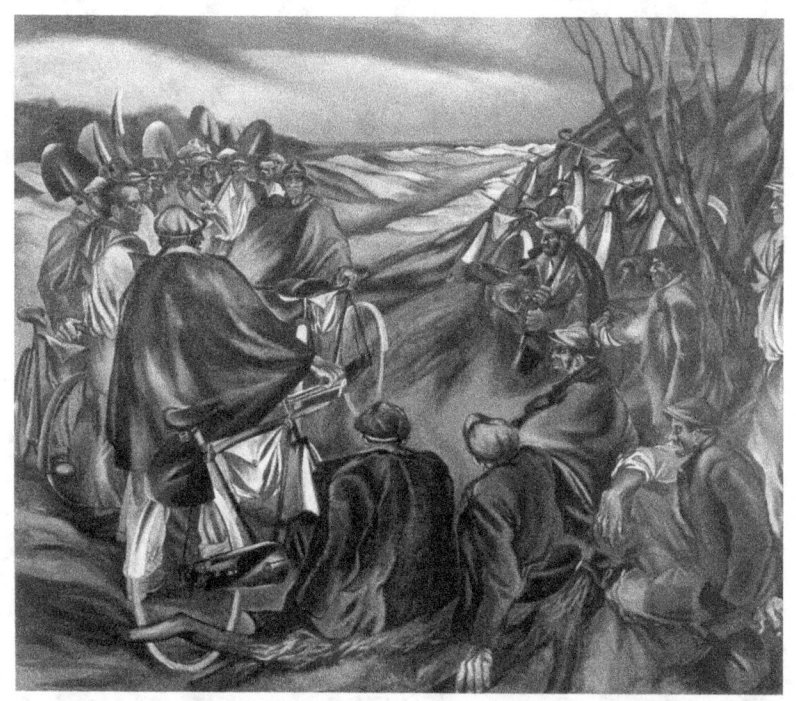

Giuseppe Zigaina: *Asamblea de jornaleros en la colina Cormor: ocupación de julio de 1950*, 1952. Galería de Arte Moderno, Udine

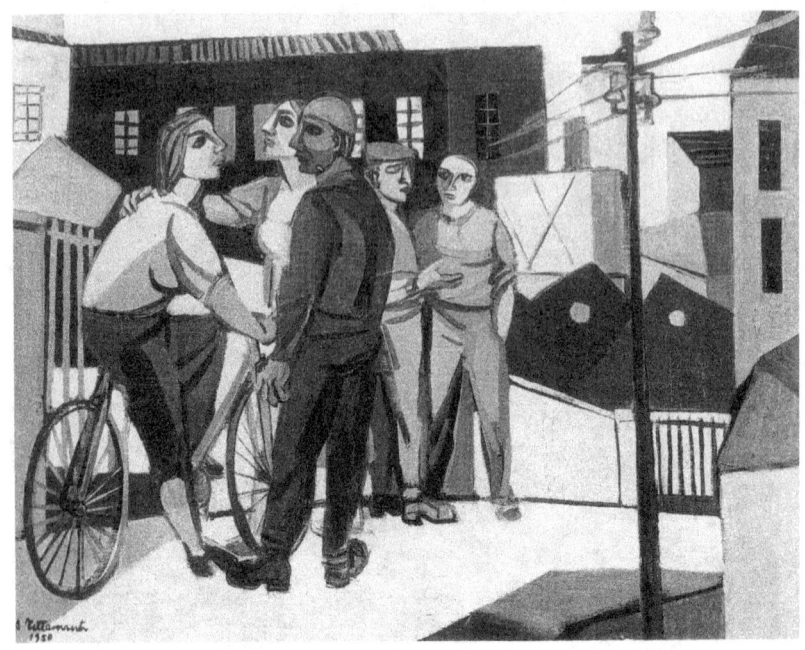

Ampelio Tettamanti, *Fábrica cerrada*, expuesta en la Bienal de Venecia de 1950. Localización desconocida

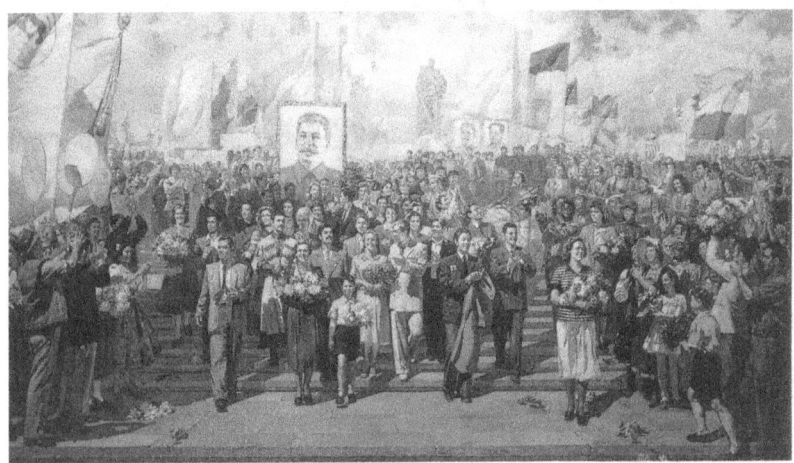

David D. Gabitashvili, Kostantin M. Makharazde, Georgi K. Totibazde, Alexei I. Vepkhvazde: *Jóvenes del mundo por la paz*, 1951. Museo Lenin, Tiblisi

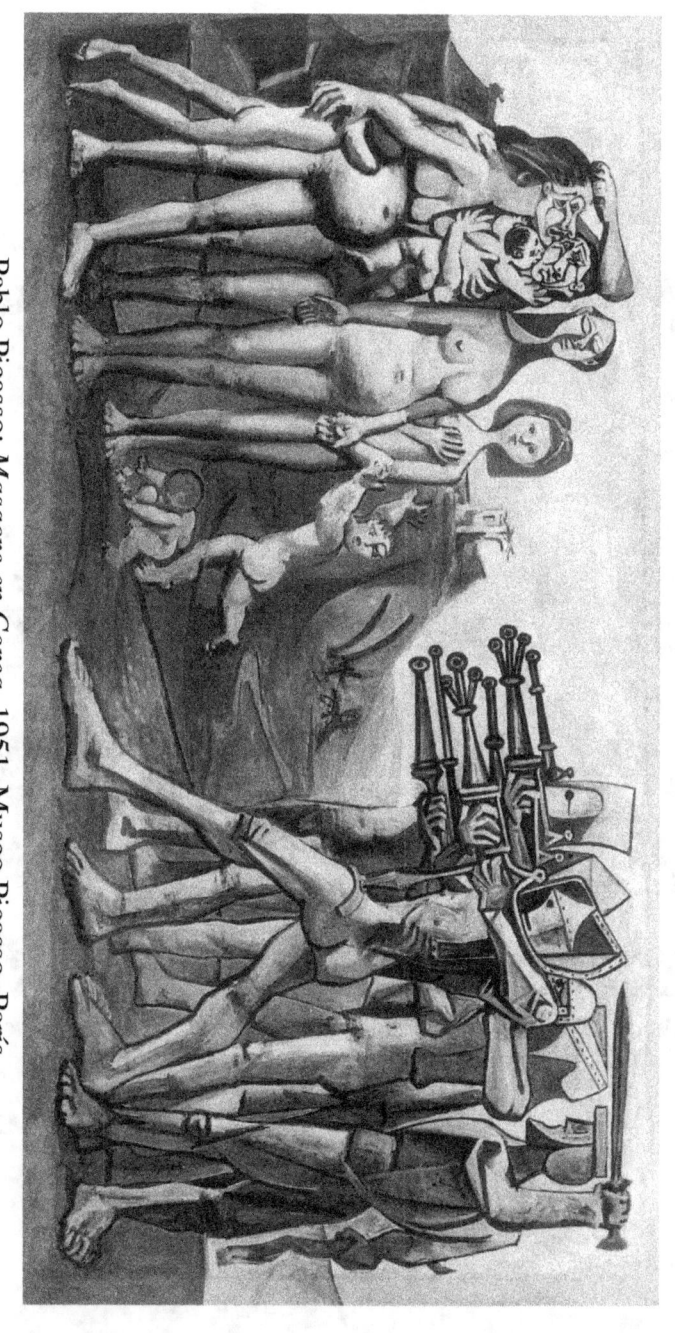

Pablo Picasso: *Masacre en Corea*, 1951. Museo Picasso, París

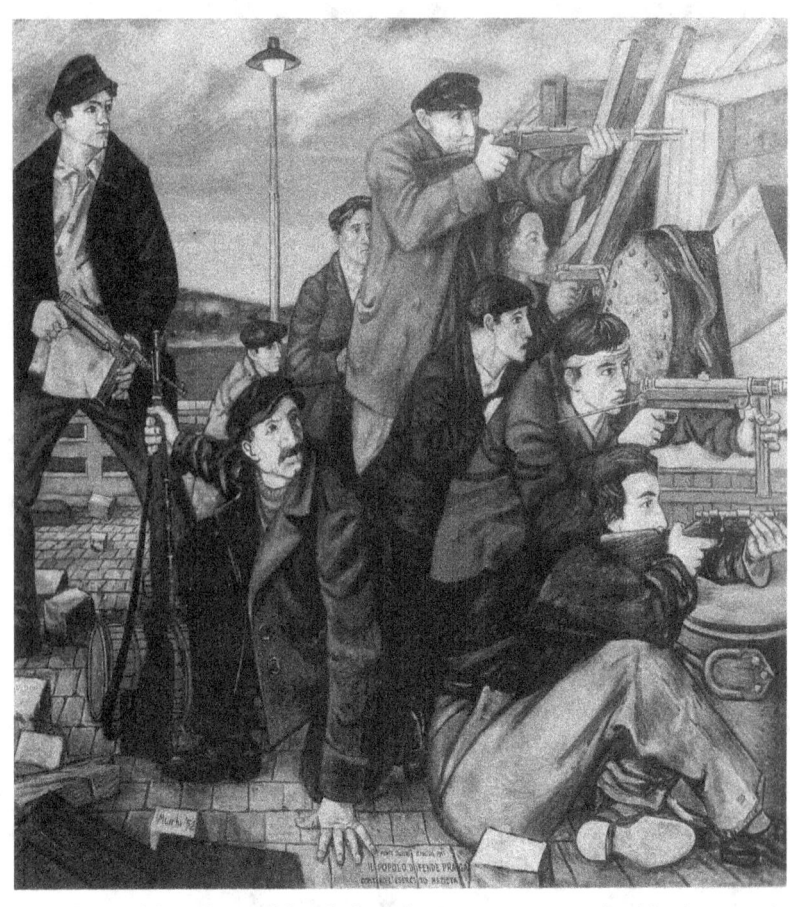

Gabriele Mucchi: *El pueblo defiende Praga ante el ejército nazi*, 1952. Museo de la Ciudad, Praga

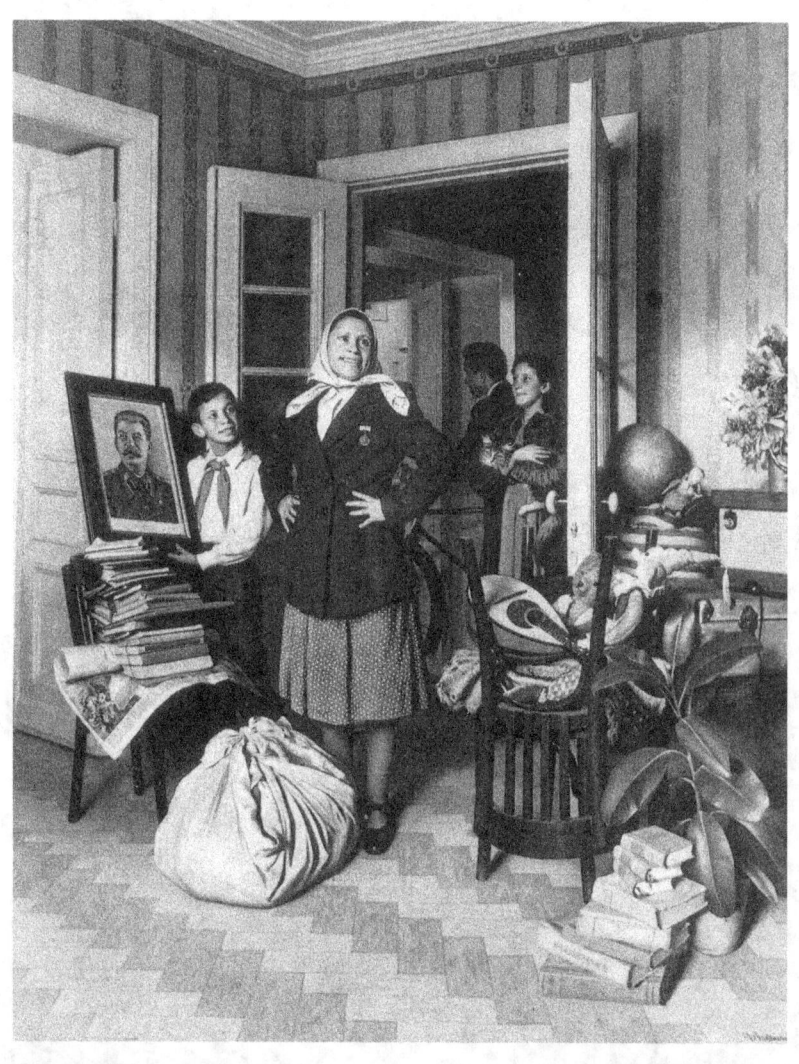

Alexander I. Laktionov: *En el nuevo apartamento*, 1952. Museo Regional de Arte de Donestsk

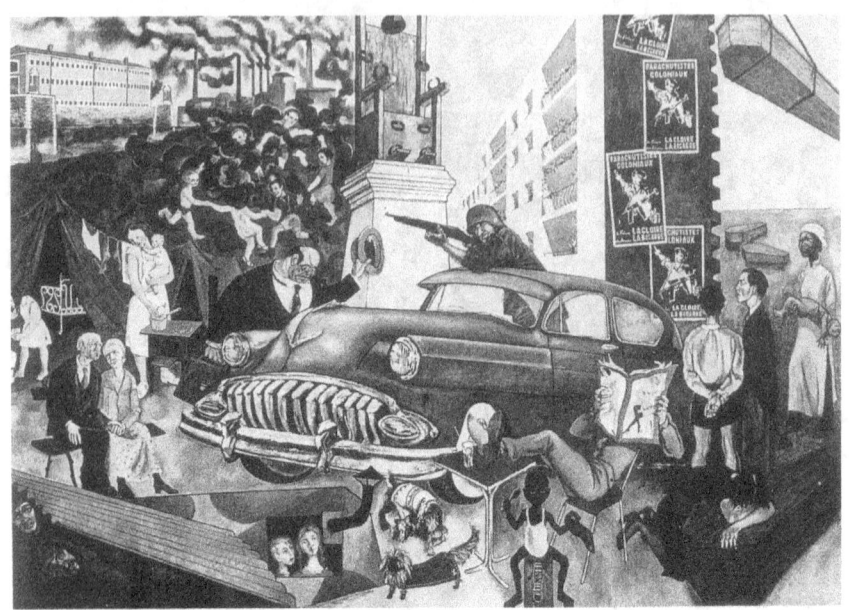

André Fougeron: *Civilización Atlántica*, 1953. Tate Modern, Londres

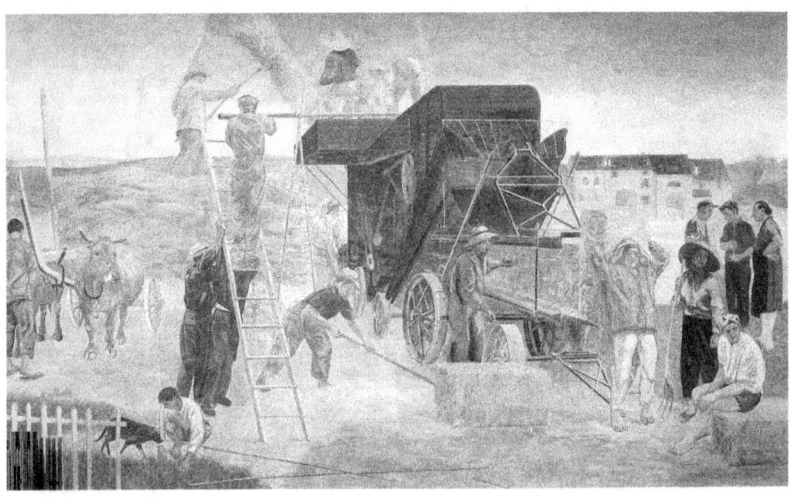

Armando Pizzinato: fresco en el Palacio de la Provincia, 1953-56, Parma

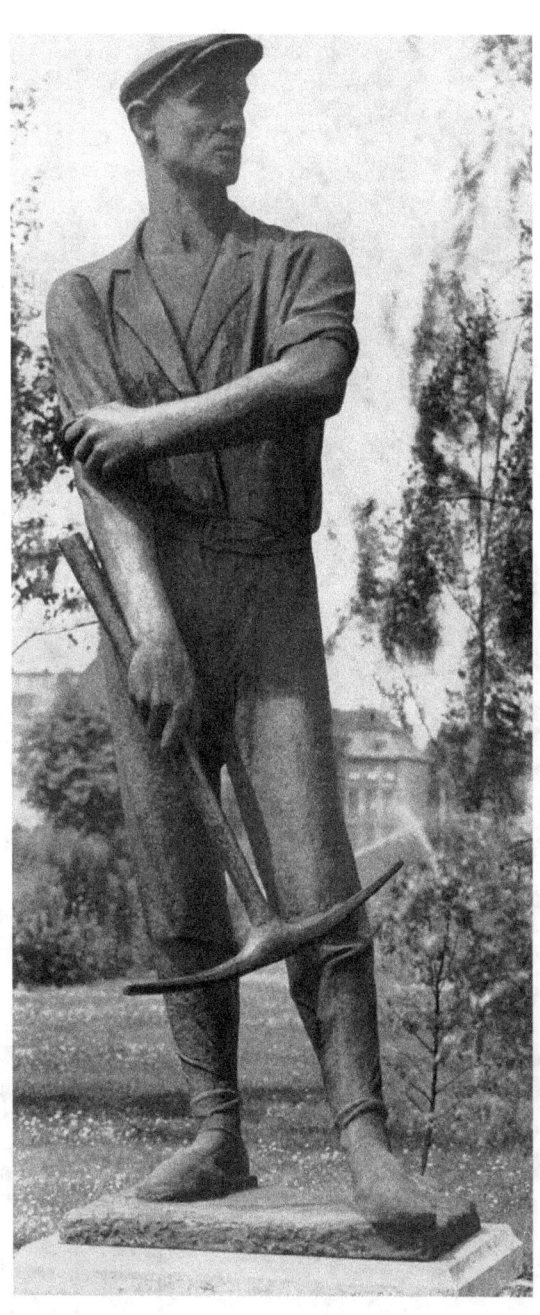

Friz Cremer, *!Fuera escombros¡*, 1954. Monumento al trabajador voluntario en Berlín-Mitte

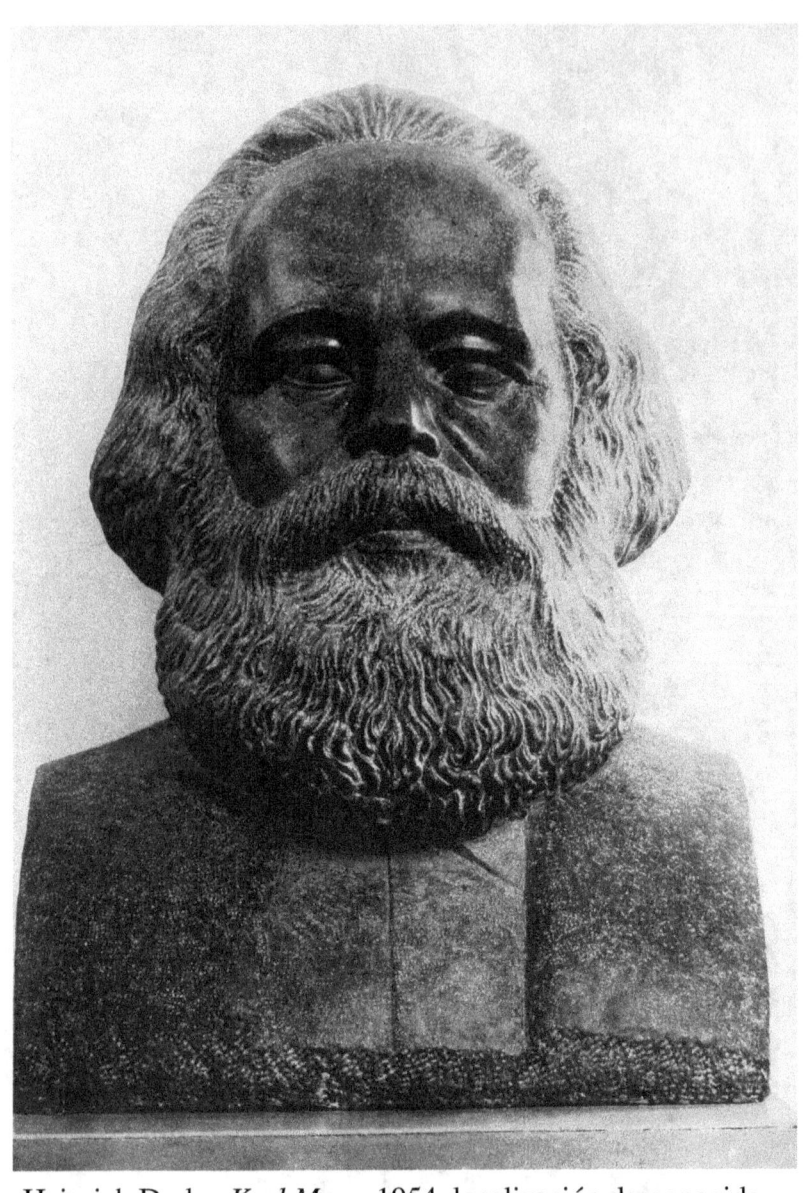

Heinrich Drake, *Karl Marx*, 1954, localización desconocida

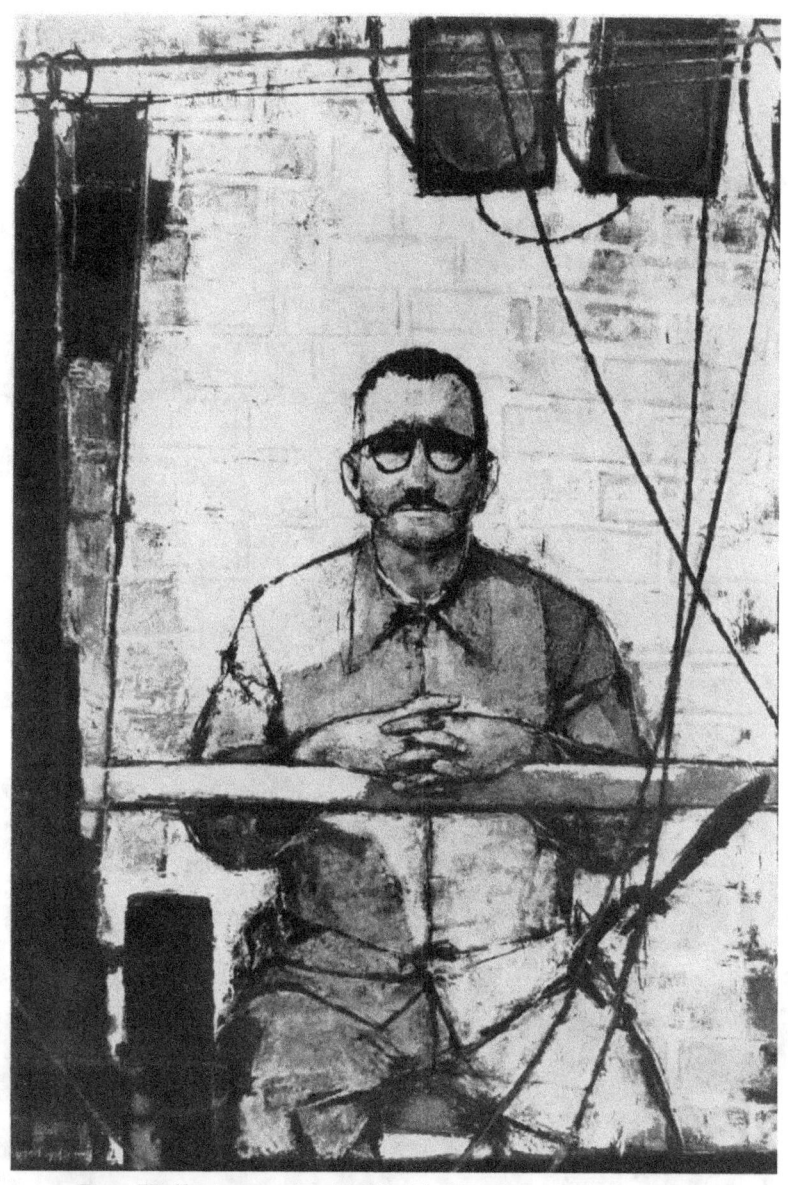

Bert Heller: *Brecht*, 1954-55, localización desconocida

www.ingramcontent.com/pod-product-compliance
Lightning Source LLC
Chambersburg PA
CBHW071205240526
45470CB00018B/1480